# QUESTIONS ÉTHIQUES
# EN PSYCHOLOGIE

Odile Bourguignon
avec la participation de
Laurence Bessis, Benjamin Matalon, Jeanne Szpirglas

# Questions éthiques en psychologie

MARDAGA

Laurence BESSIS
Maître de conférences en Mathématique à l'Université René Descartes-Paris V

Odile BOURGUIGNON
Professeur de Psychopathologie à l'Université René Descartes-Paris V

Benjamin MATALON
Professeur honoraire de Psychologie sociale et de Méthodologie à l'Université Paris VIII

Jeanne SZPIRGLAS
Professeur de Philosophie.

© 2003 Pierre Mardaga éditeur
Hayen 11 - B-4140 Sprimont (Belgique)
D. 2003-0024-14

# Avant-propos

Psychologie et éthique sont en relation d'intimité : parler, c'est utiliser des mots, décrire et catégoriser, c'est s'orienter dans un monde de valeurs, tous les savoirs et toutes les pratiques sont culturellement construits et forcément référés à des normes sociales. L'action, les mœurs, les pratiques, qui relèvent du domaine de la psychologie, sont aussi le lieu de l'éthique.

Est-ce la raison de la rareté de la réflexion éthique en psychologie, si on la compare par exemple à celle qui s'est développée en médecine, à partir des questions posées par les progrès scientifiques et techniques ? Or, du fait même de son objet, la psychologie pose des questions éthiques essentielles. Paradoxalement, celles-ci retiennent peu l'intérêt des psychologues, comme si, pour que la psychologie fonctionne, il ne fallait pas les soulever. Mis à part les chercheurs travaillant sur fonds publics et contraints de respecter la loi sur la recherche portant sur des êtres humains, la question éthique est tenue à distance, parfois vécue comme une mise en cause soupçonneuse lorsqu'elle n'est pas écartée comme étant sans objet.

La construction d'une éthique en psychologie ne peut être qu'œuvre collective, fondée sur l'ensemble des pratiques qui en relèvent, de celles de la recherche aux pratiques professionnelles. Si l'accord est facile sur les grands principes, les divergences surgissent en face du cas concret. C'est donc de lui qu'il faut partir. Ma propre expérience est limitée. Je suis entrée à l'Université il y a trente-cinq ans et enseigne dans le domaine de la psychologie clinique et de la psychopathologie. Les questions se posant dans ce champ m'étant plus familières ont été davantage développées. Je suis en contact certain avec les pratiques professionnelles du fait de différentes fonctions occupées et actions entreprises. Cédant à l'amicale insistance de Laurence Bessis, j'ai constitué un petit groupe de réflexion avec quelques personnes intéressées. Nous nous sommes réunis plusieurs fois au cours de l'année universitaire 2000-2001, pour échanger librement sur ce thème. J'ai une dette à l'égard de ces rencontres, qui m'ont permis de dégager des axes de réflexion. Les citations non référencées dans mon texte sont issues de ces discussions.

Que Laurence Bessis, Benjamin Matalon et Jeanne Szpirglas, qui ont participé à ces échanges, puis à cet ouvrage, soient ici remerciés. Nous aurions dû être cinq. La disparition prématurée de Jean Ménéchal a suspendu sa collaboration alors qu'il adhérait pleinement à ce projet. J'ai donc repris des éléments de certaines de ses contributions, particulièrement celle parue dans le numéro du *Bulletin de Psychologie* (2000) consacré à ces sujets.

Je voudrais d'abord remercier Marc Richelle de m'avoir proposé de rédiger un ouvrage sur les questions éthiques en psychologie. J'étais consciente de la difficulté de la tâche mais j'ai accepté, sachant qu'il était nécessaire de l'entreprendre. Sa lecture attentive m'a été précieuse. Je remercie aussi chaleureusement ceux qui ont lu une partie ou la totalité du manuscrit et qui m'ont offert ce genre de suggestions et de critiques qui à la fois encouragent et permettent d'améliorer un livre. Je remercie en particulier Laurence Bessis, Patrick Cohen, Bernard Pachoud, Françoise Parot, Jeanne Szpirglas et Henri Sztulman. Leurs remarques pertinentes ont enrichi cet ouvrage. Mais, bien évidemment, je reste seule responsable de mon propre texte. Je remercie enfin Armelle Achour qui, depuis tant d'années, a été une collaboratrice dont la compétence, la gentillesse et la fiabilité ont été exemplaires.

Les problèmes actuels sont nombreux : un certain essoufflement théorique, une réorientation générale de la recherche scientifique qui ne privilégie pas la psychologie, des clivages sous-disciplinaires obsolètes, facteurs de dépérissement et de récupération idéologique, une dérive thérapeutique mutilante pour les psychologues car elle tend à noyer la richesse et la complexité de leur métier.

Il reste à dégager les options éthiques de nos théories, l'implicite éthique de nos méthodes et savoir-faire, expliciter la fonction sociale des psychologues, ouvrir le débat sur les idéaux collectifs et les valeurs morales qui mettent en tension cette profession risquée.

Odile BOURGUIGNON<br>Septembre 2002

# QUESTIONS ÉTHIQUES EN PSYCHOLOGIE

Odile Bourguignon

# Chapitre 1
# Une intelligence de l'action

Psychologie et éthique sont intimement liées, quel que soit l'angle, théorique ou pratique, sous lequel leurs rapports sont envisagés. Aussi, ce premier chapitre est-il consacré à préciser notre objet d'étude en circonscrivant chacun de ces domaines, en précisant les termes et les réalités qu'ils recouvrent, de façon à faire apparaître le caractère problématique de cette articulation.

## 1. ÉTHIQUE

### 1.1. Éthique et morale

Traditionnellement, la morale est un ensemble de règles communes qui s'imposent à chacun dans la société dans laquelle il vit. Dans la tradition occidentale, l'exigence morale a évolué, allant d'une conformité avec la nature, puis d'une opposition à elle sous l'influence judéo-chrétienne avec référence accrue à la conscience. Elle s'est ensuite conciliée avec la vie en devenant science des mœurs, ce qui nous rapproche de l'éthique, *ethos* signifiant habitude, caractère. Pour le philosophe L. Sève (1994), « l'éthique se fait centralement dans les mœurs [...] ces pratiques chargées de sens [...] où s'accomplit l'humanisation ». Il rappelle que l'éthique peut être entendue de trois façons : 1) comme visée de la vie bonne (la morale étant le souci de normes justes); 2) comme décision en situation face à la réflexion morale de principe; 3) comme renvoyant au monde humain institué face à la conscience morale personnelle, au processus de civilisation face à la délibération du sujet. Dans la seconde acception, la question est de savoir si cette décision en situation est mise en œuvre d'une morale de principe, déjà là, ou s'il s'agit d'une pratique fondatrice dont la morale n'est qu'une formation dérivée[1]. Selon lui, l'éthique est une valeur nouvelle que tend à prendre la moralité vis-à-vis des êtres humains saisis comme sujets d'une dignité.

A. Jacob (1990) définit l'éthique comme une exigence de fonder la vie humaine en visant le développement des individualités et non un monde de valeurs, en privilégiant l'action et le langage sur la réceptivité et la pensée. L'essor des sciences humaines n'est pas étranger à une telle définition. Mais l'exigence d'en appeler au registre moral, comme le montre l'importance accordée à la responsabilité, empêche de disjoindre éthique et morale, même si l'éthique apparaît comme une exigence de régénération.

M.H. Parizeau (1996) situe également l'éthique contemporaine dans un «renouvellement de la façon d'aborder certains concepts ou questions traditionnelles de la philosophie morale en s'obligeant à les inscrire dans la contingence du monde contemporain dont l'activité est largement techno-scientifique». L'intérêt[2] pour la signification des termes moraux dans les jugements éthiques s'est déplacé vers les jugements qui se traduisent en actions et en comportements éthiques. D'où la montée en puissance de «l'éthique appliquée», qui n'est pas application de l'éthique, mais analyse éthique de situations précises mettant l'accent sur leur résolution pratique : contexte, conséquence, prise de décision. Celle-ci s'exerce surtout dans les secteurs des pratiques sociales et professionnelles. Dans le champ de l'éthique professionnelle, M.H. Parizeau mentionne les problèmes posés par la croissance du nombre de professionnels, la baisse de la moralité, la crise de confiance envers le modèle de l'expertise, les difficultés relationnelles liées à la gestion des ressources humaines et à tous les problèmes pratiques d'ordre socioprofessionnel : responsabilité sociale, confidentialité, honnêteté et tromperie, rôle social et responsabilité de la profession, fonctions et buts professionnels. On pourrait y ajouter la crise de confiance des psychologues envers la société vécue comme promouvant des valeurs antagonistes aux leurs. La démarche éthique consiste, selon M.H. Parizeau, à identifier le problème et à clarifier le dilemme éthique pour le résoudre, en introduisant une perspective décentrée grâce au dialogue pluridisciplinaire et en faisant interagir les discours des uns avec les pratiques des autres. Le travail éthique à l'intérieur des problèmes pratiques — où il s'agit de poser des limites, donner sens et contenu à des actes posés par des individus — peut aussi, selon elle, œuvrer à un redéploiement théorique au sein de la philosophie morale.

Analysant un rapport du CCNE (Comité Consultatif National d'Ethique pour les Sciences de la vie et de la Santé)[3] relatif au consentement des patients dans le cadre de soins ou de recherche, S. Rameix (1998) s'interroge sur le statut de cette éthique «séculière» qui ne doit plus rien à une extériorité transcendante à l'humanité. Est-elle «une éthique commune minimale, sans contenu propre, mais permettant la négociation pacifique — et c'est en cela qu'il s'agit d'une morale — entre des personnes ayant chacune des représentations tout à fait singulières et particulières de la *vie bonne*? L'éthique est alors *méthodologique* : elle consiste à élaborer, à fonder et à mettre en œuvre pratiquement des procédures de résolution des conflits de valeurs qui "soient moralement bonnes". Ou l'éthique séculière est-elle *substantielle*, c'est-à-dire ayant un contenu, défendant des valeurs propres...»[4], pouvant éventuellement être imposée par l'Etat, pour protéger les personnes d'elles-mêmes lorsque leurs croyances, leurs dires ou leurs angoisses sont comprises comme une soumission à l'irrationnel ou à des pressions, avec les risques que comporte le paternalisme? Elle souligne la convergence qui s'opère actuellement entre les modèles, pour des raisons qui restent à explorer, à travers l'idée que l'autonomie des personnes s'inscrit nécessairement dans une solidarité collective.

Cherchant à positionner notre problématique, nous devons mentionner la réflexion que consacre O. Flanagan (1991) aux rapports existant entre morale et psychologie, question qui est au cœur de notre sujet[5]. Par psychologie, il désigne autant la psychologie scientifique qui tente de situer la psychologie d'un point de vue causal, dans l'attention qu'elle porte à ce qui est en nous de l'ordre du naturel, que la psychologie philosophique qui possède certains avantages traditionnels liés à la généralité. Par les contraintes qu'elles s'imposent mutuellement, elles peuvent renforcer leur propre complexité et accroître les qualités de leur contribution à la compréhension des êtres humains. Selon lui, la psychologie n'offre, pas plus que d'autres sciences humaines, une image unifiée de la nature humaine, voire même l'existence d'une nature humaine, ce qui penche de façon décisive en faveur d'un relativisme éthique. Les recherches psychologiques effectuées jusqu'ici montrent que les possibilités de la personnalité humaine sont limitées, que certains de ses traits spécifiques dépendent de l'histoire et de la culture. Or, il est nécessaire de savoir quelle personne nous sommes pour mener une réflexion éthique féconde. Les affirmations relatives à la nature humaine en philosophie doivent donc tenir compte des résultats des recherches menées en sciences humaines.

O. Flanagan a une conception très large de la morale. Pour lui, elle recouvre un ensemble varié de préoccupations, pratiques et activités culturellement et même individuellement distinctes. Mais les éléments importants, les manières de vivre qui sont considérées comme favorisant l'harmonie sociale ainsi que la dignité et l'identité sont variables d'une culture à l'autre et parfois chez un même individu au cours de son existence. Ces critères sont nécessaires au classement d'un objet comme moral. Le domaine de la morale est ainsi rarement séparé d'autres domaines de la vie ou d'autres aspects de l'activité humaine. «La vie humaine dans son ensemble est orientée vers les objets et les activités de valeur. Mais la valeur se présente sous des formes diverses et de multiples types de valeur différents peuvent être réalisés dans une seule et même activité humaine»[6]. Seule la réflexion éthique à des fins d'analyse contraint à séparer la morale des autres domaines de la vie. Mais le travail psychologique est un, associant inextricablement des composantes interpersonnelles et intrapersonnelles, et seules certaines des secondes sont liées aux premières. Ceci implique d'être attentif non seulement au comportement humain et aux relations entre motivation et action, mais aussi à l'économie psychique interne, à la personnalité et à son évolution dans la durée.

L'auteur examine les raisons qui peuvent conduire à penser qu'une analyse psychologique serait profitable à la morale : 1) la morale passe en partie par la médiation de la psychologie des individus ; 2) la psychologie et les sciences cognitives conçoivent les individus comme des points stables sur lesquels convergent et interagissent des forces biologiques et sociales, ce qui pourrait permettre de préciser les affirmations des philosophes concernant la pertinence des sciences biologiques et sociales en philosophie morale ; 3) les résultats de la psychologie sociale ébranlent des thèses philosophiques traditionnelles sur l'unité de la conscience, la connaissance de soi, la rationalité ou la cohérence de la personnalité au cours du temps ; les recherches psychologiques apportent des précisions relatives à la faiblesse de la volonté ou à la relation entre raisonnement moral et action ; 4) une philosophie morale plus ouverte à la psychologie aurait des effets bénéfiques sur les domaines de la psychologie au-delà de la psychologie morale proprement dite, qui est toujours envisagée à partir d'une conception de la morale tirée de la philosophie : résoudre les conflits relatifs à l'équité, la justice... ou raisonner clairement selon des principes universels. Mais il serait aussi pertinent d'approfondir des relations jusqu'ici ignorées entre divers autres aspects de la psychologie : la psychologie du moi et l'élaboration par l'enfant de sa conception du moi (M. Mahler, D. Stern) ; la psychologie de la personnalité, avec nos idéaux de maturité personnelle et les notions de respect de soi et d'estime de soi qui intègrent des normes éthiques, les rapports entre ces idéaux et les données sur les personnes réelles, les relations entre bonheur personnel et bien moral établies dans ces théories. La psychologie sociale peut informer sur les possibilités réelles de l'autonomie évoquée par l'éthique, puisqu'elle implique la capacité de porter un jugement indépendant sur la base de certains principes, indépendamment des conventions et des pressions sociales.

L'auteur développe ultérieurement (1996) le modèle du «caractère en situation», qu'il explique de la façon suivante : «Les individus, avec leur caractère particulier, se trouvent dans des champs de force interpersonnelles qui ne leur laissent guère de temps pour procéder d'une délibération rationnelle prolongée, et ils répondent aux problèmes moraux avec des dispositions, des habitudes, des vertus (et des vices), des émotions, ou autres, dont l'usage est spécifique, selon leur tempérament et le type de problème qui se pose à eux»[7]. Sont ainsi réhabilités les facteurs liés aux situations aux dépens de ceux liés aux dispositions permanentes sur lesquels se fonde la logique du jugement moral ordinaire («il est malhonnête»), totalement invalidé autant par les recherches expérimentales effectuées par les psychologues sociaux que par l'analyse des événements historiques. Dans toute conception morale, notre décision tient compte de ce que les autres pensent, disent et font, mais aussi d'influences concrètes, non normatives, de la vie quotidienne, de caractéristiques de tempérament, des identifications et de la façon dont on se situe socialement. La réflexion éthique doit s'intéresser aux connaissances qui viennent de la psychologie, mais aussi puiser aux sources de toutes les autres sciences humaines pour élaborer une vision morale, sans méconnaître nos failles ni les compromis qui existent entre les différents idéaux auxquels nous aspirons.

Poser la question éthique, c'est donc examiner de façon critique la façon dont l'être humain est inscrit dans des relations qui le constituent et le sollicitent, au sein desquelles il doit prendre position, se situer, répondre librement de lui-même et de ses actes. La question n'en est pas simplifiée. Ayant choisi, il agit et est moralement et légalement responsable de ses actes. En outre, la conception moderne de la personne implique l'idée que l'être humain est porteur de valeur, est une fin en lui-même et ne peut être considéré comme un moyen.

## 1.2. Normes et valeurs

C'est une question incontournable. Nous allons tenter d'éclairer leurs rapports, ce qui, de l'aveu même du philosophe R. Ogien qui y a consacré une longue réflexion (1996) que nous résumons ici, est un exercice périlleux. Nous nous en remettons à sa compétence.

Dans un premier temps, les normes pourraient être rangées du côté des règles, principes, devoirs, droits, obligations et les valeurs du côté du bien, du mal... Si toutes deux sont des notions prescriptives (opposées aux notions descriptives : les faits), il est possible cependant d'opposer les énoncés prescriptifs (obligation, interdiction, permission) aux énoncés évaluatifs (appréciation, dépréciation). Les énoncés moraux participent des deux et contiennent des prédicats qui peuvent avoir une valeur descriptive (il est courageux) ou non (mentir est mal). Les jugements prescriptifs se font soit sur le mode impératif (il faut), soit, de façon travestie, sous forme d'une affirmation qui implique un jugement (« les enfants dorment » pour « ne pas les déranger »). Les jugements évaluatifs peuvent également s'exprimer de façon dépréciative directe en évitant d'utiliser des prédicats dépréciatifs (« l'épicier ne m'a pas rendu la monnaie » pour « il est malhonnête »). Les énoncés normatifs (prescriptifs et directifs) renvoient aux normes en s'appliquant plutôt à des actions humaines (ce qu'il faut faire, par qui, dans quelles circonstances), et les énoncés axiologiques (évaluatifs) peuvent renvoyer aux actions, mais aussi aux agents, aux sentiments, aux objets. Des philosophes n'ont pas manqué de relever des ambiguïtés entourant ces distinctions, qui peuvent cependant être maintenues.

La *norme* se présente sous trois aspects : impératif ou prescriptif (ce qui est permis ou interdit), appréciatif (ce qu'il est correct d'être, de faire, de penser, de sentir) et descriptif (les manières les plus fréquentes d'être, faire, penser, sentir dans une population donnée). Son domaine d'application est donc extrêmement large : toutes les actions, les états mentaux, les dispositions, les manières d'être et d'agir. Si seuls les deux premiers de ces aspects peuvent impliquer l'existence de sanctions positives ou négatives, les trois aspects sont néanmoins interdépendants car la norme est un terme très répandu qui ne se confond ni avec la règle, ni avec le devoir et qui comporte un élément appréciatif : elle n'est pas seulement imposée, mais aussi subjectivement désirée ou jugée légitime. Cependant, des tensions existent et sont théoriquement discutées, entre être et devoir être.

Les théories modernes ont légitimé une définition subjective de la *valeur* : la valeur d'un objet ou d'une action est fonction des intérêts et des émotions de l'agent. Mais les théories objectivistes insistent plutôt sur la stabilité des valeurs, donc leur indépendance à l'égard de ces mêmes intérêts et émotions, arguant que nous sommes tous capables de distinguer ce qui est désiré et ce qui est désirable, ce qui nous intéresse et ce qui est intéressant, c'est-à-dire de différencier désirs et valeurs. Mais, même dans leur expression les plus radicales, ces théories respectives ne permettent pas d'opposer norme et valeur dans une dichotomie simpliste où les normes seraient du côté de l'objectif, de l'impératif, du contraignant et les valeurs du côté du subjectif, de l'attractif, de l'idéal. Des philosophes ont donc tenté, sans succès, de trouver d'autres critères pour les opposer et maintenir cette distinction, qui pouvait avoir l'avantage de réintégrer l'idée de bien comme une idée dérivée d'une théorie générale des valeurs, et l'idée de devoir ou d'obligation comme dérivée d'une théorie générale de la norme. La question des valeurs ou des jugements de valeur se serait ainsi détachée de la seule philosophie morale pour prendre son indépendance et se renforcer.

Les différences entre norme et valeur pourraient être considérées comme non pertinentes à un certain niveau d'analyse puisqu'on peut toutes les deux les opposer au *fait*, et ce pour trois raisons : *logique* (un terme ne peut pas apparaître dans les conclusions alors qu'il ne figure pas dans les prémisses, il serait non valide) ; *sémantique* (toute définition du bien en termes factuels ou empiriques est non valide puisqu'on peut toujours se poser la question de savoir en quoi ce qui sert à définir un bien est lui-même un bien) ; *épistémologique* (on peut former des jugements de valeur opposés à partir des mêmes faits). Mais chacun de ces arguments a été critiqué, rendant de plus en plus incertaine la distinction du fait et de la valeur, qui est néanmoins toujours en débat.

Les adjectifs *normatif* et *évaluatif* se rapportent à des énoncés ou à des jugements. Mais Dewey a montré qu'évaluer peut signifier autant connaître un objet en procédant à une recherche réflexive et comparative qu'appréhender directement un objet par nos désirs et nos émotions. Ceci pourrait conduire à opposer jugement de valeur et valeur. Cependant, toutes les évaluations ne sont pas nécessairement comparatives et un jugement dit évaluatif peut être un simple jugement d'attribution d'une propriété relative (être un «bon» test) ou absolue (être adroit). D'autre part, nombreux sont ceux qui pensent que l'on peut hiérarchiser les valeurs *a priori*, comme Max Scheler en fait la proposition, par ordre décroissant : sainteté, valeurs spirituelle (de la connaissance, du juste et du beau), valeurs vitales (bien-être, prospérité, santé), valeurs sensibles (agréable, plaisant). Chaque valeur ayant son opposé, cela permettrait d'intégrer les valeurs négatives, soit, respectivement : profane, ignorance volontaire, injustice, laideur, baisse de vitalité, désagréable et souffrance. Mais non les valeurs morales (bien et mal) qui ne font qu'accompagner le choix des valeurs les plus élevées. Les valeurs entretiennent entre elles des rapports qu'on peut examiner *a priori*, sans induction ni observation, par exemple le principe que le plaisir est meilleur que la souffrance. Il est absurde d'envisager la possibilité qu'on puisse découvrir des êtres qui «préfèrent la souffrance au plaisir», écrit M. Scheler. Cependant, toute hiérarchisation de ce type pose des problèmes : les valeurs «négatives » méritent-elles le terme de valeur ? Les valeurs peuvent-elles avoir une existence objective authentique indépendamment de nos sentiments, croyances, attitudes ? Comment expliciter les critères qui peuvent servir à ordonner les valeurs ? Existe-t-il des valeurs intrinsèques, c'est-à-dire non relatives aux conséquences et aux objets auxquels elles s'associent (ce qui contredirait l'intuition et l'expérience) ? Ces valeurs objectives suffisent-elles à déclencher l'action et, si oui, ne menacent-elles pas la liberté de l'agent ?

Les mêmes problèmes se posent pour l'*évaluation*. Les jugements de valeur expriment-ils des propositions ou des émotions ? Peuvent-ils être vrais ou faux, ou avoir des conditions de vérité ? Une valeur peut-elle exister indépendamment de nos désirs ou croyances ? Sans doute ne faut-il pas confondre la question de l'existence des valeurs et celle de savoir si tel objet possède telle valeur, ou si telle valeur est bonne ou mauvaise, ou si elle mérite d'être respectée ou pas. Les mêmes questions pourraient être posées à partir des normes ou du normatif : cet énoncé est-il vrai ou faux, quelle mesure le fonde ou en conditionne la vérité ? Dans le cas d'énoncés juridiques, la vérité de l'énoncé dépend d'une norme posée par une autorité légitime. Dans d'autres cas, la vérité ou la fausseté de l'énoncé dépend du respect de certaines nécessités logiques ou naturelles, qui ne sont ni vraies, ni fausses. Qu'en est-il pour les énoncés normatifs moraux ? Ils ne peuvent pas être rendus vrais par l'existence d'une norme quelconque posée par une autorité compétente, ni fonder leur vérité de façon conditionnelle (si... alors...).

Normes et valeurs expliqueraient-elles les actions humaines ? Les attentes réciproques de comportements semblent obéir à des normes prescrites qui se réfèrent à des valeurs (comme d'ailleurs ce qui sanctionnerait leur transgression). La valeur met donc l'accent sur le désirable et l'attractif de certaines manières d'être, d'agir, de penser, de sentir. Les normes seraient alors des solutions à des problèmes de coordination de l'action, dans tel contexte particulier. Mais on ne peut respecter les mêmes valeurs et se comporter de façon totalement différente ; on peut s'opposer sur les valeurs et les normes et cependant agir de la même façon, ce qui invalide l'explication du comportement par les normes et les valeurs. On pourrait tout aussi bien expliquer les conduites humaines par l'intérêt ou les circonstances (les raisons) — ce qui s'appliquerait à une explication de type historique (les causes) — en éliminant de l'explication tout ce qui serait relatif à l'agent, à son histoire en quelque sorte.

Ce genre d'explication n'est pas satisfaisante car elle se rapporte à trois choses différentes : 1) aux *pratiques* effectives ; 2) aux *idéaux* de

l'observateur (ce qu'est le comportement d'un bon parent, par exemple);
3) aux explications (justifications et *rationalisations*) données par l'agent de son propre comportement. Aussi, une telle explication ressemble plutôt à une explication «idéale» donnée par l'observateur ou à une rationalisation de l'action. S'il existe des liens entre ces trois choses, il paraît cependant sain de les distinguer : les pratiques ne se confondent pas avec les idéaux de l'observateur, ni avec les rationalisations des acteurs. On ne peut pas confondre les régularités observées avec le fait de «suivre une règle» qui suppose un état mental qu'il est difficile d'identifier si on admet ne pouvoir accueillir les déclarations de l'agent qu'avec réserve, puisqu'elles sont peut-être des rationalisations et non des explications. R. Ogien conclut sur le fait que la théorie des valeurs et des normes pose plus de problèmes qu'elle n'en résout, mais qu'elle a cependant un pouvoir explicatif supérieur à la théorie du bien et du devoir parce qu'elle permet de rendre compte de mécanismes causaux fins par les concepts de motivation, intériorisation, socialisation. Ceux-ci sont cependant difficiles à utiliser lorsque l'on veut rendre compte d'une efficacité supposée des valeurs et des normes morales.

### 1.3. Une morale en situation

Quel que soit le sens précis donné à la morale et aux valeurs, il est possible d'affirmer (A. Montefiore, 1996) :

– le langage des principes, des obligations, des normes et des valeurs, se distingue de celui de la simple préférence ou volonté — «une distinction qu'opèrent, explicitement ou implicitement, toutes les langues naturelles (dans la mesure où il est impossible d'expliquer ce que veut dire «avoir un sens» sans faire appel à aucun concept normatif)»[8];

– quiconque rejette la moralité au nom d'autres valeurs peut-être plus créatives et qui emploie de ce fait le langage de l'évaluation constitue ces dernières valeurs comme étant ses valeurs morales du fait de leur prééminence sur toutes les autres;

– le contenu substantiel des jugements moraux varie d'une personne à l'autre, selon le principe de conduite qui l'emporte sur tous les autres : poursuite d'une vie bonne, résolution des conflits, respect de l'ordre établi, responsabilité, fidélité à une éthique personnelle ou professionnelle... Il est facile d'imaginer que les psychologues se distribuent très largement dans ce spectre de valeurs et même qu'ils interprètent différemment les mêmes valeurs.

Les objectifs du psychologue sont clairs : éclairer les hommes et les organisations, analyser, soutenir, autonomiser, responsabiliser, apaiser les conflits, rééduquer, soigner, aider au développement et maximiser les potentialités de l'être humain. Ces objectifs suffisent à justifier son action ainsi que les moyens les plus appropriés qu'il utilise pour la réaliser. Or, écrit M. Richelle (1978), «le savoir scientifique ne dicte pas la solution à des problèmes d'action [...]. Il n'est jamais possible de décider de l'orientation à donner à un comportement sans se référer à une conception normative de l'homme, de laquelle des options morales ne peuvent être exclues» d'autant que «le comportement humain se situe toujours dans un contexte d'une société et de ce fait engage une morale, une certaine idée de l'homme»[9]. Dans la mesure où les psychologues ont affaire à des personnes, donnent une orientation à un comportement, ils sont aussitôt confrontés à des valeurs, des principes et des normes.

Prenons l'exemple de la psychopathologie. Elle inscrit la souffrance (*pathos*) dans son nom même. Elle s'intéresse aux zones d'ombre de l'être humain : l'aliénation, la détresse, la honte, la terreur, la joie maligne. Elle étudie les comportements destructeurs : meurtre et suicide, manipulation perverse visant l'instrumentalisation ou la destruction d'autrui, avec ou sans cynisme. Elle propose des théories causales : l'agressivité innée, la pulsion de mort, l'effacement du surmoi entraînant la disparition de la culpabilité, l'éducation, les facteurs de milieu... D'une certaine façon, en le nommant, elle domestique «le mal». Elle procède ainsi parce qu'elle a aussi une vision du «bien» : l'autonomie, la croissance, l'expression et la réalisation des potentialités humaines, l'optimisation des apprentissages ou des contextes, la prise en considération des désirs humains. Elle dispose de théories pour positiver le lien, en faire la source créatrice de l'individualité (l'attachement) ou de la créativité. Peut-on soutenir qu'elle se situe en-dehors du bien et du mal quand elle s'intéresse aux maladies de l'âme, aux détériorations intellectuelles, à la négociation des conflits dans le travail ou au bien-être des groupes ? Pourquoi s'intéresse-t-elle tant (elle n'est pas la seule!) aux «causes» si ce n'est pas ultimement pour trouver une origine au mal ? Serait-elle le doublet d'un discours moral qui ne s'avoue plus comme tel (on pense au «traitement moral» des débuts de la psychiatrie au XIXe siècle), puisqu'elle s'occupe des maux dont nous souffrons, de l'idée que nous en avons et du bien qu'elle pense pouvoir faire à travers les traitements qu'elle apporte. Certes, le bien et le mal ne sont pas ses objets, mais elle y est constamment affrontée. Serait-elle vidée de tout contenu moral simplement parce que les connaissances au sujet des états et des processus mentaux ont progressé, que la terminologie s'est précisée, que la description a été privilégiée aux dépens du sens ?

Du seul fait qu'il agit, le psychologue se soumet *ipso facto* à une morale. Le premier code de déontologie des psychologues, voté en 1961 par la *Société Française de Psychologie*, est là pour le lui rappeler. Dans le « projet » (1960) qui précéda la rédaction finale, on pouvait lire, dans le *Chapitre A - Principes généraux*, un paragraphe « Ethique » qui comportait 5 articles dont ceux-ci :

> 2.1. Le psychologue agit nécessairement en présence des normes éthiques existant dans la société où il vit. A ce titre, il ne peut pas négliger, par exemple, les effets professionnels de son comportement privé aussi bien que de son travail proprement dit. Mais son éthique ne vise à rien de plus qu'à rendre sa conduite privée cohérente avec son éthique professionnelle. S'il tient compte des normes sociales actuelles ou dominantes, il n'a cependant pas à s'y conformer nécessairement, même si cela peut entraîner des difficultés ou des conflits.
>
> 2.2. C'est également dans cet esprit que le psychologue traite les *notions implicitement ou explicitement éthiques*, fréquentes dans la profession, telle que « (bonne) adaptation », « (bon) ajustement », « normalité », « équilibre », « relations humaines », « nuire » et « ne pas nuire », « servir », « aider », etc. : il est conscient de la nécessité d'être circonspect et tolérant, et d'adopter une orientation objective à l'égard de la diversité des interprétations dogmatiques usuelles.

Ces précisions ont disparu dans le texte définitif qui fut voté, effaçant les références à la vie privée et renforçant la référence à l'éthique professionnelle par rapport aux normes éthiques de la société.

De même, le *Chapitre B - Les relations des psychologues* comportait des spécifications qui ont ensuite disparu dans la version définitive. Sous le titre « L'avantage du demandeur », on pouvait lire les précisions suivantes :

> 8.10. Le psychologue règle son comportement sur le *respect du contrat*, tacite ou de fait, avec le demandeur. Il fait prévaloir l'avantage de celui-ci dans les limites des principes déontologiques — par exemple ceux de l'autonomie du sujet et de la véracité.
>
> 8.11. L'attention du psychologue est attirée sur la définition précise du bénéfice à attendre par le demandeur, quels que soient les mots utilisés pour le désigner : « normalisation », « rééducation », « formation », « orientation », « réduction de conflit », etc. Le psychologue recherche avec le demandeur la plus grande *clarté sur le but* et les conditions de son intervention[10].

Le Code révisé en 1996 a consacré sa première partie à édicter 7 principes généraux, qui reprennent partiellement ceux de la *Charte Européenne des Psychologues* dans une rédaction légèrement différente, et qui sont les fondements éthiques du Code. Ils édictent ce qui est attendu d'un psychologue : deux principes éthiques (1 et 3), une valeur morale (probité) et des qualités professionnelles (compétence, qualité, respect du but assigné).

**Principe 1.** Respect des droits de la personne, issu directement de la *Déclaration Universelle des droits de l'homme* (1948) : liberté, dignité, protection, d'où découle la règle du consentement libre et éclairé et qui implique que toute personne a la liberté de consentir, refuser ou choisir une intervention psychologique.

**Principe 3.** Responsabilité, qui est une contrepartie de son indépendance (principe 7) pour tout ce qui relève de sa compétence : personne ne lui dicte ce qu'il doit faire, mais il répond personnellement de ses choix et de ses actions.

L'action est nécessairement prise de position et affirmation de valeurs devant la société. Elle engage une morale.

## 1.4. Ambiguïtés

Ce long développement illustre la difficulté de notre sujet et l'interpénétration absolue de la psychologie et de la morale. Comment penser le singulier puisqu'intervient *ipso facto* le général ? Dans quels termes ? Comment penser la santé et la maladie («santé mentale», «maladie mentale»), termes étrangers au monde des concepts, surchargés de valeurs morales et qui ont un très grand impact social ? Le terme maladie est particulièrement malheureux lorsqu'il s'agit du domaine psychique, puisqu'il renvoie à une entité plutôt qu'à l'affectation du sujet, seule perspective scientifique pertinente dans ce cas.

Les métaphores, si prisées des cliniciens, comportent presque toujours un jugement de valeur implicite : combien de temps aura-t-il fallu pour abandonner la notion d'arriération mentale ? Et ce n'est sans doute pas par hasard que de nombreux termes désignant des entités psychiatriques sont devenues des injures dans le vocabulaire courant : hystérique, paranoïaque, obsessionnel, psychopathe... Ils laissent transparaître l'intention initiale qui est plus de mise à distance que de compréhension. On ne peut s'empêcher d'évoquer G. Bachelard (1938) : le mot ou l'image qui expriment un phénomène ne l'expliquent pas mais, naïvement séducteurs, ils finissent par se transformer en schémas généraux voire en catégories durables qui sont de véritables obstacles à la connaissance. L'utilisation de termes descriptifs-normatifs indique que la pensée est encore à un stade préscientifique. Un concept scientifique ne se fonde pas seulement sur un consensus ou sur les intentions de l'observateur : il est épuré de toute influence normative et de tout jugement de valeur. Or, lorsque nous évaluons une conduite, quelle est la part de la connaissance et celle du jugement ? Comment se soustraire à l'attraction incessante du devoir être (aux références multiples) sur l'être? Comment maintenir la distinction entre fait et valeur si elle est illusoire?

Comment parler sachant l'interdépendance complète du descriptif, de l'appréciatif et du prescriptif? «Pas de jugements de valeur» interdisent les pédagogues en psychologie à leurs élèves, désignant par là les prescriptions morales explicites ou implicites, les commentaires dépréciatifs directs : mais comment pourraient-ils s'opposer aux descriptions? Comment s'exprimer lorsque le langage est double, triple, codé? Les ambiguïtés de ce langage permettent aussi la politesse, les connivences implicites, l'évitement, l'humour et la distanciation, la poésie et la littérature. La richesse de l'énoncé, sa puissance significative, reposent sur des habiletés langagières qui jouent sur la polysémie des mots et le choix syntaxique, sans parler de l'intonation, du rythme des paroles, des silences suspensifs. Si bien qu'une interprétation des seuls mots énoncés en devient indigente. Dans le cursus de formation des candidats aux fonctions de psychanalyste, la Société Britannique impose une observation régulière d'un bébé à domicile, suivie du compte rendu écrit des séances, permettant de comprendre combien il est difficile «d'observer», c'est-à-dire de recueillir des faits sans les interpréter, chaque mot étant entouré d'affects. Il y a mille façons de décrire l'allaitement au sein : «L'observateur doit-il dire que le mamelon "tombe" de la bouche du bébé, ou que celui-ci le "laisse tomber", que le mamelon est "poussé" hors de la bouche, qu'il se "libère", qu'il "s'échappe"?»[11] Observer et penser sont pratiquement inséparables. Les mots employés seront autant d'indications renvoyant directement aux positions (in)conscientes du candidat[12]. Le mot utilisé ne dérive pas de l'observation mais l'oriente dans le sens d'une cohérence avec ce que comprend et ressent l'observateur.

Comment agir? En faisant l'hypothèse de la plus totale sincérité de celui qui s'expose en parlant et de la plus grande intégrité professionnelle de celui qui est là pour l'écouter, comment caractériser *ce qui*, à travers l'épaisseur des justifications, rationalisations de l'un — même si elles sont décryptées comme telles — est finalement entendu par l'autre, l'expert qui a des caractéristiques personnelles, des idéaux, des appartenances? Quelle autorité fonde les énoncés psychologiques normatifs sur la nature desquels l'usager ne se trompe pas quand il demande, après avoir exposé sa situation : que dois-je faire? que dois-je penser? Comment le psychologue s'empêchera-t-il ensuite d'être prescriptif? Et à quelles valeurs se référer lorsqu'elles peuvent être subverties par les personnes mêmes qui consultent, certaines choisissant, par exemple, la souffrance de préférence au plaisir («je joue à qui perd gagne») ou d'autres, qui ne consultent pas, mais qui peuvent accepter la souffrance au nom de valeurs « supérieures » : la solidarité, la sainteté... ?

Nous sommes dans l'inextricable : parlant d'autrui, on ne parle que de soi ; l'interprétation est toujours une surinterprétation, ajoutant du sens à celui qui y a déjà mis le locuteur par le simple fait de parler. Se taire ? Personne ne se tait complètement et même si cela était, l'interaction existe en dépit du silence. Nous sommes constamment expressifs, même lorsque nous pensons nous cacher derrière une posture de représentation. Aucune action, aucune parole n'est neutre, éthiquement parlant, lorsqu'elle concerne l'expérience humaine et même lorsqu'elle se présente comme une problématique de recherche. A propos de celles menées sur le handicap, M. Delcey (2000) écrit :

> S'interroger sur les représentations du handicap à la télévision, c'est sûrement une question sociologique « pure », mais qui repose sur le présupposé [...] que non seulement cette représentation est particulière mais également qu'elle a une incidence sur la vie de ces personnes et l'organisation sociale. Questionner la discrimination à l'embauche des personnes handicapées, c'est non seulement faire l'hypothèse scientifique qu'elle existe, mais implicitement le condamner (ce qui est politiquement très correct mais intellectuellement connoté : il y a peu de chance de voir un chercheur ultralibéral se lancer dans un tel sujet de recherche). Enfin et surtout parce que derrière toute les questions des sciences humaines et sociales, on retrouve la question de la définition même du handicap, soit sous forme d'hypothèse (exemple : l'existence d'un groupe social), soit sous forme de résultats (exemple : dénombrement des personnes ayant telle caractéristique). Et qu'il s'agit d'une question politique, idéologique, sur laquelle les apports de la réflexion scientifique sont aussi importants que limités ; importants car leur méthodologie et leur rigueur sont garants d'un recul minimum et d'une transposition parfois possible de leurs résultats ; limités car il s'agit d'un terrain où presque toute hypothèse est un présupposé, et où les résultats ne valent que ce que valent les postulats de départ. En fait, au risque de choquer, il n'y a pas d'experts sur la question du handicap ; il n'y a que des citoyens qui réfléchissent, avec leur histoire et leur bagage intellectuel ou socioculturel. De même, il n'y a pas de neutralité vraie, pas de recul qui puisse être jugé satisfaisant, car la question du handicap est celle de l'homme et le chercheur, consciemment ou non, y est toujours en partie l'objet de sa propre recherche[13].

Se référant à H.U. Stiker, il montre que les questions posées par ces recherches sont paradigmatiques et universelles : « Droits de l'homme (exclusion ou discrimination), justice sociale et démocratie (compensation et stigmatisation), acceptation de la différence..., éthique des pratiques envers les personnes dont l'atteinte physique ou psychique nous confronte au miroir insupportable de notre fragilité (eugénisme, euthanasie, ou simple pitié condescendante) et surtout mise en cause d'une conception "autogénétique" du handicap que, paradoxalement (?), les recherches cliniques et fondamentales ne font que renforcer : "Il est handicapé, c'est pas de sa faute, mais c'est de son fait ; la preuve : on parle de le guérir" ».

## 2. PSYCHOLOGIES

### 2.1. L'essor des sciences psychologiques et les psychologies

L'ouvrage que M. Reuchlin (1957) consacre à l'histoire de la psychologie scientifique rend justice aux efforts qui ont contribué à l'émergence de la nouvelle discipline, depuis le début du XIXe siècle jusqu'à la parution de son livre, réédité quatorze fois. La physique et la physiologie sont à l'origine de la psychologie expérimentale, les zoologistes découvrent l'intelligence de l'animal, les théories de l'évolution réévaluent l'homme, puis naît l'éthologie qui opère des jonctions importantes avec la psychologie. L'intérêt pour les variations individuelles, d'une part, et les méthodes de laboratoire permettant de les analyser, d'autre part, vont donner les tests et la psychologie statistique comme nouvelle méthode de la psychologie générale. L'utilisation des désorganisations psychiques comme substitut de la méthode expérimentale engendre la psychopathologie qui sera profondément influencée en France par la psychologie dynamique qui se construit à la Salpétrière et à Sainte Anne. La psychologie de l'enfant qui se développe d'abord à partir de l'observation de ses propres enfants, dans des conditions parfois très précises, affronte le problème de l'inné et de l'acquis par l'espèce au cours du développement. De nombreuses théories développementales s'élaborent, qui influencent en retour l'observateur. La psychologie sociale naît plus tardivement, après s'être épurée des théories trop générales pour s'orienter vers la construction de modèles qui vont devenir ses objets : attitudes, communications, groupes. Les techniques qui permettent l'émergence de ces objets précèdent, donc, la connaissance théorique.

Contribueront à la construction de la psychologie trois Prix Nobel : le russe I.P. Pavlov, qui reçoit le prix en 1904 pour ses travaux sur la digestion, antérieurs à ceux du conditionnement qui feront sa notoriété[14]; le hongrois Georg Van Bekesy, en 1961, reçoit le Nobel de «physiologie ou de médecine pour ses travaux en physioacoustique et psychoacoustique[15] et, si l'on déborde légèrement cette période, l'allemand Konrad Lorenz, en 1974, pour ses travaux en psychologie animale, portant surtout sur les oiseaux et les poissons. Le nord-américain Herbert A. Simon le reçoit en 1978 pour ses travaux en sciences économiques et obtient plusieurs autres distinctions pour l'application de son travail sur la décision et le processus de résolution de problèmes sur un plan économique (Fraisse, 1980, p. 80). L'esprit n'est plus réservé au métaphysicien, mais le «psychique», soit la conscience, les désirs et les sentiments, est mis à l'écart. Car ces avancées ont un prix, Piaget le dira clairement en 1950 :

«Il y a [...] dans la constitution d'une science un renoncement nécessaire, une détermination à ne plus mêler à l'exposé aussi objectif que possible des résultats que l'on atteint ou des explications que l'on poursuit, les préoccupations auxquelles on tient peut-être bien davantage par devers soi mais que l'on s'oblige à laisser en-dehors des frontières tracées»[16]. Parallèlement, dès le début du siècle, s'introduit en psychologie l'attitude «clinique» qui va ensuite s'ériger en protestation contre les expériences de laboratoire et les statistiques. Elle prône l'observation approfondie de l'individu singulier et sera ensuite fortement influencée par la psychanalyse.

Les débuts de la psychologie sont une époque ouverte, comme on peut bien s'y attendre. Tout semble possible, comme en témoigne Alfred Binet, fondateur de *L'Année Psychologique* en 1894, qui définit dans sa préface la psychologie comme une science d'observation et d'expérimentation, mais aussi science des phénomènes psychiques. Son étonnante productivité intellectuelle touche aux domaines les plus variées : psychologie du raisonnement, mémoire, langage, psychologie physiologique et de la respiration, magnétisme animal, sans oublier les questions pratiques et les applications sociales : valeur judiciaire du témoignage, organisation de classes d'anormaux, aptitude des enfants par rapport aux métiers, etc.[17]

Les résultats des travaux scientifiques donnent naissance à des applications répondant aux besoins sociaux ou relatifs aux individus : tests mentaux à fins diagnostiques en psychiatrie, tests d'orientation scolaire et professionnelle, étude des méthodes pédagogiques dans l'éducation à partir de savoirs acquis sur l'apprentissage, amélioration des relations humaines au travail, influence des phénomènes sociaux sur l'individu. C'est la mise en place d'une rationalité et d'une orthopédie. Certains voient le danger : au service de qui ou de quoi ?

«L'esprit», comme on l'appelle aujourd'hui et que personne n'a jamais oublié, revient au galop dans la seconde moitié du XX$^e$ siècle. «Beaucoup de choses ont changé dans le paysage de la psychologie», constatent les éditorialistes du numéro de la revue *Psychologie Française* consacré à «Epistémologie et psychologie»[18]. Jonction de la psychologie expérimentale, de la psychologie du développement et de la psychologie sociale dans la psychologie cognitive : la psychologie expérimentale de Piaget, l'Ecole de Genève et les néopiagétiens ont posé les bases du développement de la cognition, la psychologie sociale a imposé la cognition sociale par les théories de la cohérence cognitive et ses liaisons avec la neuropsychologie cognitive sont évidentes. La psychophysiologie est devenue branche des neurosciences, née des progrès de la biologie moléculaire et appelée neurosciences cognitives. Il en résulte une approche autonome de la *cognition* fondée sur l'analyse de l'activité neuronale, souvent en compétition avec une approche basée sur l'étude des activités symboliques. Par ailleurs, la psychologie partage avec la philosophie de l'esprit des thèmes qui sont au cœur de la cognition : nature des états mentaux, intentionnalité et conscience. La cognition est aussi l'objet des neurosciences cognitives, sous l'angle de l'action et du fonctionnement neuronal, de l'intelligence artificielle et de la linguistique qui l'envisagent sous l'angle sémantique et symbolique. Les questions soulevées sont au confluent de plusieurs disciplines et aucune ne peut les résoudre par ses seuls moyens : le problème corps-esprit, celui de la modularité de l'esprit, la mémoire, la conscience, les formes de modélisation du fonctionnement cognitif.

Cette évolution est explicitée dans les différentes contributions. Pour J.F. Richard[19], l'étude des relations entre environnement et comportement s'est déplacée « vers l'étude des représentations et des processus de traitement de l'information qui produisent et modifient les représentations et engendrent les réponses », soit le comportement, avec primauté de l'expérimentation. J. Bideaud remarque que « les préoccupations des chercheurs se tournent davantage vers les programmes de recherche où le système humain est considéré dans son état initial, le bébé, ou final, l'homme achevé, et vers son modèle artificiel, l'ordinateur et les modélisations symboliques et connexionnistes associées »[20]. La fin du siècle est marquée par « le retour en force des faits de conscience dans les préoccupations de la psychologie » (J. Paillard) : sous l'influence de la révolution informatique qui paraissait donner la clé d'une compréhension des opérations constituant les activités cognitives, les états mentaux deviennent des objets scientifiquement saisissables ; en réaction au réductionnisme biologique, les neurosciences cognitives réintroduisent les concepts de volonté, intention, attention, conscience : faits de conscience, prise de conscience, inconscience, intentionnalité, perte de conscience, problématiques renouvelées par les travaux de neurochirurgie sur le cerveau. Ceci fait espérer une remise en cause des modèles du fonctionnement cérébral suggérés par l'IA (intelligence artificielle) et une réintroduction du sujet « comme acteur de ses activités cognitives avec son histoire individuelle et ses mémoires culturelles »[21]. C'est l'espoir d'un nouveau modèle du sujet pensant et conscient.

En psychologie différentielle s'opère une rupture épistémologique par modification du statut des différences individuelles : de périphérique, il est devenu central, ce qui permet aux différentialistes de transposer les concepts de la théorie de l'évolution à d'autres niveaux que celui de l'espèce (J. Lautrey, 1995) : il ne s'agit plus d'utiliser les différences individuelles pour expliquer l'évolution des espèces, mais d'utiliser les concepts de cette théorie (variation, compétition, sélection, stabilisation) pour expliquer la diversité comportementale des organismes vivants. Cette transposition recentre la recherche sur ce qui est spécifique aux formes d'adaptation des systèmes vivants par rapport à celles des systèmes artificiels qui misent sur les possibles et ne sélectionnent qu'*a posteriori* les fonctionnements efficaces en satisfaisant à quelques grandes contraintes génétiques et comportementales. Ils cherchent à comprendre comment l'utilisation de multiples ressources (génétiques, neuronales, processuelles...), diverses et variables, peut, dans certains cas, engendrer des conduites universelles, « expliquer la généralité tout autant que la diversité ».

Loin de se prévaloir du qualificatif de « scientifique », d'autres paradigmes qui peuvent y prétendre, si l'on entend par là qu'ils sont rigoureux, explicites et publics (mais pas « vérifiables ») sont apparus en psychologie dans les années soixante et font (légèrement) contrepoids à la cognition, en particulier celui d'*interaction*. J. Cosnier (1998) situe l'interactionnisme, de filiation principalement américaine, à la convergence de disciplines telles que la sociologie, la linguistique, l'anthropologie, l'éthologie et la psychologie, mais ces « sciences humaines » ne bénéficient pas actuellement du même préjugé favorable ni des largesses octroyés à la biologie moléculaire et aux neurosciences.

J. Cosnier illustre son propos par des recherches conduites dans différents champs. Dans le domaine de l'enfant, l'identification d'un processus d'épigenèse dans le développement de l'embryon, du fœtus et du jeune enfant conduit logiquement à celle d'épigenèse interactionnelle. Celle-ci implique la compétence du nouveau-né qui le rend sensible à l'environnement et l'interactivité de la dyade adulte/nouveau-né. Celle-ci se manifeste sous forme de communications multimodales dans lesquelles s'enracine le langage parlé bien avant son apparition et qui persiste chez l'adulte une fois celui-ci acquis : phénomènes de synchronisation comportementale, reproduction en écho d'activités gestuelles, de mimiques ou de sons entre enfant et adulte, transmission des affects par les interactions corporelles qui, tous, participent au développement psychique et à la construction du sujet. D'autres études, concernant l'interaction entre adultes, ont déjà été menées par des sociologues, des anthropologues et des linguistes : l'interaction non verbale, la synchronisation corporelle des échanges et l'induction d'affects par ce canal, les fonctions multiples de la communication verbale, le rôle éminent du contexte (réel, en situation) pour percevoir la signification des énoncés. Des sociologues interactionnistes ont développé ces questions : mise en évidence des interactions sociales quotidiennes (E. Goffman), interprétation permanente du contexte par les individus, créant la réalité sociale. La conversation est devenue l'objet d'étude privilégié des linguistes interactionnistes. La théorie de la communication de Bateson et du groupe de Palo Alto s'inscrit dans l'ensemble de ce mouvement, même si, en France, elle a été le plus souvent réduite à une théorie systémique, voire à une école de thérapie familiale.

Interaction et communication concernent la construction du socius. Elles peuvent enrichir l'étude de la cognition et davantage retenir l'attention des psychologues qui ne semblent pas avoir encore, à quelques exceptions près, pris la mesure de la fécondité de cette approche. J. Cosnier[22] résume l'apport de ces travaux par rapport aux travaux relatifs à la cognition : l'inter remplace l'intra, la méthode est naturaliste (observation et description sur le terrain) et non expérimentale, les résultats sont en terme de comment et non de pourquoi, avec primat du qualitatif sur le quantitatif, la prise en compte du contexte est essentielle. Ce sont les acteurs qui donnent sens à leurs actions et non l'observateur, l'interactionnel supposant l'intersubjectif.

Par ailleurs, seule une partie minoritaire de la psychopathologie est devenue cognitive : celle qui est l'objet d'études au CNRS et dans des centres de recherche principalement hospitaliers. Mis à part quelques universitaires qui se réfèrent aux modèles cognitifs, l'enseignement et les pratiques cliniques sont actuellement largement sous influence psychanalytique, freudienne et lacanienne, avec une large diffusion de thèses winnicottiennes et de contributions originales d'analystes français et étrangers, principalement durant l'âge d'or de la psychanalyse en France, soit les années 60-80. En totale résonance avec la culture, la psychanalyse a partie liée avec la situation sociale et historique du XX$^e$ siècle occidental et, en France, a subi l'épreuve lacanienne dont elle se remet mal. La psychanalyse n'est pas une sous-discipline de la psychologie. Toutefois, elle a des liens privilégiés avec elle. La réflexion à ce propos est reportée au chapitre IV.

La psychologie expérimentale et la psychophysiologie continuent d'exister en toute autonomie, de même que la psychologie sociale dont certains de ses objets les plus traditionnels (attitudes, représentations) sont actuellement retraités par la psychologie cognitive.

Selon B. Matalon (1999), les problèmes qui se posent en psychologie sociale sont paradigmatiques de ceux de la psychologie ou de la sociologie, mais sont peut-être plus évidents parce que la psychologie sociale fait coexister des situations expérimentales qui n'existent pas en sociologie et cherche à expliquer des phénomènes historiquement et culturellement situés.

Il développe ce dernier point : 1) affirmer le caractère historique ou culturel des phénomènes psychologiques implique de le démontrer, c'est-à-dire de découvrir des invariants du comportement. Par exemple, et pour se faciliter la tâche, reproduire une recherche expérimentale ancienne ou dans un contexte culturel différent. Si les résultats changent selon les époques, on peut dire qu'il s'agit d'un phénomène historiquement situé et que la conformité — c'est ici l'exemple utilisé — fait partie des comportements possibles donc des possibilités humaines, mais dont l'actualisation dépend des circonstances; 2) nous ne pouvons affirmer disposer de lois générales si nous ignorons leur degré de généralité, d'autant que nous ne connaissons pas tous les déterminants des phénomènes étudiés par la psychologie sociale. Nous savons seulement qu'existent des systèmes de causalité complexes où causes, conditions et contraintes sont en interaction et nous ne connaissons pas les règles de ces combinaisons. Si les résultats montrent un changement d'attitude, est-ce dû aux ressources propres du sujet ou à un changement par rapport à la signification de la situation? On peut spéculer sur le caractère historique et culturel de la psychologie sociale, mais il est difficile de montrer si, et comment, elle l'est.

B. Matalon rappelle que la psychologie sociale s'est intéressée aux attitudes et aux représentations, non observables, dès les années 60, en proposant des modèles cognitifs distincts de ceux actuellement développés par la psychologie cognitive. Mais savons-nous si les phénomènes de dissonance, produits expérimentalement en situation sociale, obéissent à des mécanismes pour lesquels la présence d'autrui joue un rôle essentiel? Quant au problème important de savoir comment le «social» affecte les conduites individuelles, il est difficile à traiter : le social comme catégorie d'appartenance ne peut être qu'une variation *invoquée* et non *provoquée*, il n'est présent dans l'expérimentation que sous la forme de présence d'autres personnes, soit sous forme de l'interindividuel, sans relation avec la société en tant que telle. B. Matalon conclut que ces difficultés se rencontrent dans la plupart des disciplines, surtout lorsque, comme dans les sciences de l'homme, elles sont peu assurées de leur situation constitutionnelle et que donc le souci de différenciation et d'affirmation de l'identité est prégnant.

Plus d'un siècle de mouvements : rejet de la philosophie et passion pour l'expérimentation, revendication d'une scientificité et condescendance à l'égard de ce qui n'en relève pas, triomphe de l'objectivité puis retrouvailles avec la conscience (que l'on espère objectiver), l'intention (que l'on cherche à naturaliser), fascination pour le verbe et nouvelle légitimité accordée à l'action même lorsqu'elle est parole. Difficile donc de maintenir la définition d'une psychologie : il y en a plusieurs, et on pourrait répéter cette remarque à propos de chacune de ses «sous-disciplines», ce qui constitue une évolution classique bien connue de l'histoire des sciences.

«Les sciences psychologiques» sont ainsi un archipel de disciplines auquel les biologistes ou les neuroscientifiques seraient bien surpris d'appartenir (d'apparaître comme des psychologues!), en dépit de la dénomination de l'Union scientifique internationale à laquelle certains appartiennent : IUPsyS[23] (*International union of psychological sciences*). La psychologie chercherait-elle à se les assimiler ou est-elle en train d'éclater ? L'existence de sciences médicales n'a cependant jamais supprimé la médecine, ni celle des sciences juridiques le droit. Que se passe-t-il avec la psychologie ? S'agirait-il plutôt de la disparition de la psychologie comme discipline ? «La psychologie cognitive survivra-t-elle aux sciences cognitives ?», s'interroge G. Tiberghien (1999). Il répond par l'affirmative, car la question est aussi là. «La psychologie sociale existe-t-elle ?», s'interroge B. Matalon, devant l'ensemble hétérogène qui se présente sous ce nom. Il est certain que le découpage traditionnel des sous-disciplines de la psychologie qui la font exister socialement au sein des Universités est largement dépassé. Mais quelle autre catégorisation proposer en l'absence de projet fondateur ?

En 1946, P. Naville notait les incontestables progrès de la psychologie en dépit de l'incertitude de ses fondements et de son absence de perspective : «Chaque "théorie" élaborée au cours du dernier demi-siècle a suscité sans doute beaucoup d'illusions, parce que leurs promoteurs imaginaient encore trop aisément qu'elle allait enfin donner la "clé" de l'homme dans ce qui fait son caractère spécifique. La psychologie, plus que toute autre, s'est abandonnée à ses illusions»[24]. Trente ans plus tard, C. Castoriadis (1978) affirmait que c'est parce que la psychanalyse a affronté sérieusement les problèmes de l'âme comme telle — organisation, forces, lois de fonctionnement — qu'elle a pu innover radicalement. «Car c'est sous cet angle que son objet apparaît dans sa dureté irréductible : comme signification vivante. [...] Le royaume des ombres a pu être abandonné parce que Freud a essayé de penser jusqu'au bout cette évidence énigmatique du psychique : le sens incarné, la signification réalisée et ses conditions»[25]. Mais une question introduisait sa réflexion : « Saurions-nous donc aujourd'hui, par la psychanalyse, ce qu'il en est de l'âme ? Nous nous trouvons plutôt dans une situation plus paradoxale que jamais »[26]. Aujourd'hui, la *conscience* des neurobiologistes coïncide-t-elle avec l'*esprit* auquel s'intéressent les philosophes (*mind-body problem, philosophy of mind*) et le *psychisme* préféré par les psychologues et les psychanalystes ? En France, écrit J. Cosnier[27], une nouvelle génération de chercheurs très actifs d'origine diverse : polytechniciens, ingénieurs des Mines, sociologues, philosophes (pas ou très peu de psychologues) confrontent les positions cognitivistes et pragmatiques au sein de plusieurs organismes publics. Qu'ambitionnent leurs travaux ? « Replacer l'homme et le sujet au cœur des réflexions ». Est-ce que les psychologues n'ont jamais souhaité autre chose ? Si bien que l'on serait tenté de les considérer tous comme des chercheurs en psychologie, comme on dirait : dans ce pays-là.

## 2.2. Les pratiques professionnelles

Les psychotechniciens et les orienteurs professionnels sont implantés dans les entreprises et les administrations depuis les années 20, pour analyser les postes, les conditions de travail et sélectionner le personnel. Cependant, en 1950, la pratique de la psychologie en est peu ou prou à ses débuts. Des personnes, sans qualification particulière, qui peuvent être des instituteurs ou des inspecteurs d'académie, font passer des tests dans les écoles. Des médecins forment hâtivement des collaborateurs aux techniques psychologiques qu'ils n'ont pas le temps de faire passer eux-mêmes. Il y a aussi des personnes sans statut particulier qui, parce qu'elles s'intéressent aux êtres humains, proposent leurs services.

Ces « travailleurs clandestins » (G. Guillec, 1993)[28], moins spécialisés qu'aujourd'hui, sans statut, travaillent comme auxiliaires dans le service public ou semi-public de la santé et de l'éducation, sous la dépendance des médecins et des inspecteurs d'académie. Ils ont à leur disposition des tests d'intelligence, d'aptitudes, puis de personnalité, qu'ils appliquent pour dépister, sélectionner, orienter, diagnostiquer, établir des bilans psychologiques. Combien sont-ils ? Il est difficile de le préciser, étant donné les contours flous de cette population qui exerce une activité qui n'est pas encore une profession. Une formation spécifique, la licence de psychologie, voit le jour en 1947. Elle va permettre la production de diplômés. Mais le titre de psychologue n'est légalement protégé en France que depuis 1985. Entre-temps, être sur le terrain donne aux psychologues des idées.

Il y a aujourd'hui entre 30 et 35.000 psychologues en France[29] dont les trois quarts exercent dans le domaine de la santé, de la justice ou de l'éducation. Un panorama des pratiques fondé sur des témoignages (P. Cohen, 1986; D. Fua, 1997) constituent une précieuse source d'information. Ces ouvrages montrent que leur activité se déploie dans tous les secteurs : sanitaire et social, scolaire, judiciaire, administratif, enseignement, recherche et formation, avec une moindre représentation du domaine du travail, ce qui reflète assez bien la réalité professionnelle. Les psychologues travaillent dans le secteur public, semi-public et privé, sous différents statuts : salarié, fonctionnaire ou libéral.

Que font les psychologues aujourd'hui?

Ils réalisent toujours des examens psychologiques, des observations cliniques et des entretiens individuels. Mais ils font aussi autre chose : s'entretenir avec des familles (orientation, conseil, guidance, soutien...), animer des groupes et des réunions, intervenir au plan thérapeutique (enfant, adulte, famille...), participer à la vie institutionnelle, associative ou à celle de l'entreprise (réunions de synthèse, coordination d'équipes, conduite de projets), ont une importante activité de rédaction (bilan psychologique, rapports de synthèse, recherche thématique, documents administratifs...) et de multiples activités annexes au titre de la formation (des stagiaires psychologues), de la recherche, de la coordination institutionnelle, de multiples activités de liaison... Cette liste non exhaustive s'allège pour les libéraux qui ont d'autres contraintes. Les interventions des psychologues se sont donc diversifiées, leur rôle s'est transformé, de nouveaux champs d'intervention se sont ouverts. Ceci modifie en retour les demandes sociales, chaque fois que le milieu est suffisamment souple et ouvert pour accepter ces transformations et comprendre les bénéfices qu'il peut en tirer. Illustrons par quelques exemples la façon dont des psychologues ont construit leur métier, lui donnant corps et sens pour eux-mêmes et pour les autres.

E. Belghiti-Bickart et C. Dugue[30], psychologues en service de gynécologie-obstétrique, ont été introduites dans ce milieu professionnel par le biais de la loi qui prévoit un entretien pré-IVG, car, antérieurement, la grossesse et l'accouchement étant vécus comme des phénomènes «naturels», ne paraissaient pas nécessiter la présence de psychologues. A leur arrivée, les soignants ont fait appel à elles pour des pathologies gynéco-obstétricales ou néonatales (prématurité, enfant mort *in utero*, malformations graves, découverte d'une maladie génétique sévère), situations dans lesquelles il n'y avait plus rien à faire, médicalement parlant, et où elles ont contribué à restaurer une identité maternelle mise à mal ou à refonder chez une mère une confiance dans ses capacités maternelles. Au fil du temps, les demandes d'intervention se sont centrées autour d'une symptomatologie plus discrète «comme si le service s'ouvrait à la prise en compte de la dimension psychologique de l'enfantement : lutter par exemple contre l'image idéalisée de la maternité qui fait obstacle à l'expression de l'angoisse chez une mère ou contre une certaine vulgarisation psychologique qui impose des normes contraignantes relatives au "bien naître" ou au "bien allaiter", les instituant comme déterminants pour la suite, ce qui peut entraîner des sentiments d'échec ou de la culpabilité».

En gériatrie, H. Hilsz-Massieye, recrutée au titre de l'humanisation des services, a progressivement orienté son travail en vue de garder vivant ce qui l'est encore — dans ce contexte éminemment mortifère — travail qui passe «par la reconnaissance — constante et sans faille — que toute personne âgée, quel que soit son état, physique et/ou mental, est un sujet à part entière»[31]. Elle organise sa pratique dans ce sens selon des modalités classiques (entretien, suivi, groupes de parole, d'histoires...) ou qui le sont moins, au cas par cas, sans oublier les liens à établir entre l'équipe soignante et les familles.

Un psychologue, P. Gérard[32], recruté dans une maison d'enfants pour cas sociaux qui n'avait jusqu'alors jamais eu recours aux services d'un psychologue, raconte comment les demandes initiales qui lui étaient faites (établir des QI, donner des solutions, répondre à l'urgence, décharger des équipes arrivées à la limite de leurs possibilités d'accompagnement éducatif...) ont évolué vers une véritable collaboration. Il s'entretient individuellement avec les enfants à l'admission et en cours de séjour, les bilans psychologiques ne sont pas systématiques mais effectués à la demande ou en cas de difficultés particulières; il anime des réunions avec les équipes internes et des équipes externes, rencontre les parents... Pour lui, le psychologue aide à faire reconnaître la complexité de la tâche éducative, éviter les perceptions réductrices, construire des échanges positifs qui ne sont pas acquis d'avance. Il souligne l'importance de la trace écrite (compte rendu de réunions, caractéristiques de la situation d'admission et de départ de l'enfant, etc.) pour faire évoluer l'institution.

Il faut du temps pour modifier les représentations et les demandes : à l'école, sortir du rôle du psychologue s'occupant de «l'enfant à problèmes» pour se redéfinir : en médiateur dans les conflits avec le maître, en collaborateur des familles ou des institutions extra-scolaires qui apportent leur concours à l'éducation de l'enfant, dans le but d'interroger le système éducatif lui-même (J. Jaume)[33]. Au travail, certes organiser et réaliser les examens psychologiques d'orientation, de sélection et de contrôle, mais aussi[34] assurer le suivi des agents pendant leur formation et leur carrière, répondre aux demandes individuelles de conseil, participer à des recherches et des interventions, apporter son concours à la prévention (information sur l'alcoolisme, la drogue et les dépressions), recevoir les agents reclassés ou en cours de reclassement pour faire un bilan de leurs potentialités en vue d'une réorientation, etc. D'autres psychologues, recrutés pour contribuer à améliorer les performances de sportifs de haut niveau, infléchissent progressivement leur travail dans le sens d'une préparation des sujets à une meilleure acceptation des contraintes psychologiques inhérentes à ces pratiques[35].

La place que le psychologue se construit n'est souvent pas évidente au départ. R. de Carmoy (1997) raconte l'étonnement suscité par sa présence dans un service de chirurgie pour enfants et adolescents : condescendance et indifférence polie qui se sont transformées au fil des ans par la façon dont elle a donné positivement corps à cette fonction : travail préparatoire à l'intervention chirurgicale qui suscite craintes, attentes et fantasmes, rôle important d'informateur-traducteur entre le chirurgien et le patient en fonction de ce que chacun peut entendre, aide aux familles dans les cas de pathologies lourdes ou invalidantes, évaluation psychologique en cas de maltraitance puisque les enfants battus arrivent souvent en chirurgie.

Mais on peut concevoir son rôle différemment. Appelée comme psychologue dans un service de réanimation pour s'occuper des suicidants et de tous ceux dont les manifestations sont difficilement supportables par les soignants, C. Pequignot-Desprats[36] a fondé sa pratique sur des impératifs : le temps et l'acte de parole, l'un et l'autre en décalage par rapport aux exigences de ce type de service. Elle veut prendre le temps, se donner du temps à soi et à l'hospitalisé, pour que se décantent une situation, un drame, que s'exprime la détresse psychique, pour inclure la dimension de la subjectivité. Sinon le malade meurt de sa souffrance psychique non reconnue, que les équipes médicales ne savent pas comment prendre en compte. Elle explique comment restaurer un espace psychique aboli ou sidéré chez des personnes qui s'éveillent d'un coma traumatique ou d'une anoxie cérébrale; comment parler des détails, des fils de l'appareil, du bruit, de la détresse, lorsque l'autre n'a plus qu'un regard ou une mimique; comment rester présente au moment où, passée la phase aiguë de soins, les soignants raréfient leurs interventions et où le malade peut se sentir «lâché»; comment prendre le temps de bavarder avec l'équipe que certains actes de parole rendent parfois perplexe : avoir parlé au vivant angoissé du voisin de lit mort cette nuit. Autant d'«actes de parole qui s'attachent à maintenir ou à restituer la dimension du sujet et du désir qui l'anime et le mortifie en son discours».

«Etre du côté du sujet», c'est, dans le cas de l'aide psychopédagogique (R. Bettini, 1997), faire retrouver à l'enfant le plaisir du fonctionnement mental, réveiller son intérêt pour le travail scolaire, lui permettre de découvrir ce qu'il est capable de réussir, ce qui suppose de s'intéresser à lui tel qu'il est, de l'accompagner dans ses difficultés sans le sanctionner négativement, ni le mépriser, ni l'abandonner, sans exiger qu'il réalise des performances trop difficiles pour lui, mais en lui montrant plutôt comment contourner les obstacles. Etre du côté du sujet, dans le cas du handicap, c'est «démédicaliser les discours car ils entretiennent le leurre de la guérison. On ne guérit pas d'une trisomie 21 ou d'une arriération mentale : on vit avec» (P. Cohen, 1986)[37]. Prendre également ses distances avec un discours pédagogique et réintroduire le discours psychologique qui s'articule au droit à la différence. «Reconnaître dans l'autre ce qui nous est étranger, c'est le premier pas de la tolérance vers la différence.»

Cette position est plus facile à tenir dans les cas où l'intérêt des individus et ceux de la collectivité communient dans la rationalité (l'orientation scolaire, la gestion des ressources humaines dans l'entreprise...), encore qu'un faux-pas soit possible. Elle devient problématique en cas contraire, particulièrement dans le domaine de la santé ou de l'éducation, où les personnes ne produisent rien et coûtent à la collectivité.

Prenons un problème très général que l'on peut illustrer par l'exemple des psychologues travaillant au sein de l'Education spéciale (J. Jaume)[38], à qui des Commissions chargées de l'orientation et de l'attribution d'allocations d'Education spéciale demandent de communiquer les données psychologiques relatives à un enfant ou un adolescent handicapé. Ces commissions ont à catégoriser l'enfant qui a fait l'objet d'un signalement comme «déficient intellectuel» ou comme «présentant des troubles du comportement», signalement qui a déjà un effet sur la perception que l'enfant a de lui-même ou que son entourage se fait de lui. Cette catégorisation signifie une orientation éducative ou une intervention thérapeutique définie sur des critères tels que le QI ou la mention d'«inadaptation scolaire», plutôt floue, qui renvoie à des difficultés scolaires, extrascolaires, pathologiques ou à une pathologisation de l'échec scolaire. Quant au QI : «Tous ceux qui ont métier de psychologue sont effrayés, impuissants à enrayer le mal et contraints, par les institutions dans lesquelles ils sont appelés à fonctionner, de se servir d'un outil dont ils connaissent mieux que quiconque les limites et les imperfections et dont ils aimeraient bien finalement être débarrassés, à cause de l'utilisation abusive qui en est faite». Une fois l'enfant «étiqueté», les commissions procèdent à une orientation à partir des renseignements scolaires, sociaux, médicaux et psychologiques contenus dans le dossier (et des places disponibles dans les institutions...). Qu'attend-on du psychologue? Qu'il justifie les difficultés de l'enfant en utilisant des tests. L'enfant s'appréhende alors à partir de son dossier, qui devient un moyen d'exercer un pouvoir sur lui. En outre, les membres de la commission ont aussi ne personnalité, une sensibilité, une expérience, une idéologie. La structure bureaucratique peut devenir une fin en soi, dictant les modalités d'intervention, tendant à oublier l'enfant et à remettre en question les décisions prises par les gens de terrain, qui ont étudié les possibilités d'orientation optimale pour résoudre les difficultés. Le nombre important de dossiers à traiter en quelques heures limite les possibilités de réflexion sérieuse. Lorsque des rencontres entre enfant, parent, psychologue, maître sont demandées et exploitées ensuite par la commission, elles se vident de leur dimension d'aide psychologique qui requiert discrétion et confiance. L'auteur se demande, avec J. Eon, «si la participation du psychologue aux Commissions d'orientation est compatible avec une psychologie au service de l'enfant».

De nouveaux champs d'exercice s'ouvrent actuellement aux psychologues, liés à l'évolution sociale : loisirs, urbanisation, surpopulation, extension de l'automation qui renforce la solitude au travail, catastrophes naturelles ou produites par l'homme qui impliquent une aide aux victimes, vieillissement ou troubles psychiques qui impliquent le soin psychologique à domicile. Etc.

Dans tous les cas, il faut inventer son métier.

### 2.3. Les rapports entre théories et pratiques

Cette confrontation rapide des savoirs et pratiques psychologiques à cinquante années de distance suscite plusieurs remarques :

1. Il y a une première période qui va «des débuts» jusqu'aux années 60-70, date à laquelle l'Université ayant diplômé des étudiants, des psychologues investissent le marché du travail; en trente ans, on observe une explosion démographique de la profession. Durant ce temps, les savoirs s'enrichissent, se diversifient suivant le mouvement général de l'évolution des connaissances, tous affirment étudier l'Homme, à diffé-

rents niveaux de complexité ou à partir de conceptions différentes. Certains savoirs s'appliquent directement dans des techniques ou se constituent grâce à elles : tests, statistiques, échelles...

2. D'autres pratiques se développent ensuite, qui ne sont plus application de théories, même si elles les utilisent encore comme références. Les théories remplissent de nouvelles fonctions : légitimation de l'intervention expertale, protection du psychologue. Les théories ne permettent pas d'agir, mais sont chargées de donner du sens à la situation.

En témoigne la façon dont C. Damiani (1997) évoque son expérience de psychologue travaillant dans un Institut public à double orientation psychologique et judiciaire, destiné à aider les victimes d'infractions pénales (agressions physiques, violences, viols, accidents...). Elle explique que les théories sont utiles pour éviter «la fascination de l'horreur», déchiffrer les signes, comprendre les comportements, pouvoir apporter de l'aide par la distanciation qu'elles introduisent. On peut noter en effet : interpréter la culpabilité comme reconnaissance de l'existence d'autrui (signification de la position dépressive, M. Klein et D.W. Winnicott), comprendre le traumatisme comme débordement des défenses par une quantité d'excitations ingérable (S. Freud), penser son espace de travail comme aire transitionnelle contenante face aux affects violents et au morcellement de l'individu (D.W. Winnicott), donner de l'importance au cadre et à la parole pour prévenir les angoisses d'effondrement (J. Bergler, O. Avron, D.W. Winnicott) et assurer, entre autres, la cicatrisation du moi-peau (D. Anzieu), expliquer les attaques ultérieures du cadre par la victime comme identification à l'agresseur (A. Freud), penser qu'un trauma en réveille toujours un autre (J. Cournut). Les savoirs sont là, mais tout autre chose est l'action, la pratique somme toute, qui s'invente à mesure et construit une méthode d'intervention : évaluer la demande immédiate, pour orientation; contractualiser l'intervention sous forme d'un nombre précis de séances avec un objectif défini, ce qui implique d'opérer une distinction au sein des symptômes (grâce aux savoirs acquis) et de ne choisir de s'occuper que de certains seulement, après avoir acquis par l'expérience (et celle des autres, transmise par les savoirs), qu'il faut intervenir le plus rapidement possible après l'agression. Dans le cas d'enfants victimes, dont l'Institut ne s'occupe pas directement, une pratique s'est construite : aider les parents pour qu'ils soutiennent leur enfant, leur expliquer à l'un et aux autres le déroulement de la procédure judiciaire, éventuellement les accompagner au procès. Ou aider les adultes victimes à lier les aspects juridiques et psychologiques, travailler sur leur dépôt de plainte en les aidant à départager le légal de l'illégal, le licite de l'interdit, aider la victime d'inceste fraternel à élaborer une plainte et sortir ainsi de la confusion familiale. Travail psychologique donc, à haute incidence éthique. Si les savoirs servent la psychologue et à travers elle les personnes dont elle s'occupe en tant qu'ils irriguent sa pratique, celle-ci est une succession de choix dont elle seule répond.

3. La croissance considérable des psychologues[39] et la demande sociale ont entraîné l'invention de « métiers » qui reposent pour partie sur les savoirs, pour partie sur la créativité de chacun ou de plusieurs ensemble. Il s'agit de résoudre des problèmes au cas par cas : comment faire ? comment être ? Des questions auxquelles l'Université, étant donné ses missions et ses moyens, ne peut répondre qu'en encourageant les étudiants à faire des stages pré-professionnels ou en proposant des formations post-universitaires qui, pour des raisons financières, sont souvent généralistes et ne s'adressent que rarement aux seuls psychologues. Les questions se posent et se résolvent différemment selon les secteurs et selon que le psychologue a pour fonction de s'occuper des personnes, comme dans l'exemple précédent, ou des problèmes qui se posent dans les situations où celles-ci sont impliquées. Dans le champ de la santé et de l'éducation, les psychologues lisent, échangent entre eux, participent à des séminaires, colloques et congrès, suivent des cycles de formation et de perfectionnement (à la relaxation, au psychodrame, aux techniques projectives...), participent à des recherches, à des groupes de réflexion et engagent souvent une psychanalyse personnelle. Ceci dans un but de perfectionnement, mais aussi pour préserver ou affirmer une identité face à des partenaires souvent difficiles. Ils cherchent aussi des références, comme en témoigne l'éclosion anarchique de plusieurs « codes de déontologie » entre 1970 et 1996, parfois à l'usage d'un seul petit groupe de professionnels au sein d'une structure locale : le code de 1961 était trop général, la révision de 1996 n'avait pas encore été faite. Dans le champ du travail, outre les lectures et autres colloques, séminaires et formations, les psychologues se confrontent au terrain et, mis à part les quelques lieux où l'emploi de psychologues est ancien, tous innovent.

Appuyons-nous sur un exemple, volontairement choisi pour sa distance à l'exemple précédent. C. Blatter (1994), psychologue dans un service d'ergonomie de la SNCF, est sollicité lors de la conception d'une nouvelle presse destinée à redresser les rails de chemin de fer. Ceux-ci sont constitués de barres courtes, mises bout à bout et soudées jusqu'à atteindre plusieurs centaines de mètres. La correction des défauts de linéarité est réalisée par deux presses manuelles d'un atelier de l'Equipement, mais les rails des trains à très grande vitesse exigent une nouvelle machine, plus puissante et plus fiable, pour corriger les défauts à la fois en profil et en plan. Cette machine doit être dotée d'un dispositif de mesure par capteurs laser et d'un écran de visualisation qui remplaceront les prises de mesure manuelles.

Ayant observé des agents travaillant sur des anciennes presses et ayant expérimenté sur une maquette grandeur nature, les ergonomes sollicités par l'atelier vont d'abord attirer l'attention sur la pénibilité de certaines postures dans la nouvelle presse projetée. Puis, ils vont appréhender l'activité mentale qui accompagne ce travail, en observant les agents, en s'entretenant librement avec eux, en extrayant les enchaînements d'action à partir d'enregistrements vidéo, en leur demandant de dessiner le rail, les cales de pressage et le vérin après chaque mesure faite à la règle. On s'aperçoit alors que pour cette activité apparemment peu qualifiée, le agents exploitent des indices informels et élaborent de nombreuses stratégies d'action contingentes à la situation, dont la logique est en décalage avec celle du bureau d'étude. Leurs dessins témoignent de leur capacité à anticiper des actions correctives complexes et permettent d'accéder à leurs représentations, comportant par exemple une hypertrophie de certains détails. L'ergonome cherche à connaître les compétences développées par l'opérateur au cours de son travail et dans sa relation avec sa machine en observant le travail préexistant pour en déduire l'activité future. L'observation et la verbalisation permettent d'accéder aux mécanismes psychologiques sous-jacents : processus perceptifs, cognitifs, psychosociaux qu'il faut intégrer dans l'outil futur ou modifier par une formation appropriée. Il s'agit de connaître les conduites réelles des hommes par une analyse sur mesure. Il en résulte des propositions techniques pour diminuer la pénibilité physique. Mais surtout, les savoir-faire des presseurs sont intégrés au dispositif de visualisation et de commande et leurs représentations mentales vont guider la conception d'écrans compatibles avec leur fonctionnement cognitif, ce qui aboutit à une modification de la console informatique. Au lieu de n'être qu'un support de tracé indicateur de linéarité plus fiable, conception de l'ingénieur, la console devient un pupitre de pilotage où seront affichées les informations pertinentes dont l'agent a besoin pour presser. L'efficacité des actions en est augmentée en respectant la «part noble» du travail constituée par le diagnostic et la prise de décision.

Selon C. Blatter, le psychologue travaillant en ergonomie doit être un expert en psychologie et doit avoir acquis les savoirs théoriques de toutes les sous-disciplines. Il doit connaître la psychophysiologie des facteurs de stress, la charge psychique mobilisée par le travail (qui s'accroît en situation d'interaction, pour les vendeurs au guichet par exemple), l'analyse cognitive de la logique des actions, l'animation de groupe lors des séances avec ceux qui pilotent le projet ou les experts, la conduite d'entretien, la passation d'enquête, la négociation avec les différents partenaires impliqués (commerciaux, financiers, ingénieurs) au cours de laquelle il doit parler à chacun sa langue. Ce qui fera de lui un professionnel, c'est sa capacité à élaborer une méthodologie de terrain face au problème posé où il s'agit d'*imaginer*, puisqu'il faut sortir du cadre du problème posé lors de la demande pour aboutir à une meilleure solution. Son statut est au carrefour de l'analyste pur, du praticien et du facilitateur social. En outre, l'intervention sur le terrain enrichit ou remet en cause les modèles théoriques en faisant progresser les méthodes et les concepts scientifiques.

A la question : «Comment faire pour apprendre le métier?», les réponses sont très différentes selon les secteurs et les contraintes liées au contexte. Dans tous les cas, les théories, savoirs existants et enseignés sont utilisés, mais servent surtout à inventer une méthode qui peut, elle, faire découvrir des configurations nouvelles, contribuant à la connaissance de l'Homme. Les psychologues réaliseraient-ils, trois quarts de siècle plus tard, cette «psychologie concrète» que G. Politzer appelait de ses vœux en 1928 : le geste éclairé par le récit, le comportement rapporté aux événements où se déroule la vie humaine et à l'individu sujet de cette vie? Au psychologue d'explorer objectivement cet être humain pris dans sa totalité et considéré comme le centre des événements qui ont un sens parce qu'ils se rapportent à lui : «... la psychologie, si elle a une raison d'être, ne peut exister qu'en tant que science "empirique". [...] Devant être *empirique*, le *je* de la psychologie ne peut être que l'*individu particulier*... Ce je ne peut pas être le sujet d'un acte transcendantal comme l'aperception, car il faut une notion qui soit sur le même plan que l'individu concret et qui soit simplement l'acte du *je* de la Psychologie. Or, l'acte de l'individu concret, c'est la *vie*, mais la vie singulière de l'individu singulier, *bref, la vie, au sens dramatique du mot*»[40].

A travers cette expansion des pratiques s'élabore une certaine connaissance de l'Homme. Elle est différente de celle produite par le discours scientifique qui, par nature, tient le réel à distance, qui est d'autant plus distinct de ce réel qu'il est plus scientifique. Le professionnel ne cherche pas à ouvrir la boîte noire : sa position est celle de l'expert de proximité, qui fait fonction de médiateur à tous niveaux.

## 3. ÉTHIQUE ET PSYCHOLOGIE

> « Williams James était sceptique devant l'idée que des relations harmonieuses pourraient exister entre la psychologie et l'éthique. Mais il considérait comme moi que la relation entre ces deux objets de recherche constituait l'un des problèmes centraux de la philosophie. Je suppose que James aurait trouvé mon propos trop naturaliste. Mais je pense aussi qu'il aurait approuvé la démarche consistant à rapprocher la psychologie et l'éthique, même si cela devait signifier que des problèmes apparemment insolubles seraient de nouveau amenés sur le devant de la scène. »
>
> O. Flanagan[41]

Nous sommes conscient de l'énormité de la tâche. Nous allons tenter de l'aborder sous cet angle : quelle est l'éthique constitutive des savoirs et des pratiques psychologiques ? C'est d'ailleurs une question qui pourrait s'adresser à toutes les « sciences humaines » qui ont constitutivement une dimension anthropologique. Mais la psychologie est multiple, ses inscriptions institutionnelles doubles (science humaine à l'Université, science de la vie au CNRS), ses méthodes vont de l'observation à l'expérimentation, ses professionnels sont présents sur tous les terrains. Si bien que la paradoxalité qui affecte toutes les « sciences humaines » se manifeste peut-être de façon encore plus aiguë en psychologie qu'ailleurs.

La suspicion des philosophes à l'égard de la psychologie est ancienne. Certains n'ont pas eu de mots assez durs pour jeter l'anathème. « Pour la psychologie, explique Alain, je n'en ai jamais été séduit, et il me semble que j'ai assez expliqué pourquoi ; il n'y a peut-être pas une notion dans ce savoir découragé qui tienne devant l'attention. Mais, dans le fond, c'est un refus de penser, et souvent irrité, qui gouverne ce peuple d'ombres »[42]. Les psychologues connaissent les critiques successives de Politzer (1928), M. Foucault (1957) et G. Canguilhem (1958)[43]. L'hypothèse développée par J.F. Braunstein (1999) relative à la critique canguilhemienne de la psychologie est convaincante : G. Canguilhem soutient sa fameuse thèse « Essai sur quelques problèmes concernant le normal et le pathologique » en 1943. Le compte rendu que D. Lagache en rédige en 1946 et qui est publié la même année semble atténuer l'originalité de l'œuvre qui est transformée en une « anthropologie phénoménologique et existentielle », ce que G. Canguilhem interprète comme une tentative d'annexion. En 1947, Lagache consacre sa première leçon comme professeur de psychologie à la Sorbonne à l'«Unité de la psychologie», texte qui est à la fois «un idéal scientifique et un compromis politique» (J. Carroy et A. Ohayon, 1999) avec les psychologues qui l'ont précédé à la Sorbonne. Le texte remanié sera édité en 1949. En 1958, G. Canguilhem répond à l'interprétation erronée de Lagache au cours d'une conférence où il montre l'absence «d'unité de la psychologie», qu'il connaît bien. Il reproche à Lagache de ne pas avoir fondé sa psychologie de la conduite sur une définition préalable de l'homme, ce qui préserve le behaviorisme ambiant dans ce nouveau projet.

Selon J.F. Braunstein, la critique de Canguilhem est, certes, *épistémologique*, portant sur l'impossibilité de la psychologie comme science, mais elle est surtout et principalement *éthique*, portant sur les conséquences du projet psychologique : l'introspection comme philosophie de l'inaction, le behaviorisme comme phénomène de brutalisation. A ne pas s'interroger sur l'idée qu'elle a de l'homme, la psychologie le ravale au rang de chose ou d'instrument et se transforme elle-même en technique de rangement des êtres humains; au rang d'animal que l'on dresse au lieu de lui faire apprendre, ou dont on observe les mœurs à la façon de l'entomologiste. Sans compter l'utilisation consécutive que les pouvoirs feront de ces savoirs dans une perspective de normalisation. J.F. Braunstein rappelle que, très tôt, Canguilhem s'est insurgé contre les adorateurs de faits aux dépens de l'attention aux valeurs et à la qualité spécifiquement spirituelle de l'esprit humain. Sa critique de la psychologie (de l'époque) «est une critique éthique, quasi politique, fondée sur une théorie du sujet... La psychologie est pour lui l'esprit de soumission qui prétend tout justifier au nom d'un certain sérieux de la science. Le psychologue et le philosophe sont pour Canguilhem les deux figures possibles du rapport au monde : l'un accepte le monde au nom de l'esprit de sérieux, l'autre y résiste, au nom d'un esprit de révolte»[44].

Le behaviorisme a suscité suffisamment de réactions négatives pour qu'on ne soit pas obligé d'y revenir. Ce n'était pas la théorie en tant que telle (qui avait son intérêt), mais sa négation des faits psychiques l'invalidant elle-même qui a provoqué l'insurrection : les psychologues adorateurs de faits oublient la signification de la valeur (Alain), la psychologie suppose que la vérité de l'homme est épuisée dans son être naturel et oublie que les significations sont immanentes à la conduite (Foucault), soit : on ne peut pas traiter l'homme de cette façon sans le déshumaniser. L'attaque a été massive, à la mesure de l'atteinte : l'objet de la connaissance, en l'occurrence le comportement humain, ne peut pas être soustrait à cette connaissance même par une impasse faite sur ce qui peut en donner la clé.

## 3.1. La montée en puissance de l'éthique dans le monde occidental

Laissons provisoirement ces questions en suspens. Quarante-cinq ans ont passé. La façon dont l'éthique de la psychologie peut être aujourd'hui interrogée n'est pas indépendante de la prise de conscience internationale sur la façon de traiter les êtres humains à partir du texte fondateur qu'est le Code de Nuremberg (1947). Celui-ci fut édicté par le Tribunal militaire américain à qui il revint de juger les crimes de guerre et donc d'édicter les règles à respecter pour que l'expérimentation humaine ne se transforme pas en crime. Ce fut le point de départ d'une réflexion sur les implications morales des découvertes scientifiques et des applications techniques de la science, sur fond des mutations engendrées successivement par la décolonisation, le féminisme, le combat contre le racisme, la légalisation de l'avortement, la protection de l'environnement, du patrimoine génétique et des êtres humains.

Comme des recherches comportant des risques pour les sujets qui les subissaient continuaient à se poursuivre, le Congrès américain créa en 1974 une «Commission nationale pour la protection des sujets humains dans la recherche biomédicale et comportementale» pour élaborer des lignes de conduite d'ordre éthique valant pour toute recherche utilisant des sujets humains et menée sur fonds publics. Elle comportait 11 membres : 5 médecins et 2 psychologues qui avaient déjà fait des recherches avec des sujets et 6 non scientifiques : 3 avocats, 2 philosophes et 1 spécialiste des affaires publiques. Elle pilota un travail approfondi mis en œuvre avec des moyens importants pendant quatre ans. Ce travail aboutit à la publication de 10 rapports[45] et à la rédaction d'un rapport de synthèse appelé *Rapport Belmont* (1978). Celui-ci dégagea trois principes à respecter pour permettre une utilisation moralement acceptable des sujets humains dans la recherche et les règles découlant de ces principes :

– *Le principe de respect des personnes* implique que tout être humain soit considéré comme autonome et que toute personne dont l'autonomie est réduite soit protégée. Il en découle la règle du consentement éclairé : aucune investigation ne sera conduite auprès de sujets humains sans qu'ils y consentent, ce qui implique pour eux : information, compréhension, volontariat;

– *le principe de bienfaisance* exige de ne pas nuire, de maximiser les bénéfices escomptés et de minimiser les inconvénients possibles. La règle qui en découle est qu'il faut évaluer les risques et les bénéfices potentiels préalablement à toute recherche et écarter tout projet dont l'équilibre risques/bénéfices est négatif au niveau des conséquences pour le sujet ;

– *le principe de justice* veut que ceux qui supportent le fardeau de la recherche soient aussi ceux qui bénéficient de ses résultats ou applications. Il en découle des exigences morales relatives à la sélection des sujets, pour ne pas faire supporter les risques de la recherche par des personnes déjà pénalisées par la pauvreté, la maladie, leur appartenance à une minorité, etc., alors que les bénéficiaires de la recherche seraient principalement des privilégiés, sur tous ces plans.

Nous ne discuterons ici aucun des problèmes que pose l'application de ces principes et de ces règles. Nous retiendrons seulement qu'en 1982, A.R. Jonsen et U.V. Brady se demandent pourquoi c'est la recherche médicale et comportementale qui a été choisie pour cet examen critique, et non d'autres recherches répandues comme celles touchant aux ressources humaines, au marketing ou à la publicité ? Peut-être, pensent-ils, parce que la médecine et la psychologie, comme toutes les professions qui incluent une relation d'aide, attirent l'attention et aiguisent les exigences concernant la démarcation entre activité de recherche et activité de soin. Ce thème fut l'objet d'une déclaration de l'*Association médicale mondiale*, en 1964 à Helsinki, où fut établie une distinction entre recherche thérapeutique dont l'objectif est l'amélioration de l'état du patient, et recherche non thérapeutique dont le but essentiel est scientifique, sans bénéfice thérapeutique pour la personne soumise à la recherche. Cette déclaration fut amendée à Tokyo (1975), les intérêts du sujet étant considérés comme primordiaux par rapport à ceux de la science et de la société. A Hawaï, en 1977, l'*Association mondiale de psychiatrie* adopta le code d'éthique de la pratique psychiatrique qui mettait l'accent sur le respect de l'autonomie du patient et son droit à déterminer lui-même son intérêt. Une nouvelle distinction prévaut actuellement : activités thérapeutiques, qui peuvent inclure l'utilisation de techniques expérimentales même non validées, et activités de recherche, toujours expérimentales.

En France, les recommandations du rapport Belmont furent aussitôt appliquées par l'INSERM en 1978, puis en 1991 par le CNRS. Un *Comité Consultatif National d'Ethique pour les Sciences de la vie et de la Santé* (CCNE) est créé en 1983 par le Président de la République. Il doit « répondre aux citoyens qui cherchent des *repères* dans les avancées parfois vertigineuses des sciences de la vie et de la santé, répondre aux chercheurs et aux praticiens qui se sentent trop souvent seuls face aux conséquences gigantesques de leurs travaux, et répondre aussi aux attentes des pouvoirs publics qui ont besoin d'avis, de conseils et de recommandations »[46]. Il a pour mission « de donner son avis sur les problèmes moraux qui sont soulevés par la recherche dans les domaines de la biologie, de la médecine et de la santé, que ces problèmes concernent l'homme, des groupes sociaux ou la société toute entière »[47].

Aux trois principes du Rapport Belmont, le CCNE en ajoutera un quatrième : le respect de la dignité de la science et de ses exigences méthodologiques : honnêteté, rigueur et compétence dans la recherche. Construire un bon projet est une condition indispensable quand on prétend demander à des personnes d'y participer : le chercheur qui manque d'exigence scientifique insulte sa propre dignité d'être humain intelligent et, s'il recrute des sujets humains dans un protocole mal conçu, il insulte leur dignité. Par ailleurs, le bilan des risques et des avantages est impossible si le chercheur n'est pas capable d'argumenter l'intérêt scientifique de son projet et l'efficacité de la méthodologie proposée pour répondre à la question posée.

La règle du consentement « éclairé » suppose que les objectifs et la méthodologie de la recherche soient clairement exposés aux sujets susceptibles d'y participer. Or, certaines recherches en psychologie s'avèrent impossibles si les buts sont dévoilés aux sujets. Interpellés par les psychologues, le CCNE émet un avis (n° 38, 1993) prenant en compte la « tromperie » : au cas où « certains aspects des objectifs ou de la méthodologie leur [aux sujets] sont délibérément cachés dans l'intérêt de l'étude », les sujets doivent recevoir, au terme de l'expérience, « des explications complètes sur l'objectif du travail, sur les observations réalisées sur eux-mêmes et sur l'usage qui sera fait des données recueillies, leur permettant, ainsi pleinement informés, de confirmer ou d'infirmer leur consentement ».

Cet avis a pour titre : « L'éthique de la recherche dans les sciences du comportement humain et particulièrement en psychologie ». Une note en bas de la première page indique que cette dénomination n'exclut pas les disciplines cliniques, telle que la psychologie d'inspiration analytique, mais qu'elle a l'avantage de souligner qu'il s'agit ici de recherche sur l'être humain autre que biomédicale. Le comité remarque d'emblée que « les investigations réalisées sur l'être humain en vue du développement des connaissances dans les sciences du comportement ont des références éthiques moins explicites » [que celles des sciences biomédicales]. Cet avis rappelle les principes qui doivent guider toute investigation expérimentale sur l'être humain. Il souhaite la création de *Comités Consultatifs de Protection des Personnes dans la Recherche Comportementale* (CCPPRC) auxquels les protocoles de recherche dans les sciences du comportement humain devraient être soumis pour avis. Sa composition assurerait une diversité des compétences dans les différentes sciences de l'homme qu'il énumère en fin d'avis : anthropologie, ethnologie, psychologie(s), sociologie, linguistique, histoire, sciences de l'éducation, etc. Ces Comités n'ont jamais été créés[48]. De tels Comités auraient pu jouer un rôle moteur dans l'engagement d'une réflexion, en abordant les problèmes dans le vif de la pratique et leurs avis auraient pu servir de référence.

Les psychologues qui ont statut de chercheur au sein des grands organismes de recherche et les enseignants chercheurs, qui travaillent dans les équipes de recherche qui y sont associées sous différentes formes, connaissent les principes éthiques que nous avons rappelés et se soumettent aux contraintes légales existantes : *loi relative à l'informatique, aux fichiers et aux libertés* du 6 janvier 1978 qui a institué la CNIL (Commission Nationale de l'Informatique et des Libertés) qui autorise ou non la constitution de fichiers de données nominatives, *loi sur la protection des personnes se prêtant à des recherches biomédicales* du 20 décembre 1988 qui a mis en place des instances réglementaires : les CCPPRB (*Comités Consultatifs pour la Protection des Personnes dans la Recherche Biomédicale*) à raison d'un par région, qui ont pour mission d'évaluer les protocoles de recherche qui leur sont soumis, ce qui est une obligation, et de rendre des avis, l'avis défavorable étant communiqué au Ministère de la Santé. La loi de 1988 a suscité des réactions de contestation chez les chercheurs en psychologie car, par un effet pervers de cette loi, ils sont placés sous contrôle médical. Ceci est inadapté, car les médecins ne sont pas garants par leur statut et leur formation d'une compétence que les psychologues ne possèderaient pas, et dangereux, parce que les psychologues sont ainsi mis sous la tutelle d'un ordre qui n'est pas le leur. Chaque discipline doit se réglementer elle-même.

Par ailleurs, J.P. Caverni (1998) fait remarquer que les recherches effectuées dans les sciences du comportement devraient présenter des risques spécifiques pour justifier que les contraintes qui leur sont appliquées diffèrent de celles d'autres activités sociales. La notion d'anonymat par exemple varie pour le législateur selon le domaine où elle s'applique : en France, on interdit au chercheur ce que l'on autorise à la Sécurité sociale alors que, dans les deux cas, la gestion est assurée par l'Etat. Au plan des techniques, la photographie ou le film s'utilise dans les lieux publics ou dans des émissions de télévision (éventuellement pour rire d'autrui) et pose brutalement des problèmes éthiques lorsqu'ils sont utilisés dans la recherche. J.P. Caverni recommande donc de trouver la contrainte «adéquate», d'expliciter les différences (en elles-mêmes et du fait de la compétence et des engagements de la personne qui les gère) de situations tenues pour similaires et de rendre crédibles les contraintes pour qu'elles soient efficaces.

Mais de nombreuses recherches dans différentes sous-disciplines de la psychologie financées sur fonds propres, ou des recherches «sauvages» hors institution quelle qu'elle soit, continuent de s'effectuer dans des cadres et sur des terrains divers en ignorant ou feignant d'ignorer ces dispositions. Les questions éthiques suscitent souvent des attitudes défensives chez plusieurs chercheurs en sciences humaines : ils se méfient des dispositions réglementaires, refusent de les appliquer ou tournent en dérision les efforts qui sont faits dans le domaine de la protection des personnes comme s'ils craignaient pour leur propre autonomie. Ils redoutent l'incompétence des évaluateurs en ce qui concerne leur propre projet ou les rapports de pouvoir existant au sein des Comités d'évaluation. Ils préfèrent donc travailler à l'ombre des regards indiscrets, comme si la clandestinité était une garantie de qualité.

Nous sommes donc devant la situation paradoxale suivante : ceux qui font de la recherche en laboratoire sur des conduites segmentaires, plus facilement objectivables, ont, du fait de leur appartenance à des organismes de recherche travaillant sur fonds publics ou du lieu où se déroule leur activité, des astreintes que ne connaissent pas ceux qui font de la recherche sur le terrain en étant immergés dans la situation clinique ou sociale auprès de sujets humains, là où les questions éthiques se posent de la façon la plus aiguë. Là, le chercheur doit résoudre lui-même les dilemmes éthiques qu'il rencontre, à condition de s'apercevoir de leur existence. D'autant que, dans ce type de recherche, la personnalité du chercheur, son éducation, sa position dans la société, c'est-à-dire tout ce qui fonde sa position éthique propre, influence directement la recherche.

Les dilemmes éthiques qui surgissent lorsque la recherche de la vérité entre en conflit avec le respect et la dignité de la personne sont différents selon la nature de la recherche. Les Norvégiens, par exemple, se demandent si le consentement libre et éclairé est la seule procédure appropriée pour s'assurer du respect à l'égard des sujets de la recherche et si les prescriptions valant pour les expérimentations médicales peuvent être étendues à des recherches opérant en lieu public. Aussi ont-il mis en place un Comité National Norvégien sur l'éthique de la recherche dans les sciences sociales, juridiques et humaines (NESH) qui, en 1995, a édicté un code d'éthique pour les sciences sociales, juridiques et les humanités. Lors de la présentation de ce code en France (1993), les auteurs ont défendu la liberté de la recherche, ce qui ne signifie pas, ont-ils précisé, qu'elle soit libre d'obligations morales; ils ont affirmé les responsabilités et les droits des chercheurs et ont tenté, tout au long du code, de sauvegarder les valeurs de dignité et de respect des sujets sans restreindre inutilement l'activité scientifique. Ces auteurs reconnaissent les désaccords existant dans de nombreuses disciplines sur ce que sont les normes de la bonne méthode scientifique et qui résultent légitimement d'un désaccord d'école. Ils mettent aussi en garde contre le fait de mettre en avant le critère d'utilité sociale pour arrêter des recherches, car cela peut entraver le rôle critique légitime de nombreuses recherches en sciences humaines et sociales.

La recherche en ces domaines, écrivent-ils (A.1), portent sur les choix et actes humains, les normes et institutions, travaux et traditions, langage, pensée et communication, qui nécessitent empathie et interprétation et donnent rarement des réponses définitives. L'incertitude qui y est attachée ne dispense pas les chercheurs de fuir les perspectives arbitraires et de rechercher la validité et la clarté dans leur argumentation. «Dans les sciences humaines et sociales, le travail de recherche est inévitablement influencé par les vues du spécialiste sur l'homme et la société — le plus souvent au bénéfice de la recherche. Cela requiert du chercheur de prendre en considération et d'essayer d'expliquer comment ses attitudes propres peuvent colorer le choix des sources et la pondération des possibles interprétations»[49].

Dans le cadre de la protection des personnes et de l'obligation de respect de la dignité humaine (B.5), il est recommandé aux chercheurs de donner un poids considérable à trois exigences spécifiques :

– assurer la liberté des sujets et leur auto-détermination : dans une recherche, être soumis à la volonté d'un autre, avec les occasions de manipulation que cela peut impliquer, est souvent ressenti comme dégradant. Il faut préserver le respect de soi, la réelle possibilité de sortir du protocole (ce qui est difficile en institution), une impossibilité d'identifier les sujets (B.6);

– prévenir les dommages et la souffrance : entre autres, des stress peuvent nous être imposés lorsque nous sommes mis dans des situations non désirées, exposés à des déceptions inutiles ou à des conflits émotionnels. La description et l'évaluation de nos motivations et actions par quelqu'un d'étranger peut paraître offensant. On peut également souffrir de la perte du respect de soi et la recherche peut faire du tort en rendant des motivations publiques (B.7);

— sauvegarder la vie privée et la famille des individus en la respectant en bonne et due forme. Chaque personne est en droit d'avoir le contrôle sur ce qu'elle veut ou non rendre identifiable à d'autres personnes de sa vie privée et de ses relations intimes (B.11). Le respect de la vie privée vise à protéger les gens d'interférences non souhaitées et d'observations non désirées.

A ces recommandations relatives à la protection des personnes s'ajoutent celles qui prennent en compte les intérêts et les demandes des groupes et des institutions sociales, ceux de la communauté scientifique et ceux de la société.

### 3.2. Réticences

Dans le domaine des pratiques, au sens le plus extensif du terme, certains secteurs, ceux qui se confrontent particulièrement aux réalités sociales, comme par exemple celui du travail, ont subi la vague éthicienne qui a envahi les entreprises dans les années 90 (A. Etchegoyen, 1991), aspirant à une morale renouvelée pour un monde en mutation. Dans d'autres secteurs, les questions éthiques sont souvent recouvertes par des préoccupations déontologiques voire confondues avec elle. Mais l'attitude majoritaire est une attitude de déni, d'indifférence voire même d'hostilité à l'égard des questions éthiques. Tout se passe comme si les explications et interprétations fournies par la psychologie relatives à un comportement, des sentiments, des interactions satisfaisaient suffisamment le besoin de comprendre pour pouvoir négliger toute autre réflexion, en particulier celle relative aux valeurs qui sous-tendent l'explication et les pratiques qui s'ensuivent. Or, une anthropologie implicite qu'il serait nécessaire d'expliciter et d'analyser guide la réflexion et l'action de tout psychologue, car elle intègre une éthique : il existe plusieurs conceptions de l'être humain en psychologie, les conflits de valeurs sont réels, il y a des interprétations différentes des mêmes valeurs.

Par ailleurs, l'être humain est posé comme le premier souci des psychologues : la prise en compte de la « dimension psychique de la personne » (code de déontologie des psychologues français, 1996) justifie leur activité. L'éthique semble donc consubstantielle à leur pratique. Or, ils sont surpris qu'une réflexion éthique à propos des pratiques psychologiques puisse s'engager, voire même s'en indignent : s'interroger sur les valeurs engagées dans l'action est vécue comme une mise en question de soi. Pensant bien faire, le mieux possible, et faire du bien, ils interprètent cette interrogation comme une accusation du contraire et suspectent l'éthique d'être une arme aux mains de nouveaux inquisiteurs. Nous ne nous engagerons pas dans l'analyse interprétative de cette réaction qui n'a pas sa place ici. Ce « bien faire » et cette bienfaisance sont très éloignés du principe du même nom. Dans le champ de la santé, de jeunes diplômés sans emploi acceptent de travailler bénévolement, espérant ainsi mettre toutes les chances de leur côté lors d'éventuels recrutements, ce qui peut valoir pour une période de temps très limitée. Mais la perduration d'une telle situation pose question. Pourtant, une jeune collègue, « psychothérapeute bénévole » dans une institution faute de vacations disponibles, ne voyait pas en quoi cela pouvait bien poser problème (ni d'ailleurs l'aspect déontologique de la question). Et pourtant, qu'est-ce que ce bien ? A qui veut-elle faire du bien ?

Discutant le rapport du CCNE sur le consentement éclairé et l'information des patients qui se prêtent à des actes de soin ou de recherche, S. Rameix (1998)[50] analyse les notions de bienveillance et d'autonomie qui s'y confrontent. La bienfaisance renvoie au modèle paternaliste de protection du patient affaibli et vulnérable par celui qui sait et le soigne pour son bien, qui est responsable de lui. Ce modèle, écrit-elle, est enraciné dans notre tradition politique européenne et particulièrement en France où l'Etat est fondé séculairement sur l'idée d'un pouvoir politique centralisateur et protecteur des citoyens, y compris contre eux-mêmes. Il est également enraciné dans notre tradition philosophique où l'autonomie est conçue comme la faculté de se donner à soi-même la loi de son action, terme qui implique l'universalité. L'autonomie n'est donc pas l'autodétermination des préférences mais la volonté rationnelle de ce qui est universalisable, par exemple conserver la vie. L'Etat fixe donc les limites et l'exercice de l'autonomie des personnes.

Elle fait remarquer que, dans le *Rapport Belmont*, le principe moral premier n'est pas de faire du bien, mais de respecter la liberté du sujet dont la dignité est de pouvoir prendre lui-même les décisions le concernant, car nul bien ne s'impose de lui-même à tous. Elle rappelle la formulation qu'a donnée de ce principe le philosophe nord-américain T. Engelhardt : « Fais à autrui *son* bien, tel que tu t'es engagé, en accord avec lui-même, à le lui faire ». Depuis huit siècles, les juges britanniques défendent l'individu contre l'autorité des pouvoirs, la liberté des personnes à avoir des préférences singulières, à négocier avec celles des autres, sans qu'aucune extériorité n'impose une vision unique du bien commun. Celui-ci résulte d'ajustements successifs et reste provisoire. Chacun détermine ce qui est bien pour lui et dispose librement de soi, même en cas de risque vital.

Nous pensons que différents modèles de la place attribuée à autrui coexistent en psychologie : le modèle « traditionnaliste » a tendance à perdurer dans le champ du soin, le modèle « autodéterministe » prévaut dans la recherche mais sa vitesse de diffusion est différente selon les secteurs et il peut rencontrer de fortes résistances lorsqu'il touche aux idéaux professionnels et personnels. Certains psychologues semblent s'être arrêtés dans le temps. Tout se passe comme s'ils étaient persuadés d'œuvrer toujours dans le sens du bien, s'estimaient capables d'en juger et n'avaient pas compris que les sujets commençaient à avoir conscience de leurs droits. Ces psychologues n'ont pas tiré bénéfice de l'*aggiornamento* médical, au moins celui des textes, ni été sensibles à la transformation profonde des mentalités à partir des années 70 : « Les laïcs [...] ont revendiqué le droit de choisir eux-mêmes le bien qu'on voulait leur faire », écrit A. Fagot-Lageault, qui poursuit : « Tout s'est passé comme si, à mesure que le progrès des connaissances scientifiques donnait aux experts un pouvoir de performance plus grand, ce pouvoir était contrebalancé par l'accession du public à une majorité réelle »[51].

Un autre facteur a pu intervenir, lié à la psychanalyse et son influence en France, principalement sur les psychologues qui travaillent dans le champ de la santé : la résistance, à quelques exceptions près, des milieux psychanalytiques à la réflexion éthique. Pourtant, dès 1959, Lacan consacrait son séminaire à l'« Éthique de la psychanalyse » où, d'entrée de jeu, après avoir noté que personne dans la psychanalyse n'avait été tenté de traiter le sujet avant lui, il constatait : « Il est impossible de méconnaître que nous baignons dans les problèmes moraux à proprement parler [...]. L'expérience morale comme telle, à savoir la référence sanctionnelle, met l'homme dans un certain rapport avec sa propre action qui n'est pas seulement celui d'une loi articulée, mais aussi d'une direction, d'une tendance, et pour tout dire d'un bien qu'il appelle, engendrant un idéal de la conduite. Tout cela constitue aussi [à côté de l'attrait de la faute], à proprement parler, la dimension éthique... »[52]. Il revient plusieurs fois sur cette définition de l'éthique : « la tentative de pénétrer notre propre action », « le jugement sur notre propre action », jusqu'à écrire : «... il s'agit de nous apercevoir que la question éthique de notre praxis est étroitement attenante de ceci [...] que l'insatisfaction profonde où nous laisse toute psychologie, y compris celle que nous avons fondée grâce à l'analyse, tient peut-être à ce qu'elle n'est qu'un masque, et quelquefois un alibi, de la tentative de pénétrer le problème de notre propre action, qui est l'essence, le fondement même, de toute réflexion éthique »[53]. Il soulève les problèmes essentiels : par exemple, les idéaux de l'analyse porteurs de valeurs ou le statut contradictoire de la référence à l'enfance dans la théorie. Ou encore la normalisation psychologique qui peut s'immiscer dans les buts mêmes de la cure : « viser l'achèvement de ce que l'on appelle le stade génital, la maturation de la tendance et de l'objet, qui donnerait la mesure d'un rapport juste au réel, comporte certainement une certaine implication morale »[54].

La psychanalyse *a* une éthique. Ce point nécessiterait de longs développements ici hors de notre propos. B. Saint-Girons (1996) propose : «idéal de vérité», «volonté d'un amour formateur», «souci d'autonomisation», «suppression des obstacles qui empêchent à l'action d'accomplir sa voie», «absence de but ou de sens à l'existence *a priori*», mise sur le même plan des «exigences et des automatismes, des idéaux et des préjugés, des choix et des confusions» parce que considérées comme des données à reconnaître, expliquer, en suspendant tout jugement de valeur. Nous pourrions y ajouter l'ascèse qui irrigue en permanence la situation de la cure, la présence à soi que celle-ci suppose.

Ceci permet d'affirmer que la psychanalyse *n'est pas* une éthique, sinon elle supprimerait toute possibilité de réflexion éthique relative à son propre exercice. Elle peut encore moins *faire fonction d'éthique* au sein d'une discipline psychologique comme la psychologie clinique et pathologique. C'est pourtant ce qui est en train de se passer, comme M. Henry (1987) l'explicite clairement : «L'expulsion de la vie transcendantale hors du domaine du savoir par la psychologie objectiviste du comportement entraîne son refoulement dans l'"inconscient", sous le titre duquel elle se trouve récupérée par la psychanalyse. La psychanalyse est le substitut inconscient de la philosophie dont elle reprend la grande tâche : la délimitation de l'*humanitas* de l'homme »[55].

Il faut donc inverser le mouvement. La psychologie, toutes sous-disciplines confondues, est une anthropologie, fondée sur des présupposés et qui a des implications philosophiques. Sa dénomination même garde la marque de la philosophie, rappelle M. Henry : «Etre une psychologie, la philosophie classique s'en chargeait pour autant que *psukhê* veut dire âme, subjectivité, et *logos* un savoir la concernant. Psychologie est la définition de la philosophie». A oublier ses implications philosophiques, la psychologie se vide de sa substance, devient une psychologie empirique. Elle doit, bien au contraire, se saisir de l'éthique comme pouvant la conduire au cœur de son sujet. Il fait ainsi apparaître en négatif la nécessité d'une réflexion que nous appelons éthique en soulignant les effets de son absence, et ceci dans toutes les sciences humaines.

> ... les sciences humaines, qui n'ont plus aucun objet propre, n'ont plus rien non plus sur quoi elles pourraient se guider, rien que leur dicte le mode d'approche incontournable d'une réalité qui justement n'existe plus, à leurs yeux du moins. Dès lors, l'indétermination méthodologique correspondant à la carence référentielle de ses sciences, ou pour mieux dire à leur vide ontologique, a pour conséquence l'importation en elles des méthodes qui définissent les sciences de la nature [...] Quelles que soient la nature des

phénomènes qu'elles étudient et la manière dont elles le font, les sciences humaines entretiennent une relation incontournable à ce par quoi les hommes sont des hommes, à la corporéité, à l'historicité, à la socialité, à la psychéité, au langage entendu comme parole primitive, comme pouvoir parler — à autant de catégories transcendantales qui trouvent leur définition dans l'essence de la vie, qui sont ses propres catégories, les modalités fondamentales selon lesquelles elle s'accomplit comme expérience du monde en soi-même.

Ce « vide ontologique », que certains psychologues demandent vainement à la psychanalyse de combler et que d'autres écartent en naturalisant les phénomènes psychologiques, pourrait bien résulter de cette absence de réflexion sur l'action humaine, une compréhension de sa nature, de comment et vers quoi elle s'oriente, dans une immanence au monde, sans écarter le problème de la signification ni de la valeur. Sans doute aurions-nous tout à y gagner. J.-M. Danion (1995) remarquait que les ruptures épistémologiques au cours de l'évolution de la pensée relative aux phénomènes humains (Copernic, Galilée, Darwin, Freud) ont aussi été des ruptures éthiques, correspondant à un changement des conceptions de soi au regard de celles d'autrui ; que les sciences humaines ont émergé comme telles en rompant avec l'occidentalocentrisme (ethnologie, sociologie), le rationalisme logique (mythologies, métaphysiques) et l'égocentrisme (psychologie, psychanalyse).

A l'issue de ce parcours, nous nous posons les questions suivantes :
– Que font les psychologues ? Non pas au niveau de la nature de leurs activités, que nous avons évoquées, mais de leur sens : qu'est-ce que, ce faisant, ils mettent en œuvre, puisque rien d'humain ne se déploie sans engager des valeurs, y compris morales.

– De quel ordre est leur savoir ? Sous quelles contraintes est-il produit ? Qu'est-ce qu'il affirme, modifie, oriente ?

– De quelle nature sont les techniques qui en découlent et quelles sont les conditions éthiques de leur application ?

– Quels buts poursuit la formation des psychologues ? Quelles sont les valeurs qui la fondent ? Si c'est l'immanence au monde, la réponse en situation, qui sont importantes, comment éveillons-nous les esprits, les rendons-nous présents ?

– Quels sont les présupposés qui fondent l'exercice professionnel ? Qu'est-ce qu'être psychologue : ingénieur ? conseiller spirituel ? thérapeute ? En vue de quelle action « bonne », c'est-à-dire appropriée, la meilleure qui soit, dans les temps présents et l'avenir proche ?

Ces questions sont des défis et il est certain qu'elles imposeraient une réflexion collective. Commençons cependant.

## NOTES

[1] Pages 132 et 135.
[2] Page 540.
[3] Voir plus loin, p. 49.
[4] Page 32.
[5] Pages 19 *sq.*
[6] Page 24.
[7] Page 1225.
[8] Page 695.
[9] Pages 50-51.
[10] Pages 9 et 14. En italiques dans le texte.
[11] *Cf.* E. Bick, p. 31.
[12] *Idem.*
[13] Page 1415.
[14] F. Le Ny (1994), p. 25.
[15] A. Dancer *et al.* (1994), p. 173.
[16] *Cf.* M. Reuchlin, *op. cit.*, p. 98.
[17] *Cf.* R. Fraisse (1994), p. 37-39.
[18] F. Richard & G. Tiberghien (1999).
[19] Page 198.
[20] Page 205.
[21] Page 253.
[22] Page 148.
[23] Ce titre date de 1965. Les Français ont alors préféré garder le titre initial datant de 1951 : *International Union of Scientific Psychology*, soit Union internationale de psychologie scientifique.
[24] In *Bull. de Psychologie*, 1991, XLV, 408, p. 809.
[25] Page 53.
[26] *Id.*, p. 29.
[27] *Op. cit.*, p. 211.
[28] Cité par R. Ghiglione (1998), p. 14.
[29] Autant qu'en Allemagne, avec la reconnaissance en moins : l'établissement d'une liste officielle des psychologues français vient seulement d'être voté par le Parlement (octobre 2001).
[30] *In* Cohen, *op. cit.*, p. 27-31.
[31] *In* Cohen, *op. cit.*, p. 73.
[32] *Id.*, p. 133-140.
[33] *Ibid.*, p. 161-167.
[34] J.L. Morel, dans le cadre de la RATP, *id.*, 197-201.
[35] P. Therme, *in* Cohen, p. 214-219.
[36] *In* Cohen, *id.*, p. 38-43.
[37] Pages 86-87.
[38] *In* Cohen, p. 119-127.
[39] Les chiffres ne sont pas connus. Mais il existe des indicateurs. Le Syndicat National des Psychologues (SNP) comprenait 30 à 50 membres en 1951. Ils sont aujourd'hui 2.500.
[40] 1967, p. 51.
[41] *Op. cit.*, Avant-propos, VIII.
[42] 1996, p. 224.

[43] Politzer, *op. cit.*; Foucault M., *La psychologie de 1850 à 1950, Dits et écrits*, t. 1, Gallimard, Paris, 1994, 120-137; *La recherche scientifique en psychologie, Dits et écrits*, t. 1, Gallimard, Paris, 1994, 137-158. Canguilhem G., «Qu'est-ce que la psychologie?», *Revue de métaphysique et de morale*, 1, repris dans les *Cahiers pour l'analyse* (1966, 2, mars), puis dans les *Etudes d'histoire et de philosophie des sciences*, Vrin, 1968, 7ᵉ éd., 1994, 365-381.
[44] J.F. Braunstein, p. 188.
[45] En particulier sur le fœtus, les prisonniers, les enfants et les adultes institutionnalisés.
[46] J.P. Changeux (1997), p. 11.
[47] *Cf.* CCNE (1996), p. 9.
[48] Pour des raisons que nous ne connaissons pas et que peu de monde connaît.
[49] C'est nous qui traduisons.
[50] *Op. cit.*, p. 2 bis.
[51] 1982, p. 107.
[52] 1986, p. 10 et 11.
[53] *Id.*, p. 27.
[54] *Id.*, p. 349.
L'Association psychanalytique internationale s'est préoccupée tardivement d'éthique. Elle a édité, en 1998 (*Newsletter IPA*, 1999, 17-18), un «code d'éthique», qui se préparait depuis dix ans et qui est en réalité un code de déontologie. Sous le titre «Principes éthiques» se trouvent des règles relatives à la pratique professionnelle (sans doute la simple transposition du terme américain «Code of ethics» a-t-elle prévalu). Cette «éthique» n'aborde donc pas les problèmes soulevés précédemment. Un contestataire (*Newsletter IPA*, 2000, 25-27) s'oppose à l'établissement d'un code ou d'un comité d'éthique en développant dix arguments dont celui-ci : «l'éthique penche du côté du ressentiment», et de citer Freud qui aurait écrit : «La soi-disant éthique naturelle n'a rien à offrir mise à part la satisfaction narcissique de se considérer meilleur que les autres».
[55] Page 205.

# Chapitre 2
# Le savoir psychologique et ses implications éthiques

Des débats sont fréquemment organisés entre scientifiques et philosophes, neurobiologistes et psychanalystes, un peu à la façon dont autrefois on traitait «marxisme et psychanalyse» ou «science et religion». Des experts du domaine exposent leurs réflexions, explicitent leur position, témoignent de leur culture et permettent au public de saisir les enjeux. Ces différences honorent l'esprit humain et s'incarnent dans des entreprises à la fois passionnantes et respectables. Il n'y a donc pas lieu de chercher dans les interrogations qui vont suivre une prise de position en faveur de quelque parti que ce soit. Lorsque nous prendrons position, nous l'énoncerons clairement.

La psychologie comme corps de savoirs comprend actuellement à l'Université un ensemble de sous-disciplines : psychologie clinique, cognitive, développementale, différentielle, expérimentale, pathologique, sociale, neuropsychologie et psychophysiologie, qui affirment cette appartenance dans leur intitulé. A l'histoire des sciences de rendre compte de ce qui a fait apparaître les unes et disparaître les autres (psychologie générale, psychologie de l'enfant...). Ce découpage nous semble obsolète et persister pour des raisons non scientifiques (postes, locaux, répartition des enseignants et des enseignements, etc.). Mais un refondement impliquerait forcément les autres sciences humaines, sociales et biologiques, qui s'intéressent à l'être humain.

La question éthique relative aux savoirs psychologiques est principalement celle des valeurs qui sont incorporées aux concepts, théories et méthodes et aux implications de ce savoir sur la façon de traiter l'homme. Nous allons envisager successivement ces questions.

## 1. LA PSYCHOLOGIE COMME SAVOIR

La psychologie, comme corps de savoirs, visant à établir progressivement des lois générales du fonctionnement du psychisme humain, a été appelée à prendre la place de la conscience intuitive directe que nous avons de nous-même et des autres pour conduire vers une connaissance rationnelle de soi et d'autrui.

J. Szpirglas pose le problème en ces termes : à quelles conditions la psychologie peut-elle se constituer comme un savoir, c'est-à-dire un discours scientifique ? Ces deux questions ne seront pas envisagées d'un point de vue épistémologique, mais d'un point de vue éthique.

### 1.1. La place du sujet

Les conditions d'un « rapport savant » à l'objet nous ramène aussitôt à l'épineuse question de la place du sujet. La psychologie à visée scientifique produit indéniablement du savoir sur des objets et des processus mentaux, conçus en termes naturalistes et souvent étudiés en laboratoire, en visant à découvrir des lois ou au moins des régularités causales. Le laboratoire permet d'étudier certains problèmes, impossibles à aborder autrement, mais en les isolant. La conception du psychisme qui préside à ces travaux laisse de côté l'expérience humaine comme, par exemple, les états de conscience, le vécu, le rapport à soi, aux autres, au monde.

Au cours de son échange avec J.P. Changeux, P. Ricœur développe longuement cet écart entre vécu phénoménologique et connu objectif comme étant la ligne de partage entre deux approches du phénomène humain. A son interlocuteur qui évoque les « états mentaux » isolés par les neurosciences, il répond : « Vous n'avez là qu'un psychique de laboratoire de psychologie, qui n'est peut-être pas le psychique riche de l'expérience intégrale [...] Ma question est de savoir si l'on peut modéliser l'expérience vécue de la même façon que l'on peut modéliser l'expérience au sens expérimental du mot [...] de savoir si la psychologie ne se place pas déjà dans une position ambiguë par rapport à l'expérience vécue et son incroyable richesse [...] La modélisation ne sera-t-elle pas appauvrissante dans l'ordre de la compréhension du psychique alors qu'elle est purement et simplement constructrice dans l'ordre du savoir scientifique ? »[1]. Et J.P. Changeux de répondre : la démarche scientifique est humble, un modèle reste partiel, mais donne des armes pour progresser dans la connaissance. Pourquoi introduire une limite ?

D'autres philosophes partagent les positions de P. Ricœur : « Lorsqu'on commence à traiter l'homme selon les critères de la scientificité "objective" [...] on transforme effectivement l'être humain en objet et par conséquent on le supprime en tant qu'être humain », écrit J. Ladrière[2]. Les psychologues scientifiques sont généralement très au clair quant aux limites du savoir qu'ils produisent à partir des objets qu'ils ont construits. Mais si cette psychologie à visée scientifique est étrangère à l'expérience humaine, ne manque-t-elle pas sa vocation ?

### 1.2. Une science du singulier

Cependant, dès que la psychologie se «subjective», elle est en péril. La psychologie (et surtout la psychiatrie) inspirées par la phénoménologie ont donné lieu à de magnifiques observations cliniques, sources d'une connaissance unique des êtres et de la relation interhumaine. Mais vont-elles au-delà? Que signifierait une «science du singulier»? Pour connaître le singulier, il faut le situer dans le général, fait remarquer B. Matalon. La théorie permet de circonscrire un champ possible d'explication, de justifier ses énoncés. Il faut une théorie pour savoir ce qu'est un «signe». Il est alors légitime de se demander s'il existe des «signes» en psychologie clinique, par exemple. A-t-elle construit un vocabulaire, créé des catégories qui permettent le dégagement de signes? Ceux qu'elle utilise, elle les emprunte à la psychanalyse ou à la psychiatrie, plus rarement, au moins en France, à la phénoménologie. Ces «signes» sont presque passés dans le langage courant : confusion, perte de l'estime de soi, blessure narcissique, sentiment d'échec... Est-ce qu'ils ont moins d'importance? Mais que faire de cette «sémiologie» qui ne renvoie à rien d'autre qu'à elle-même et qui relève strictement du «descriptif-normatif»? Cette absence de catégories propres est parfaitement cohérente à son projet du singulier, qui implique du «sur mesure». Sauf qu'on ne démarre jamais de rien, que tout devient affaire de «présence d'esprit» du psychologue, comme l'a judicieusement nommé J. Favez-Boutonier, de ses capacités de discernement, tient à l'exactitude de sa description, à la précision du trait — ces qualités qui révèlent les grands romanciers —, mais aussi à l'ampleur de son expérience humaine qui lui permet justement de prendre le singulier pour ce qu'il est. Cependant, cette absence d'«essence» de la pratique la rend incertaine et peut l'instituer, de fait, comme une relation de pouvoir sur autrui. Qu'est-ce qu'alors cette psychologie ?

Doit-on renoncer à découvrir des lois du psychisme? Freud a fait dans ce domaine et en son temps des propositions intéressantes qui restent actuelles, qu'il a prudemment appelées : principes du fonctionnement psychique, principes économiques (de constance, de plaisir, de réalité...), qui nous rendent bien service depuis un siècle. Il a fait jouer à certains éléments de sa théorie un rôle de loi (le complexe d'Œdipe, par exemple) qui, à la lumière de travaux anthropologiques récents, paraissent discutables. La recherche de lois a également inspiré la science psychologique, conférant ensuite aux opérations de mesure du psychologue une signification d'appréciation et une portée d'expertise. Mais est-on obligé d'avoir des lois pour le psychisme? On ne tire pas de lois de l'Histoire, l'historicité même s'y oppose. A la notion de loi se sont substituées d'autres constructions théoriques : modèles, structures, paradigmes... qui semblent répondre à la même préoccupation.

Par ailleurs, la psychologie clinique n'échappe pas au piège solipsiste : l'autoréférenciation permanente est stérile et son plaisir mortifère. Dans une réflexion sur l'implication du chercheur dans sa recherche, J. Barus (1986) en arrivait à proposer que le chercheur soit le premier objet de sa recherche, comme si celle-ci ne consistait qu'à incessamment chercher et retrouver «sa trace aux dépens de la piste»[3]. Il y a là une vérité profonde. Mais cette position est-elle tenable? Nous, les êtres humains, ne sommes pas collés aux choses. Nous avons pris nos distances en nommant, catégorisant, communiquant; le langage et la pensée se construisent grâce et contre l'expérience qu'ils permettent d'identifier, préfigurant le discours scientifique qui est une mise à distance du réel.

J.M. Danion[4] propose de créer une «éthique de l'intérieur», liée à l'épistémologie interne de chaque discipline, de chaque méthodologie de recherche mise en œuvre (ici dans le champ psychiatrique), en se servant d'indices tels que : la place que les chercheurs se réservent dans leurs théories et leurs dispositifs d'observation, celle qu'ils laissent aux sujets humains qui y participent, la façon dont ils situent leur propre démarche de recherche dans la hiérarchie de toutes les autres, puisque toutes ces représentations font intrinsèquement partie de la problématique étudiée. Les démarches scientifiques qui impliquent l'étude de l'être humain sont particulièrement concernées. Des pistes s'ouvrent à la réflexion, comme celle proposée par P. Bourdieu (2000)[5] relativement aux modes de connaissance du monde social, dont chacune soutient une thèse anthropologique : 1) la connaissance phénoménologique (interactionniste dans le domaine social) qui explicite l'expérience première du monde familier, ou du monde social tel qu'il se donne; 2) la connaissance objectiviste qui construit ses objets en rompant avec la connaissance première et donc avec les présupposés de son évidence; 3) la connaissance praxéologique qui a pour objet les relations objectives que construit le mode objectiviste, mais aussi les relations dialectiques entre ces relations et les dispositions dans lesquelles elles s'actualisent et tendent à les reproduire, ce qui interroge les conditions de possibilités de la connaissance objectiviste. L'objet scientifique est conquis contre l'évidence du sens commun parce que construit en y intégrant la situation de construction elle-même et son contexte. Il peut en être de même en psychologie :

chaque sujet est objet pour l'autre. La place que l'on occupe soi-même est indissociable de celle faite à autrui. L'auto-analyse devient donc une méthode pertinente et relativement accessible. Elle contribue à construire cette distance indispensable à la connaissance. Elle peut commencer à répondre à cette question centrale pour la psychologie à visée scientifique : qu'est-ce qu'une donnée «objective» quand on est soi-même un homme?

### 1.3. La pertinence des énoncés psychologiques

Les savoirs psychologiques s'énoncent. On est en droit de s'interroger sur la pertinence de ces énoncés soit en dehors du cadre scientifique qui a permis leur énonciation, soit non fondés dans une démarche rigoureuse qui puisse les garantir, simplement liés à «l'expérience» de l'énonciateur. «Moins les énoncés sont rigoureux, plus leurs effets éthiques sont dévastateurs», affirme J. Szpirglas, qui s'appuie sur l'analyse qu'a fait M. Foucault de l'expertise psychiatrique. Il a montré le glissement qui s'y opère de l'acte à la conduite, de celle-ci vers la norme, puis vers la morale. Ainsi, l'infraction devient une irrégularité, puis une manifestation de délinquance, enfin l'individu un coupable : qu'est-ce qu'on punit? L'acte ou la personne? Seul l'acte vaut par ses conséquences, le droit anglo-saxon s'en est tenu là.

En psychologie, comment faire puisque, outre les comportements, il y a les pensées, les paroles et les désirs? Prenons en exemple des malheurs qui peuvent atteindre des êtres humains : l'infécondité d'un couple, un enfant atteint d'autisme. Dans un passé très récent, ces malheurs ont donné lieu à des accusations (quel autre mot?) relatives à l'hostilité de la femme envers sa propre mère ou envers l'enfant, ou au désir maternel de mort, établissant un rapport de réalité entre désir et réel, en toute ignorance des mécanismes en cause. Peut-on penser de telles choses? Peut-être. Peut-on les énoncer? Jamais. C'est là où, une nouvelle fois, le savoir rejoint l'éthique : déterminer quelles sont les conditions du bien, et qu'est-ce qui est à l'œuvre en cas contraire.

## 2. SAVOIRS ET FAUX SAVOIRS : LEUR ÉLABORATION

Comment la psychologie répond-elle de ce qu'elle fait? Quelles sont les valeurs impliquées dans la représentation de la réalité que construisent ses savoirs? Nous nous proposons de nous intéresser aux problèmes situés en amont : concepts, théories, qui sont autant de prises de position éthiques.

## 2.1. Concepts

Les psychologues ne pensent ni ne parlent en-dehors d'un fonds collectif de connaissances avec des concepts qui se sont lentement formés à l'épreuve de la réalité. Les concepts de la psychologie sont interdépendants de ceux des autres sciences, même s'ils n'ont aucun lien commun entre eux. Ils sont influencés par des normativités extérieures, comme c'est le cas pour tous les savoirs. Mais leur particularité est de concerner directement l'être humain et d'utiliser dans bien des cas des concepts normatifs, explicites ou non.

R. Pagès (1971) en donne plusieurs exemples dans un texte solide, historiquement situé, mais qui reste totalement actuel. Il prend celui de la notion de développement, qui suppose un parcours avec des stades et des possibilités d'un «sous-développement». Il montre que cette notion est d'autant plus fondée qu'on l'utilise pour des faits de progression héréditairement programmée de l'organisme et d'autant moins qu'il s'agit d'évolutions culturellement variables. La difficulté réside dans la filiation des limites respectives de ces domaines. Dans une telle situation d'indécision, il est dangereux de présumer du caractère obligatoire d'un type donné de progression globale.

Il est cependant difficile de s'affranchir de cette manière de penser, tant elle est enracinée dans l'expérience de notre propre croissance corporelle. Tout doit être repensé. Pourquoi parler de l'apparition du langage comme d'une «acquisition», comme s'il s'agissait d'un bien? Sans doute n'est-ce pas la croissance elle-même qui est ici en cause, mais sa transformation en valeur. C'est la question que posait R. Dubos (1959) à propos de la croissance forte et rapide des enfants comme critère de santé : «Mais la taille est-elle un attribut si souhaitable? L'enfant plus grand est-il plus heureux? Vivra-t-il plus longtemps? Perçoit-il avec plus d'acuité la beauté et la grandeur du monde? Contribuera-t-il davantage au patrimoine culturel de l'humanité? [...] La taille et le poids ne sont pas souhaitables pour eux-mêmes et leur rapport à la santé et au bonheur est des plus obscur»[6]. La psychanalyse elle-même n'a pu échapper à cette tentation normative et abrite des théories distinguant des stades, des phases (S. Freud, M. Klein, M. Mahler, D.W. Winnicott) qui contiennent l'idée d'une progression/régression et sont porteuses de valeurs : symbiose/individuation, prégénital/génital, expriment directement des valeurs.

Nous-même (O. Bourguignon, 2000) avons réfléchi à la notion de normal qui, selon les cas, renvoie à la fréquence, au type ou au pathologique, en posant ultimement la question de l'anomalie. La psychologie s'est dès le début constituée comme une science normale, établissant des normes qui valent pour des conduites segmentaires (perception, mémoire, attention) avec un intérêt pour les variations individuelles en fonction des possibilités méthodologiques de l'outil utilisé. Elle a construit des modèles de fonctionnement permettant la classification et l'évaluation. Mais ce qui pouvait valoir pour un trait et servir d'indication sur sa fréquence ou son intensité a bientôt valu pour caractériser une conduite, une personnalité, tirant la normalité psychologique vers la moyenne, conception contaminée par l'opposition au «pathologique» qu'étudiait la psychopathologie. La négligence des facteurs contextuels a aggravé la situation. Il y a un projet fondamentalement normatif en psychologie, dont pourtant elle se défend. L'idée de norme contient l'idée qu'un être humain *doit* se conduire d'une certaine façon, qu'on peut s'attendre à cela, dans l'intrication du devoir être et de l'être. D'ailleurs, le public ne s'y trompe pas: «Que dois-je faire?», demande-t-il au psychologue.

Cette injonction permanente de normes fondant la psychologie en théorie la rend suspecte en pratique: quand la norme est-elle un repère? Quand devient-elle un jugement? Un compte rendu d'éléments biographiques ou l'exposé d'un «cas» peut être émaillé de concepts subtilement dénonciateurs qui informent plus sur le psychologue que sur le sujet, des conclusions peuvent servir à confirmer des prémisses. On pourrait de la même façon analyser la terminologie psychopathologique: la «mère schizophrènogène» d'autrefois, une expression qui condensait à la fois causalité et responsabilité, la «mère suffisamment bonne» d'aujourd'hui qui fait l'économie de la compréhension de tel comportement maternel particulier. Imaginant l'immensité de ce travail, nous nous interrogeons sérieusement sur la légitimité de ces discours. Mais peut-on faire mieux?

Les métaphores jouent un rôle puissant dans la formation des concepts. Elles peuvent constituer un risque pour la pensée si on finit par donner plus d'importance à l'image qu'elles proposent de l'objet qu'à l'objet dont elles prétendent rendre compte. Celui-ci devient captif de sa description, ce qui peut empêcher d'autres découvertes et œuvrer dans le sens d'une désignification. D.H. Spence (1990) en a fait une très belle démonstration dans son travail sur «la voix rhétorique de la psychanalyse». Il est courant de voir combien des notions qui connaissent un vrai succès (l'aire transitionnelle, le moi-peau...) prennent de ce fait même une existence concrète au point de transformer la réalité pour qu'elle s'y adapte. Or, c'est une vigilance minimale que d'éviter d'être absorbé par la métaphore ou le modèle théorique construit pour interpréter la réalité.

C'était le conseil de Freud, en conclusion de ses hypothèses sur l'appareil psychique : ne prenez pas l'échafaudage pour la maison.

## 2.2. Théories

Certains objets de la psychologie (perception, émotions, fixation des souvenirs, apprentissage, croyances, désirs, pensées, attitudes...) restent inaccessibles directement et ne peuvent être atteints que par des indices : comportement, langage, potentiel électrique... On ne voit pas l'esprit travailler, mais seulement certains circuits neuronaux s'activer ou bien on observe des comportements... Pour rapporter des indices à une opération mentale, il faut un modèle théorique qui décide de leur degré de pertinence, limite les possibles, oriente, organise les indices retenus en configuration signifiante. Les modèles théoriques sont la voie d'accès aux objets de la psychologie. Il en résulte que ces objets sont étroitement liés aux théories chargées de les saisir. Toute théorie est une option. Elle met en œuvre des opinions et des choix et, en ce qui concerne les théories psychologiques, des positions à propos de ce qu'est l'homme, son semblable et lui-même tout à la fois. Des valeurs sont incorporées à ces choix. Si ces choix sont implicites voire inconscients, ils n'en sont pas moins prégnants sur la manière dont le chercheur va tenter de valider une partie de sa théorie ou de procéder à des applications.

Déportons-nous un instant dans un champ voisin. O. Sacks (1985) confronte la représentation qu'il s'est faite de la jeune arriérée mentale qu'il avait examinée dans le cadre d'une consultation neurologique, qui avait mis en relief des stigmates de cet état congénital à l'origine des défaillantes cérébrales ou mentales, à la façon dont il a perçu la jeune fille lorsqu'assise sur un banc dans un jardin par une belle matinée de printemps, il l'a vue jouir comme n'importe quelle autre jeune femme de la beauté de la nature. Celle qui s'était tellement défaite dans les tests neurologiques ou psychologiques lui est apparue là comme mystérieusement reconstituée. Aussi s'est-il posé cette importante question : faut-il la confronter à ses déficits en lui faisant résoudre des problèmes ou la laisser évoluer spontanément et permettre à sa sensibilité et à son imagination de reconstituer une certaine cohérence du monde ?

Il serait possible d'approfondir les options éthiques mises en œuvre dans certaines théories du psychisme et du cerveau : dans les théories de l'esprit que leur dénomination même explicite, dans les théories psychanalytiques qui laissent une place de choix à un gouvernement central, dans les théories cognitives qui se sont construites sur la stratégie à partir des défis posés par l'ordinateur, dans les théories neurobiologiques par la place qu'elles accordent aux supports matériels, aux modules neuronaux et moléculaires, dans l'effectuation des processus mentaux. C'est d'ailleurs toujours la version réductionniste d'une théorie, soit sa prétention à occuper seule le terrain en disqualifiant les autres approches qui fait ressortir ses propres positions éthiques. Un tel exercice est encore plus facile lorsqu'il s'agit de théories guidant l'action thérapeutique qui met en œuvre des actes (principalement de parole) qui s'exercent sur le psychisme d'autrui, dans le but de susciter des modifications psychiques : la théorie de Rogers a proposé une vision positive, optimiste et confiante de l'être humain en écartant l'hostilité et la haine ; la théorie freudienne soutient l'avènement d'un *Je* rationnel qui maintient la barre au milieu des écueils, les théories comportementales se fondent sur les capacités d'apprentissage et de maîtrise.

De même, la méconnaissance d'une théorie aboutit dans certains cas à sa disqualification hâtive qui donne des indications sur ce qu'elle pourrait avoir d'inacceptable. Ainsi, les théories systémiques et les théories de la communication appliquées au domaine de la famille ont été longtemps repoussées par certains psychanalystes au nom de leur réduction du sujet psychique. Indépendamment des luttes de pouvoir, il y avait la défense d'une certaine idée de l'homme, qui ne soit ni l'élément d'un ensemble, ni seulement une unité dans un réseau psychosocial barrant toute dimension historique et inconsciente. De même, la vision «écosystémique» de Bateson perçue, dans les années 60, comme étrangère à la psychologie ou comme opérant un nivellement des faits, et qui était en fait prophétique. Tout se passe comme s'il y avait un risque permanent de subversion de la réalité par les modèles censés la représenter, surtout en l'absence de stimulation scientifique suffisante permettant l'émergence de modèles concurrents. La pensée reste alors bloquée, le modèle théorique transformé en terrain de combats idéologiques, la persuasion ou l'attaque figeant les idées et les personnes.

Les théories influencent la façon de traiter les êtres humains. D. Kevles (1985)[7] relate comment les travaux du psychologue O. Klineberg ont contribué à anéantir les affirmations concernant les différences raciales dans le domaine de l'intelligence, des performances sensori-motrices et d'autres fonctions psychologiques. Dès 1926, 0. Klineberg a entrepris des études comparatives sur le terrain aux Etats-Unis et en Europe, puis, a-t-il confié, pour des raisons morales qui s'imposaient au psychologue américain qu'il était, auprès des Noirs et des Blancs aux Etats-Unis. En particulier, il a pris le contre-pied de la théorie de la migration alors en vogue (fondée sur des faits : les noirs sont plus intelligents dans le Nord «parce que ce sont les plus intelligents qui émigrent») pour montrer que ceci ne devait rien à l'hérédité mais seulement aux meilleures conditions d'environnement sur le plan culturel et éducatif. Ses travaux jouèrent un rôle moteur dans l'évolution des mentalités qui aboutit à la «Déclaration sur la race» de l'UNESCO en 1950, suivie, quelques années plus tard, de l'intégration des Noirs américains dans les Universités.

*A contrario*, R. Pagès donne un exemple sur la façon dont une idéologie peut inspirer une théorie. Ph. G. Zimbardo, chercheur psychologue social nord-américain, construisit en 1969 une théorie de l'individuation, de la raison et de l'ordre contre la désindividuation, les pulsions et le chaos, en probable résonance avec ce qui se passait dans les rues à cette époque. Ceci aboutit à une théorie psychosociologique manichéenne, qui ne craignit pas les amalgames et orienta l'action à partir des valeurs incorporées dans la théorie elle-même. Gardons en mémoire ce que R. Pagès relève comme important :

«1) une expérimentation segmentaire (d'ailleurs intéressante) peut paraître cautionner la théorie d'ensemble ;

2) la laxité de la théorie lui permet de se projeter dans une morale et une politique (la discipline contre les pulsions, l'ordre contre le désordre) ;

3) la caution expérimentale de la théorie paraît se répercuter sur la morale et la politique». R. Pagès conclut en ces termes : «La valeur de la théorie dépendra toujours de critères exclusivement scientifiques et à ce titre techniquement autonomes, agissant dans le sens d'une moindre idéologie»[8].

Dans le domaine psychiatrique (J.J. Kress, 1995), les théories neurobiologiques et psychanalytiques déterminent des attitudes radicalement différentes. L'une recherche les mécanismes universels du fonctionnement cérébral et est tentée d'adopter une épistémologie réductrice qui ramène le complexe au simple, à ce qui est accessible à l'observation. L'autre tente de mettre une subjectivité en rapport avec une histoire, position étrangère à la précédente. Ce qui peut provoquer des tensions entre ceux qui mettent en œuvre ces théories, surtout s'ils soutiennent activement ces orientations opposées, tensions que l'on peut espérer voir s'estomper devant la souffrance du patient. C'est la diversité des références théoriques qui lui paraît garantir l'éthique de la psychiatrie qui est celle du soin considéré comme mise en œuvre du savoir médical.

## 2.3. Faux savoirs

Nous avons brièvement mentionné les problèmes que pose l'élaboration du savoir dans les laboratoires de psychologie. Il serait donc logique de se tourner vers le terrain, vers les situations de vie réelles, pour voir le type de savoirs qui peuvent circuler et se présenter comme psychologiques. Il ne s'agit ici ni des savoirs que produit la pratique, ni ceux issus de recherches conduites sur le terrain, sujets que nous aborderons plus loin. Il s'agit de ces objets qui sont lentement construits par les idéologies, les valeurs et les pratiques sociales auxquels la pratique psychologique participe. Ils naissent d'opportunités, s'auto-alimentent, grossissent jusqu'à l'enflure et finissent par fonctionner comme des réalités, s'ils ne sont pas arrêtés dans leur cours par une critique sérieuse de leurs fondements. Lorsqu'elle arrive, il est presque trop tard : les idéologies et les institutions sont en place, des pratiques se sont développées assurant une certaine crédibilité à l'ensemble et ces constructions factices sont ensuite utilisées pour interpréter la réalité. Ces «faux savoirs» soulèvent de nombreuses questions éthiques.

Il y a plus de trente ans, J.F. Chamboredon (1971) en avait fait la démonstration en «déconstruisant» la notion de délinquance juvénile. Il a critiqué les présupposés de certaines traditions de recherche, a vérifié si les schèmes d'analyse qu'elles proposent s'applique au processus complet de la constitution de la délinquance, a montré ce qui est ainsi expliqué et ce qui est négligé, contribuant à fonder la notion de délinquance juvénile selon des catégories psychologiques et une étiologie psychologisante. La délinquance, par exemple, est souvent présentée comme un échec de la socialisation du délinquant, en oubliant que ces ratés ne sont pas dissociables des conditions de la socialisation, très différentes d'une classe sociale à l'autre et pour des raisons différentes au sein de chaque classe (et pas seulement en raison d'une quelconque anomie familiale); qu'il existe des modes différents de régulation, en particulier des rapports différents des différents groupes à la loi; ou encore que le contexte social joue un rôle actif, au sens où le scandale qui mène à l'identification de l'acte comme délit est, au moment même, dépendant du jugement collectif. Que joue également un effet de contexte, sélection par le mode d'habitat qui n'est pas seulement géographique mais socio-économique, les pauvres attirant davantage l'attention des institutions d'assistance, les jeunes des catégories sociales les plus modestes suscitant plus facilement les critiques, les milieux sociaux dominés étant plus facilement soupçonnés, etc. Il attire enfin l'attention sur les biais du traitement de la délinquance, depuis la description et le codage initial des comportements délictueux par la police, filtrés par les propres représentations sociales de ses agents, puis au moment de la constitution du dossier qui opère une reconstruction *a posteriori* du caractère du jeune en termes de qualités essentielles et d'une biographie visant à fonder étiologiquement le délit. Au moment de l'examen psychologique, la surinterprétation et la référence à une vulgate psychologique transforment l'observation en jugement moralisateur : « Une longue mèche de cheveux l'empêche de regarder en face », soit : il est dissimulateur. Ces préconstructions interprétatives se renforcent l'une l'autre et finissent insidieusement par s'imposer. Elles affectent la représentation que le jeune a de lui-même, d'autant que ses moyens de défense (par exemple la parole) dans cette situation sont inégalement distribuées socialement. A l'issue d'un tel traitement, le produit fabriqué est traité comme un matériau brut, la délinquance (et le délinquant) substantialisée, ce qui répond à une nécessité sociale, puisque cette opinion est autant celle des institutions de traitement de la délinquance que celle du sens commun. Nous ajoutons que, dans ce cas, la psychologie œuvre à cette massification et couvre une idéologie d'exclusion.

Dans un autre domaine et sans nier aucunement la réalité du mauvais traitement à enfant (*child abuse*) qui est indéniable et important, I. Hacking (1991) mène une réflexion fondée sur la façon dont cette idée est née et s'est construite au cours des cinquante dernières années, posant que les idées influencent les actions et dans le but de savoir si nous utilisons les bonnes idées pour expliquer les causes et les conséquences.

La cruauté de certains parents envers leurs enfants n'intéressait presque personne à la fin du XIXe siècle. Le « syndrome des enfants battus » est décrit en 1962 par des médecins et serait tombé dans le même silence social si les médias ne s'en étaient pas rapidement emparés en alertant l'opinion pour détecter « les adultes malades qui commettent de tels crimes » (fous ou criminels ?). Cette chose était connue des médecins mais R. et C. Kempé furent les premiers médecins à affirmer que des parents pouvaient battre leurs enfants jusqu'à leur briser les os. Plutôt que d'incriminer ce trop long silence médical, on a choisi de s'occuper des parents. On a choisi de les traiter (sans beaucoup de succès), on a affirmé qu'ils avaient été eux-mêmes des enfants battus (la répétition qui est une généralisation), qu'il fallait séparer les enfants des parents. En quelques années, la littérature spécialisée a explosé : aucun titre sur le sujet en 1965, 600 livres en 1991[9]. Ce sujet, resté centré sur le modèle médical, est devenu l'affaire d'innombrables spécialistes : juristes, publicistes, médias, police, travailleurs sociaux. De précise qu'elle était en 1967, la définition est devenue rapidement émotive (violence envers les enfants), d'autant qu'aux enfants battus se sont ajoutés, au fil du temps, les enfants négligés, puis les enfants abusés, si bien qu'en 1989, par extension du concept, l'estimation concernait 50 millions d'enfants de moins de quinze ans, ce qui permettait aux politiciens d'impliquer toute la société, de porter l'affaire devant le Sénat, de proposer une loi.

Hacking montre la collusion de cette problématique avec celle de l'inceste jusqu'ici ignoré ou tu, qui rentre dans la famille sous forme d'abus sexuel, ce qui permet son examen social et la constitution d'une «police des familles»; également celle de la pollution (terme à connotation initialement sexuelle) qui envahit la rhétorique des écologistes dans les années 70, puis diffuse dans la société. Cette large catégorie d'actes différenciés finit par être traitée comme un tout, entraînant non la recherche des causes et l'application de traitements des effets de l'acte abusif, mais stimulant un pouvoir de bien faire considéré comme légitime. En transformant le mauvais traitement à enfant en comportement anormal, on établit des normes qui indiquent aussi ce qui est habituel et bon, normes auxquelles les gens sont contents de se conformer : si la connaissance n'est pas élaborée à partir de critères rigoureux, elle se traduit en termes évaluatifs qui sont finalement normalisateurs.

Un grand nombre de notions relevant de cette partie de la psychologie qui n'a pas de visée scientifique, mais participe de pratiques sociales et thérapeutiques, ne résisterait pas à de telles analyses. De façon permanente, des notions s'énoncent, des modes de réaction ou des comportements se substantialisent (Journée «scientifique» sur les «pères incestueux», où l'énoncé du thème — un comportement qui devient un attribut — contredit la qualité de la journée annoncée), sans qu'à aucun moment n'intervienne une critique des conditions d'élaboration de ce savoir, une analyse des déterminations qui s'exercent sur lui, son champ de pertinence, le degré de sa généralisation, l'existence et l'influence des éléments contextuels, toutes choses auxquelles on devrait penser avant d'affirmer. Les caractéristiques relatives non situées sont traitées de façon absolue. Bref, on psychologise.

Nous sommes parfois découragée devant la légèreté de certaines affirmations qu'aucune réflexion ne vient tempérer. «Les détenus sont des psychopathes», affirme ce psychologue travaillant en prison et qui n'a jamais songé à remettre en cause cette idée du sens commun. Les «secrets» dans la famille sont pathogènes, oubliant que c'est lorsqu'un secret joue comme frein que certaines familles consultent. «L'enfant unique» est psychologiquement problématique, jusqu'à ce que J.P. Almodovar (1983) vienne remettre les choses au point dans sa thèse. «Les enfants battus deviennent des parents battant», «les enfants d'alcooliques ont des chances de le devenir», jusqu'à ce que ces affirmations soient contredites par des résultats de recherche incontestables. Ce sont évidemment celles qui fleurissent dans notre champ d'intérêt qui ont attiré notre attention, mais il n'est pas pire que les autres de ce point de vue. J. Kagan (1998) a récemment écrit un livre stimulant sur les lieux communs de la psychologie, largement répandus, souvent contestables et pour certains sans aucun fondement.

Un savoir qui n'est pas élaboré selon des critères rigoureux, fondés sur l'analyse des faits, des documents et sur une argumentation réflexive devient vite pléthorique et franchement nocif : il envahit les esprits qui croient savoir, qui *croient* au lieu de savoir. Ces croyances sont parfois transmises au sein des Universités (alors qu'elles devraient s'y arrêter, pour examen), donnant lieu à des «journées scientifiques», «séminaires» et autres réunions où elles acquièrent un semblant de légitimité, redoublée en cas de publication et qui diffusent dans les pratiques. Les psychologues apportent ainsi leur contribution à une idéologie psychologisante, moralisatrice, déterministe, qui se fait passer pour psychologie. De bien pauvres thèses se soutiennent parfois dans les Universités qui ont un directeur de recherche, réunissent un jury, produisent des docteurs. Cette pauvreté existe dans toutes les disciplines et dans les mêmes proportions. Mais en psychologie existe un effet néfaste supplémentaire qu'est la diffusion d'idéologies qui vont façonner les esprits. En lisant certains travaux, on sursaute à chaque ligne. Indépendamment même des mésusages conceptuels et des défauts méthodologiques certains, on peut voir affirmer que des représentations maternelles ont des effets pathogènes au sens où la désignation inconsciente d'un enfant et le choix de son prénom *vont le conduire*, par exemple, à être délinquant (un énoncé identificatoire qui devient un destin); que les contenus psychiques des enfants dépendent davantage des mouvements d'investissement et d'identification inconscients des parents que des facteurs de la réalité externe (démonstration?); que la double contrainte dans la communication a des effets pathogènes (la critique des nombreuses recherches menées par les communicationnistes américains des années 60-70 et les travaux de l'antipsychiatrie anglaise de l'époque ont montré qu'il était impossible de le soutenir), etc. De tels travaux débouchent parfois sur des typologies, par exemple celle de «familles de délinquants» permettant de les comprendre avant d'intervenir (la compréhension allégeant l'étiquetage), l'ensemble visant à traiter et prévenir précocement toutes formes d'inadaptation chez l'enfant (la délinquance devenant pathologie de la famille et trouble de l'enfant). On peut prévoir que de tels travaux seront transformés en articles, hébergés dans l'une des innombrables revues du domaine clinique et qu'ils seront livrés au public comme du «savoir», reconnus qu'ils ont été par l'Université, qu'ils ne tromperont pas les experts, mais peuvent égarer le public dont étudiants et psychologues font partie et légitimer des pratiques douteuses.

Les objets fictifs sont très difficiles à déconstruire. L'argument d'autorité est péremptoire (un tel l'a dit, donc c'est vrai); on le soutient pour exister, avoir du pouvoir, remplir le vide de la pensée. Sa promotion relève ensuite d'une logique politique et commerciale, avec parfois un soutien institutionnel qui joue comme confirmation supplémentaire : il devient par exemple le titre d'un diplôme d'université (DU). La question de la légitimité du concept, de la notion, est enterrée. L'ensemble tourne le dos aux Lumières, conforte les idéologies du moment et bénéficie souvent d'une complicité tacite chez ceux-là mêmes qui ont pour fonction de maintenir l'esprit en éveil.

Notre savoir est lacunaire, quelles que soient les méthodes de son élaboration. Dans une expérimentation, par exemple, explique B. Matalon, on peut maîtriser la situation expérimentale, on ne peut pas maîtriser les sujets. On ne peut jamais dire que tel facteur n'intervient pas. Tout au plus peut-on dire qu'on ne l'a pas contrôlé. Les psychologues ne sont pas menacés par les incertitudes : ils sont en pleine incertitude. Dans une situation d'entretien clinique, autre exemple, après l'immanquable référence au transfert et au contre-transfert, certains psychologues oublient que la situation relationnelle où s'actualisent ces processus est aussi une situation sociale qui les contraint. Ou encore, lorsqu'on étudie un phénomène aussi culturel que l'adolescence (il ne s'agit pas de la puberté, phénomène universel), comment ne pas intégrer *ipso facto* cet aspect dans la théorie qu'on élabore puisqu'il en est constitutif ? Peut-on théoriser « l'objet transitionnel » en écartant le contexte relationnel dans lequel il apparaît ? Y aurait-il une non-différenciation entre le savoir et la pratique qui, elle, impose d'adopter un point de vue ? Tout se passe comme si, dans bien des cas, ces psychologues oubliaient cette question fondamentale : les caractéristiques psychiques des hommes sont-elles indépendantes de leur existence ?

Tout lacunaire qu'il soit, il y a cependant obligation morale, pour celui qui prétend s'occuper d'autrui, à en savoir le plus possible. Un juge avait demandé une expertise psychologique pour une fillette abusée sexuellement par son beau-père et âgée de onze ans au moment des faits. Le psychologue écrivit dans son rapport que cet événement était susceptible d'entraîner une schizophrénie, confondant probablement clivage et dissociation[10] de la personnalité. Une telle prédictibilité est impossible et la schizophrénie n'a pas encore livré le secret de son étiologie. Cependant, une telle assertion peut faire pencher le jury en faveur du maximum de peine (vingt ans de réclusion criminelle). Le beau-père est coupable d'une faute dont la justice doit s'occuper, mais l'incompétence de l'expert ne sera jamais sanctionnée et quelqu'un peut payer en partie à sa place.

## 3. LA RECHERCHE

### 3.1. Problèmes posés par l'application des principes éthiques

La recherche est une pratique orientée vers la production de connaissances nouvelles fondée sur une argumentation claire, des méthodes explicites et dont les résultats peuvent être soumis à la critique de la communauté scientifique. Plusieurs méthodes de recherche coexistent en psychologie : méthode expérimentale, dont les exigences se rapprochent de celles des sciences physiques et biologiques, méthodes éthologique et statistique, méthodes clinique et historique, s'appliquant aux faits, aux actes mais aussi au niveau symbolique des productions humaines. La taille de l'unité d'observation est très variable, allant d'un comportement segmentaire à un comportement global, des relations entre individu à l'ensemble qu'ils forment.

En 1971, R. Pagès[11] consacrait une partie de sa réflexion au conflit qui résulte de « l'emprise analytique », c'est-à-dire de l'action et du pouvoir que l'exercice de l'observation et de l'analyse assure à des scientifiques sur des sujets humains, évidente dans la mystification. Au cours d'une conférence sur ces problèmes en 1966, certains chercheurs déclaraient que tout sujet devrait connaître au préalable la nature, le but et la durée de l'expérience dans laquelle il s'engage, sinon, quelle que soit la façon dont on la démystifie ensuite, il en résulte une humiliation pour le sujet. D'autres (Festinger) répondaient que, dans ces conditions, aucune expérimentation n'était plus possible et que la liberté scientifique était lésée. R. Pagès soulevait le problème de l'indiscrétion, non seulement relative au consentement ou à l'anonymat, mais plus profondément au respect du territoire privé, au refus d'être « sous emprise », d'autant que ce sont toujours les mêmes qui observent et les mêmes qui sont observables, l'emprise et le droit à l'intimité étant, de plus, très inégalement distribués. Mais, écrivait-il, les expérimentalistes sont souvent des boucs émissaires et l'indignation devrait peut-être se reporter sur un objet plus pertinent : l'emprise exercée de fait sur des individus ou des collectivités sans révélation du but à aucun moment et influençant l'ensemble de la vie individuelle et sociale.

Trois ans plus tard la Commission américaine se mettait au travail et apportait des réponses à quelques-unes de ces questions. L'application des principes éthiques proposés a soulevé des problèmes aujourd'hui bien connus et d'autres qui le sont moins, que nous appellerons *questions éthiques de premier niveau*.

1) *Le principe de respect de la personne* implique la règle du consentement. Ceci pose le problème de l'aptitude à consentir des enfants, infirmes mentaux ou toute personne manipulable du fait d'une dépendance qui lui est propre. La réponse est que les personnes dont le consentement est précaire doivent être protégées à proportion de leur incapacité et de leur dépendance et des lignes de conduite sont indiquées. Mais la discussion est loin d'être close si l'on intègre les dépendances psychologiques, la suggestibilité, l'intimidation, l'interpellation émotionnelle qui sont l'ordinaire des réactions et relations humaines.

— « A quoi consentent les malades ? », se demande J.L. Pedinielli (1993). Ils peuvent être plus impliqués que nous ne le pensons. Il existe des phénomènes de majoration des résultats, de désirabilité, qui peuvent concourir à maintenir une pathologie. Est-ce qu'on n'induit pas, par son intérêt ou sa présence, une productivité de phénomènes psychopathologiques qui sont hautement préjudiciables au malade ? Est-ce que le seul fait d'être sujet d'une recherche ne les amène pas à forcer leur talent ?

— Comment s'assurer que le sujet ait *réellement* compris les informations données sur le formulaire de consentement ? Souvent, les sujets sont très peu conscients des coûts imposés par la recherche : l'apparition d'une symptomatologie durant cette période, la fixité de la dose, les effets secondaires... Ils ont tendance à scotomiser les inconvénients dus à la rigidité des protocoles de recherche au profit du soulagement anticipé de leur symptomatologie. On a découvert que ce n'étaient pas les risques qui motivaient les refus de participation, mais des facteurs psychologiques.

2) *Le principe de bienfaisance* implique d'évaluer à l'avance la gravité des conséquences prévisibles de la recherche et leur probabilité d'occurrence[12]. Or, en dehors d'expériences manifestement humiliantes, dégradantes ou traumatisantes, il est très difficile sinon impossible d'évaluer à l'avance les risques psychologiques encourus par un sujet qui participe à une recherche.

— Quels effets produit l'énoncé même de l'objet de la recherche, comment prévoir sa résonance possible avec une problématique interne du sujet ? Comment maîtriser les effets de distorsion dans la compréhension des consignes, des objectifs ? Quelle qu'elle soit, une intervention auprès d'un sujet peut être porteuse d'espoirs, même si les informations données au sujet n'autorisent pas cette interprétation, ou perçue comme menaçante, ou stimuler une demande de soutien, qui sera déçue — sauf si le chercheur déroge à ses engagements initiaux en transformant ses objectifs en cours de route.

– Comment empêcher les gens d'imaginer des bénéfices, d'éprouver un sentiment d'élection et de reconnaissance personnelle ? Comment empêcher les effets de mise en scène ou les associations de pensées qui peuvent réveiller de façon imprévisible des problèmes émotionnels ?

– L'organisation défensive d'un sujet peut faire illusion. N'est-il jamais arrivé qu'au décours d'un entretien de recherche avec un adulte volontaire et sain, celui-ci éclate en sanglots, ou prête des intentions hostiles au chercheur, ou se trompe sur son statut ou croit qu'il en dissimule un autre (le prenant pour un assistant social dont on redoute la venue), l'agresse pour des raisons transférées d'une autre situation sur celle-là, etc. La situation de recherche, comme toute situation relationnelle, provoque des émotions dont il est impossible de prévoir la nature et l'intensité. Il est possible de maintenir l'entretien à un niveau qui respecte les défenses psychologiques du sujet, mais cela peut, dans certains cas, annuler l'intérêt de l'investigation. Comment prévoir le malaise et l'impuissance liés au dit et au non-dit ?

– Certaines techniques (entretien, tests projectifs) peuvent être ressenties comme psychiquement intrusives. Réservées à l'examen diagnostique d'un sujet, elles ne devraient être utilisées qu'après discussion de la valeur scientifique du projet de recherche où elles interviennent. L'addition des protocoles en vue d'établir une typologie est-elle une méthode valide, lorsqu'on connaît l'importance du chercheur et des effets de contexte ? S'il est seul à les recueillir, comment aura-t-on connaissance des biais qu'il introduit à son insu ? Comment gérer la contradiction inhérente à son projet : saisir une singularité alors que le but de toute connaissance est la généralisation ? Le général est-il la somme des singuliers ? Ne devrait-on pas résolument viser plutôt la création de concepts ? Faut-il leur préférer des techniques approfondissant moins la personnalité au profit d'une catégorisation selon des axes clairement répertoriés ? Mais peut-on prévoir les associations d'émotions qui surgiront à la moindre question ?

3) *Le principe de justice* stipule que ceux qui portent le fardeau de la recherche doivent aussi être ceux qui bénéficient de ses résultats et applications. Il en découle des exigences morales concernant en particulier la sélection des sujets : certaines populations ne doivent pas servir de « réservoir de recrutement » sous prétexte qu'elles sont captives au sein d'institutions, disponibles, manipulables, défavorisées, ou simplement en attente de soins dans un local durant un temps libre (mort). Ce principe s'oppose à l'exploitation ou à la discrimination des personnes.

Comment concilier ces derniers impératifs avec l'identification des différences qui peut être justement l'objet de la recherche? Certes, il y a des méthodes pour cela. Modifieront-elles les idées que le chercheur a dans la tête qui l'ont motivé à entreprendre ce travail? C'est donc en amont que se pose le problème. Il faut alors s'intéresser à la pertinence et à l'intérêt scientifique du projet : est-il scientifiquement pertinent de suivre une cohorte «d'enfants de mère alcoolique», par exemple? Cette discrimination est sous-tendue par une hypothèse facilement critiquable et, dans le meilleur des cas, la discussion des résultats indiquera qu'il est difficile d'imputer quoi que ce soit à un facteur unique, surtout lorsqu'il est impossible de contrôler tous les autres.

Quoi qu'il en soit, ces principes affirment néanmoins sans ambiguïté qu'on ne fait pas n'importe quoi avec les êtres humains, que tout n'est pas possible ni moralement acceptable. Les populations «captives» ne sont pas corvéables à merci; les malades n'appartiennent pas aux soignants ni les détenus à l'Administration pénitentiaire; les clients ou les patients ne sont pas la propriété du psychologue : il ne peut pas en disposer. Pas de recherche faite subrepticement, ni d'hypothèses accusatrices, ni de méthodes incertaines, invasives, anxiogènes, ni de données facilement identifiables, etc. Le chercheur, pleinement responsable de ce qu'il fait, veille à respecter la dignité des personnes, de lui-même et de la science et donc ne propose et ne réalise que des projets éthiquement corrects. Dans toute recommandation, il y a la lettre et il y a l'esprit. La lettre est utile : elle permet le droit de regard extérieur, celui que s'est donné la société sur la recherche, et peut à terme favoriser l'intériorisation des normes. Ces recommandations n'empêchent rien mais résolvent partiellement le problème de «l'emprise analytique» sur les sujets, proposent des références et améliorent indirectement la qualité de la recherche. Et puis il y a l'esprit, soit le respect d'autrui en acte dans la façon d'informer le sujet, de répondre à ses questions et de l'accompagner tout au long de la recherche.

Indépendamment de leur pertinence propre, les questions posées par l'application de ces principes indiquent l'immense marge de liberté laissée au chercheur. Pour prendre une analogie, la loi «Informatique et libertés»[13] qui vise à protéger les données nominatives, ne peut résoudre les problèmes soulevés par le NESH (*The Norwegian committee for Research in the Social Sciences and the Humanities*) : respecter la vie privée des individus et des familles. Là, c'est une tout autre affaire. En psychologie, le respect est un impératif qui peut sans cesse être transgressé sous des motifs les plus divers, y compris celui de faire du bien ou de faire de la «bonne» recherche. C'est l'éthique de la relation au sujet en situation de recherche qui est ici soulevée et qui se pose de façon particulièrement aiguë dans la partie de la psychologie qui a affaire au soin. Il est nécessaire de différencier clairement le lien clinique et le lien de recherche lorsque l'on fait de la «recherche clinique»[14].

Le *lien clinique* est celui qui s'établit lorsqu'une personne vient consulter un psychologue dans le but de se soumettre à une évaluation psychologique ou de chercher un soutien. Dans ce cas, le psychologue est demandé : il a un statut de spécialiste, d'expert qui peut produire une évaluation à partir de ses techniques ou fournir de l'aide en écoutant, analysant, recherchant les ressources de l'individu et de la situation, en construisant de l'intelligible. Une personne fragilisée, troublée, bouleversée, cherchant du secours, aura implicitement tendance à mettre le psychologue dans la position de celui qui sait, a son bon sens, sa raison, sa maîtrise de soi. La régression qu'implique cette dépendance place le psychologue en position de supériorité et souvent en position parentale : il est quelqu'un à qui l'on peut se confier, sans réciprocité.

Le *lien de recherche* est clairement explicité dans les recommandations qui découlent des principes éthiques guidant la recherche. Cette fois, c'est le psychologue qui est demandeur, qui doit s'expliquer : sur la façon dont il sollicite les sujets pour son étude, comment il leur expose ses objectifs et sa méthodologie, etc. Sans oublier de dire que cette recherche n'est pas indispensable pour le sujet, mais seulement utile à lui, chercheur, et à la science qu'il est censé servir; que le sujet peut à tout moment se dégager du protocole, ce qui réclame de la vertu quand on connaît les difficultés de la constitution d'un échantillon. Le lien de recherche est un lien de partenariat, sans contrainte, clairement explicité : le sujet est un partenaire du chercheur, celui-ci le fait participer à ses préoccupations de chercheur, en s'abstenant de modifier les termes du contrat établi au départ, même si le sujet le sollicite consciemment ou non dans ce sens. Si l'objet de la recherche concerne la vie privée du sujet, qu'il a été indiqué comme tel dans le contrat passé avec le sujet et qu'il y a consenti, c'est évidemment au chercheur qu'incombe la responsabilité de ne pas étendre ce consentement au-delà de ce qu'il concerne nommément, de ne pas établir de connivences (amicales, séductrices, thérapeutiques...) pour obtenir du matériel qui échapperait au contrôle du sujet et de savoir aussi refuser les offres que le sujet pourrait faire dans ce sens. C'est donc au chercheur de continûment discerner ce qui relève des objectifs de recherche, tels qu'ils ont été exposé lors du contrat, et ce qui n'en relève pas et ne serait qu'une façon d'exercer un pouvoir sur autrui, ou représenterait un viol d'intimité à l'occasion d'un acte de recherche, ou transformerait la situation de recherche en situation thérapeutique alors que l'autre n'a rien demandé.

L'habitude d'être « demandé » peut rendre difficile la reconnaissance d'être cette fois « demandeur », surtout lorsque la recherche se passe dans des lieux de soin et qu'elle porte sur des situations de souffrance. On constate parfois un report de l'attitude thérapeutique dans l'activité de recherche, attitudes d'aide, de soutien actif ou attitudes condescendantes, paternalistes, de supériorité, renforcées par le fait que c'est le chercheur qui est responsable de la recherche, qu'il n'y a pas l'urgence du soin ni la modestie qui l'accompagne du fait des possibilités d'échec.

Cette opposition entre ces deux types de lien a été clairement exprimée par les médecins : il est impossible d'être à la fois le malade d'un médecin et son sujet dans une recherche, sauf dans les cas particuliers où la médication proposée a encore un caractère expérimental et que le sujet est prévenu, ni d'être simultanément et vis-à-vis des mêmes sujets chercheur et thérapeute. Ceci ouvre une vraie question sur la position interne du psychologue clinicien qui recueille des données auprès d'un sujet dans un cadre clinique en pensant à la publication qu'il peut en faire au titre du « théorico-clinique ». Si cette idée lui vient *a posteriori*, cette façon de faire entre dans les problèmes que nous envisagerons plus loin : utilisation des données recueillies dans un cadre clinique converties ensuite en données de recherche sans que cela ait été prévu au départ (mettant bien à mal le quatrième principe du CCNE)[15] ; celui également de la publication de données sans information préalable des personnes concernées.

## 3.2. Le chercheur

Le chercheur occupe une position centrale dans le processus de recherche et les recommandations précédentes n'épuisent pas notre sujet. D'autant que, en psychologie, et quelles que soient les méthodes, le chercheur ne peut pas suivre l'exigence épistémologique première qui est d'objectiver sans s'exiler lui-même : « Le seul scientifique, écrit M. Bitbol (1990), qui soit intrinsèquement embarrassé par l'indispensable "manœuvre préliminaire" du savoir est le psychologue. Sa démarche, d'une émouvante circularité, le conduit à exclure ce que, par ailleurs, il pense avoir atteint en tant qu'objet... ». Prenant appui sur une métaphore picturale : « Le sujet n'est plus *hors* du tableau, ni *dans* le tableau parce qu'il est l'*organisateur* du tableau »[16]. Il est donc incontournable de s'intéresser à « ce fondement ignoré de la connaissance scientifique » : le chercheur, qui a une sensibilité, une expérience privée, des pensées intérieures.

C'est G. Devereux (1980) qui a, jusqu'à présent, le mieux répondu à cette exigence. Son chercheur est incarné, engagé, au motif qu'« une science du comportement authentique existera quand ceux qui la pratiquent se rendront compte qu'une science réaliste de l'humanité ne peut être créée que par les hommes qui sont les plus conscients de leur propre humanité, précisément lorsqu'ils la mettent le plus totalement à l'œuvre dans leur travail scientifique »[17]. Ainsi, le chercheur ne peut oublier qu'il est une personne dotée d'un âge, d'un sexe, d'une culture, d'un caractère. Il perçoit, interprète et apprécie les autres et les objets du monde à partir de son « modèle-de-soi » (inconscient) qui l'amène à se considérer lui-même, son corps, son comportement, sa façon de sentir comme le prototype de ce qui est humain, et à modeler le monde extérieur d'après lui : l'homme comme norme au sein des espèces, son propre corps (réel ou rêvé) comme modèle corporel idéal. Sa personnalité, qui inclut aussi les déterminants subjectifs de ses conceptions scientifiques, affecte radicalement l'organisation des données, les choix relatifs à la théorie, à la méthode, aux dispositifs techniques, et ses conclusions : besoin de combler des lacunes, informations non critiquées, conceptions subjectives, sélectivité des faits... G. Devereux conclut : « Toute recherche est autopertinente sur le plan inconscient et correspond plus ou moins à une introspection ». On entend en écho la remarque de Lacan : « ... que ce que le principe de plaisir fasse rechercher à l'homme, ce soit le retour d'un signe, [...] que ce que l'homme cherche et retrouve, ce soit la trace aux dépens de la piste... »[18].

Nous sommes bien au cœur de « l'intelligence de l'action ». G. Devereux propose de regarder « franchement » ces pressions culturelles latentes qui guident ou abusent la pensée, ces modèles inconscients à partir desquels la réalité est traitée et qu'il nomme « déformations contre-transférentielles » que le chercheur tente sans cesse de minimiser en neutralisant sa tendance à s'identifier aux sujets humains, en reclassant le sujet humain dans une série animale ou technique, en accroissant la distance entre soi et le sujet observé par le détachement et l'objectivité. L'objectif le plus immédiat est donc « la réintroduction de l'affect » dans la recherche, sachant que plus l'angoisse déclenchée par un phénomène est grande, plus elle favorise les déformations. Or, l'étude de l'homme déclenche de l'angoisse, née de la satisfaction des pulsions voyeuristes non sublimées (l'observation détachée de son semblable) et de la culpabilité[19], liée à la satisfaction des pulsions d'emprise sur autrui, avec impassibilité et refus de réagir, qui sont une façon d'acquérir du pouvoir.

La seule empathie méthodologiquement pertinente est celle qui s'enracine dans la reconnaissance qu'observateur et observé sont tous deux des êtres humains. Ce n'est pas le contre-transfert qui est source d'erreurs, mais le fait de l'ignorer ou de mal le manier. G. Devereux propose donc l'analyse du contre-transfert comme réduction possible de ces déformations. E. Kestemberg (1989) va dans le même sens lorsqu'elle pousse l'analyse des investissements narcissiques et objectaux complexes qui tissent les relations entre mère, enfant et observatrice lors de séances d'observation régulières à domicile. La mise en relation des comportements observés et l'analyse des investissements de chaque protagoniste permet de saisir les obstacles externes opposés aux productions fantasmatiques de l'enfant et donc les modulations «exogènes» qu'ils apportent à l'organisation de ses conflits psychiques. Encore faut-il être formé à la psychanalyse pour les mettre en évidence. De plus, l'analyse des processus psychiques inconscients qui s'actualisent de cette façon n'épuise pas la compréhension de la situation.

Les choix inconscients ne sont pas tout. La sincérité envers soi-même peut aussi mener à la connaissance. Transposons-nous un instant aux antipodes dans un voyage à valeur métaphorique car même l'autre familier est un étranger en dépit des proximités culturelles qui en facilitent la reconnaissance. Prenons connaissance du beau texte que F. et P. Grenand (1993) ont consacré à leur métier, dont nous résumons quelques éléments.

On ne devient pas ethnologue par hasard et chacun l'est selon son propre caractère. Sur le terrain, il faut très vite s'adapter au milieu, abandonner ses us et coutumes (alimentaires, vestimentaires, d'hygiène et de pudeur) qui seront autant d'examens de passage où l'ethnologue sera jaugé par la population d'accueil pour voir s'il «s'apprivoise», ce qui est la condition d'une immersion possible. Peut-être l'ethnologue n'aime-t-il pas ce terrain, mais une mise de fonds a été faite, une année universitaire bloquée, des préférences entre postulants ont joué... Donc, il est là et pour poser des questions durant un temps *a priori* limité. Et les gens sont là pour *a priori* autre chose qu'y répondre. Comment procéder? Par la persuasion? La corruption? L'indélicatesse? De toute façon, c'est d'abord lui qu'on interroge, pour tirer parti de lui, avant de répondre à ses questions. Aussi doit-il apprendre quand se taire et quand parler, connaître ceux à qui il peut s'adresser et ceux qu'il doit éviter, savoir perdre son temps, comprendre qu'il y a des thèmes que cette population affectionne et d'autres dont elle ne veut pas parler, qu'elle ne livre que ce qu'elle juge utile de faire connaître. Une fois que la population a consenti à lui faire une place, le temps file. On n'ose pas toujours avouer qu'un temps a été abrégé pour des raisons d'incompatibilité de caractère ou d'inadaptation. Or, plus le temps est court, plus les informations risquent d'être fragmentaires. D'où le recours aux questionnaires dirigés qui recueillent la norme et non la pratique et peut amener en retour à gonfler certains aspects de la société ou à être acculé à spéculer abusivement. Quand le temps est long, la capacité d'observation peut s'émousser : on vit les choses, sans les noter, jusqu'à être brutalement réveillé par un incident qui rappelle sa qualité d'étranger.

L'ethnologue affronte les contraintes linguistiques, donc l'information et les traductions (bilingues, trilingues...), les distorsions qui en découlent. Ses idées reçues ont coloré son projet. La communauté qui l'accueille a d'abord besoin de l'identifier selon ses propres catégories pour pouvoir le contrôler et éventuellement l'utiliser. L'ethnologue peut vouloir se rendre utile pour soulager sa mauvaise conscience. Il faudrait se poser la question de savoir si la population qui le reçoit peut le loger, éventuellement le nourrir et lui accorder du temps pour répondre à ses questions alors qu'elle a par ailleurs des besoins vitaux à satisfaire.

La réflexion éthique qu'ils dégagent est relative au respect de l'autre, en particulier lorsque le pouvoir change de mains, qu'il passe de ses hôtes informateurs à l'ethnologue qui rédige ses notes, puis produit des rapports qui peuvent se répandre, être lus et desservir la communauté. Celle-ci est en droit de demander des comptes en échange du temps passé à instruire. L'important est de garder en tête les finalités du travail et la conscience qu'aucun écrit n'est anodin et que les idées brassées sont éminemment politiques.

Dans une perspective plus classique, A. Kimmel (1991) a étudié les biais intervenant dans la prise de décision du chercheur relative au problème éthique des coûts et bénéfices d'une recherche pour le sujet et où entrent en jeu ses caractéristiques culturelles et personnelles, ses intérêts et ses valeurs. A. Kimmel pense que des caractéristiques démographiques, de formation et d'expériences professionnelles sont des prédicteurs puissants du jugement éthique. Pour valider cette idée, il construit 18 exemples de recherche où différents niveaux de coûts et bénéfices sont nommés comme tels et les envoie à 500 psychologues du directoire de l'APA[20], tirés au hasard, en leur demandant une évaluation sur une échelle en cinq points. Sur les 259 réponses et après une analyse de régression multiple, les résultats montrent qu'existent comme attendu de très grandes différences d'évaluation. Les psychologues qui mettent davantage l'accent sur le bénéfice de la recherche sont des hommes, diplômés depuis longtemps, dans une des sous-disciplines fondamentales de la psychologie et qui travaillent dans des lieux orientés vers la recherche. Les psychologues qui mettent davantage l'accent sur les coûts ou se montrent plus conservateurs sont plutôt des femmes, diplômées depuis peu de temps, dont le diplôme relève de la psychologie appliquée (conseil, école, communauté) et qui travaillent dans des lieux orientés vers le service. Comment interpréter ces différences? Peut-être que le second groupe a une plus grande sensibilité aux besoins des autres (ils perçoivent les sujets comme «victimes» de la recherche) et que le premier groupe a davantage confiance dans les mérites potentiels de la recherche scientifique et ne pense pas qu'elle fasse du mal. Peut-être que la différence entre sous-disciplines où ils ont obtenu leur diplôme reflète la différence entre valeurs scientifiques et valeurs professionnelles acquises durant leur formation. Les chercheurs pensent que la recherche est par nature éthique et sans rapport avec les valeurs, ce qui les conduit à sous-estimer ses conséquences potentiellement pathogènes sur les sujets; ils sont aussi sensibles aux difficultés méthodologiques des recherches conduites sur des êtres humains. Pour l'auteur, ceci permet d'éclairer les dilemmes éthiques et la difficulté d'obtenir un consensus dans les commissions qui examinent les projets. Ceci incite également à clarifier les nombreux autres facteurs qui influencent les jugements: personnalité, éducation, idéologie morale, objet de la recherche, valeurs institutionnelles.

Cependant, l'auto-analyse, la supervision analytique, la recherche des facteurs de biais ou toute autre méthode plus classique de réduction des déformations dues au chercheur (audit, travail en groupe...) ont leurs limites.

### 3.3. Le possible et l'impossible

Les principes éthiques et les règles qui en découlent concernent toutes les recherches effectuées avec des êtres humains. Cependant, les problèmes éthiques ne se posent pas de la même façon dans le domaine biomédical et le domaine psychologique. En psychologie, l'expérimentation couvre un champ allant du plus physiologique au plus psychologique, à savoir: perception, conscience, mémoire, émotions, représentations, stratégies cognitives, activités langagières, interactions sociales... Elle porte sur des comportements segmentaires, des comportements individuels et collectifs et les risques variés encourus par le sujet sont différents dans tous les cas: une expérimentation dans le domaine de la perception auditive n'implique pas l'individu de la même façon qu'une expérience sur le conformisme social. Les préjudices psychologiques tels que l'humiliation, la perte d'estime de soi liée à la manipulation mentale, la tromperie ou la trahison, la peur de perdre sa liberté, son contrôle de soi, la soumission à des contraintes ou à des violences psychologiques comme l'attaque des croyances, l'atteinte à la vie privée ou l'intrusion dans l'intimité des personnes, la diffusion de secrets, n'ont pas la même probabilité d'occurrence selon les cas[21].

### *3.3.1. La recherche expérimentale*

Nous écartons assez rapidement l'objection princeps faite à l'expérimentation en psychologie : il n'est pas possible d'isoler un phénomène humain sans le trahir. C'est vrai. Mais c'est oublier que la démarche scientifique est modeste : «connaître l'homme» est un but à atteindre, ce n'est pas un programme de recherche d'une équipe CNRS. Il faut observer systématiquement, décomposer, isoler arbitrairement, tester successivement les variables connues pour obtenir une réponse qui puisse constituer une avancée dans les connaissances. De bien gros moyens sont mis en œuvre. La réponse dans ce cadre expérimental est segmentaire, isolée, à prendre comme telle. Elle permet de débroussailler un problème qu'il serait impossible d'étudier tel qu'il se pose dans la réalité, où interfèrent tant de facteurs inconnus. C'est évidemment au prix d'une simplification. Mais elle apporte des éléments de réponse et peut déboucher sur des applications variées qui ont déjà pu améliorer la condition humaine : par exemple, les conditions du travail, de l'apprentissage scolaire, de ceux qui souffrent d'handicaps sensoriels. Elle est donc légitimée à la fois par l'objectif scientifique lointain qu'elle se donne (comprendre le fonctionnement humain) et par les applications qui améliorent dès maintenant la vie des hommes. L'important, finalement, est que cette méthode ne cannibalise pas les autres, en s'instaurant comme la seule approche scientifique possible.

Les problèmes éthiques deviennent plus ardus lorsque l'on se rapproche de l'expérimentation qui n'isole pas un processus ou une stratégie, mais qui implique l'être humain dans toutes ses dimensions et dans ses rapports avec autrui. C'est à elle que l'on va demander des comptes lorsqu'il s'avère qu'elle ne respecte pas l'être humain, qu'elle l'utilise comme un moyen, le trompe, le manipule, le contraint ou le fait souffrir. La psychologie sociale a été particulièrement exposée à de telles critiques[22]. De même, B. Schneider *et al.* (2000) discutent des problèmes éthiques soulevés par deux paradigmes très connus et très reproduits de la recherche en psychologie développementale : celui de la «situation étrange» de M. Ainsworth qui teste les modalités de réaction à la séparation chez l'enfant dans le cadre de la théorie de l'attachement et celui du «visage impassible» (E. Tronick et T. Brazelton) qui éprouve les capacités d'adaptation du bébé à une modification prolongée (2 à 3 minutes) de l'expression maternelle. Les deux situations induisent une perturbation émotionnelle chez le bébé et ont des effets sur l'interaction parent-enfant. Les auteurs soulignent le paradoxe de ces procédures qui banalisent la perturbation émotionnelle tout en soutenant que la tension expérimentalement induite est l'expression de la relation habituelle entre le bébé et ses parents. Qu'en est-il du risque encouru par le bébé et de son consentement? interrogent-ils. Plus fondamentalement, le caractère ethnocentré des procédures empêche de voir leur aspect éthiquement discutable puisque, de l'avis même de M. Ainsworth, elle n'aurait jamais songé à appliquer le dispositif de la «situation étrange» en Ouganda où elle a fait ses premières observations de la relation mère-enfant.

D'autres questions restent insistantes. Celles de thèmes de recherche intéressants qui se ridiculisent dans l'expérimentation, qu'on tente et puis qu'on abandonne, de ce fait : les objets sont trop complexes, avec de multiples niveaux d'interactions. Des recherches portant sur le pouvoir conjugal ont fait le tour de la planète dans les années 60 et sont tombées en désuétude. Entre 1960 et 1980, de nombreux travaux ont été consacrés à la façon dont un chercheur peut influencer de façon non intentionnelle les résultats de sa recherche et dont le dispositif expérimental explicite est transformé par l'interprétation qu'en fait le sujet»[23].

– Le choix des hypothèses et de la variable révèle le désir du chercheur et influence les sujets. Le seul fait d'annoncer que l'on entreprend une recherche, d'informer les sujets du protocole et des objectifs de la recherche engendre toute une série d'artefacts. E. Schopler et J. Loftin (1969) ont montré l'influence des consignes sur les sujets par le biais des auto-représentations qu'elles engendrent, D. Rosenhan (1973) a prouvé l'effet contraignant du contexte sur le diagnostic.

– Contrairement aux idées reçues, le sujet ne subit pas passivement la situation de recherche (M.T. Orne, 1962). Elle est une situation d'interaction sociale où le sujet, souvent motivé par la considération élevée dont jouit la science, se met sous le contrôle du chercheur, cherche à faire de son mieux, être un bon sujet pour renforcer son image positive de soi et pour valider l'hypothèse expérimentale. Tous les indices de l'hypothèse deviennent alors des déterminants significatifs de son comportement : les informations données pour obtenir son consentement, les communications implicites en cours d'expérience, la personne du chercheur, les modalités de l'expérience elle-même (par exemple : si un test est donné deux fois, c'est qu'on attend un changement), donnent lieu à des représentations et des interprétations chez le sujet et ses réponses sont conformes au rôle de bon sujet qu'il se crée. Il offre *a priori* ce qu'il a de meilleur, surtout s'il est bien payé. Des sujets (schizophrènes) peuvent avoir des motifs de falsification inconsciente pour échapper à un protocole de recherche insignifiant pour eux et agissent de façon à maximiser leurs chances de satisfaire leurs besoins et leurs buts, quitte à utiliser des tactiques manipulatoires (B.M. Braginsky et D.D. Braginsky, 1967).

– Lors d'observations en milieu naturel, en dehors des innombrables facteurs individuels, les effets contextuels sont souvent incontrôlables : une recherche sur les modes d'allaitement des nouveau-nés à la maternité doit tenir compte de l'idéologie régnante qui varie selon les époques, de celle propre au service où s'effectue la recherche, de la position personnelle de la sage-femme responsable, du rôle que chacun croit devoir adopter en situation professionnelle et aussi de la disponibilité du personnel. Si bien que les résultats obtenus sont toujours difficiles à extrapoler. On peut aussi nier l'existence des effets contextuels et psychologiser.

– Le volontariat est un biais incontournable mais analysable. L'existence ou non d'un financement de la recherche influence la façon dont chacun conçoit ses droits et devoirs : une recherche bien payée est valorisée, mais elle contraint à des résultats ; une connaissance personnelle du bailleur de fonds aiguise l'implication du chercheur. A. Fagot-Largeault (1985)[24], qui a discuté ces problèmes, montre combien l'argent est une condition de liberté pour les sujets et une garantie de compétence pour les chercheurs.

Tout pousse donc à travailler au grand jour, en explicitant au maximum le protocole. On sait néanmoins que les hypothèses de recherche se transmettent implicitement de l'expérimentateur au sujet, que le poids des présuppositions, représentations, attentes et désirs de chaque protagoniste et les innombrables contraintes contextuelles affectent les résultats de la recherche. Une fois tous ces problèmes énoncés, on n'en a plus parlé et on a continué à faire de l'expérimentation.

Pourtant, dès 1967, H.C. Kelman discutait des implications de la tromperie dans les expériences de psychologie sociale. Il est évident pour lui qu'elle pose des problèmes éthiques mais, ce qu'il y a de plus intéressant présentement, ce sont les doutes qu'il émet sur son efficacité du point de vue méthodologique. La tromperie, écrit-il, est fondée sur le postulat que des sujets avertis du phénomène que le chercheur veut étudier ne fourniront pas les données permettant d'aboutir à des résultats valables. Or, il existe et existera de moins en moins de sujets naïfs. Le plus souvent, le sujet soupçonne qu'on lui cache les vrais buts de l'expérience, essaie donc de les deviner et réagit en fonction des hypothèses qu'il élabore ou de son attitude à l'égard de l'expérimentateur. Et là, il devient difficile d'évaluer les effets de ces tendances. La tromperie perpétue l'idée que l'on ne peut croire un psychologue sur parole et conduit l'expérimentateur à transmettre des messages contradictoires au sujet : les consignes présentent les buts de l'expérience et les manipulations et indices implicites que fournit le chercheur laissent apercevoir qu'il y en a d'autres. Ceci renforce la tendance du sujet à chercher sa propre interprétation de la situation : « A long terme, l'usage de la tromperie a évidemment quelque chose d'autodestructeur [...] Nous nous trouvons donc devant le paradoxe suivant : plus notre recherche avance, plus elle devient difficile et douteuse ». Il propose donc de se passer de la tromperie en investissant la part de créativité actuellement consacrée à l'élaboration de tromperies compliquées dans la découverte d'autres modalités expérimentales qui en seraient exemptes : « Quand on traite les motivations à un niveau qui est celui de la vie réelle, les avantages [que le sujet soit averti du but général de l'expérience] pourraient bien éclipser les désavantages »[25].

### 3.3.2. L'observation en milieu naturel

Suivons donc cette suggestion en restant dans le domaine de la psychologie sociale. Il s'agissait d'apporter des connaissances sur la dimension collective du travail hospitalier. M. Grosjean et M. Lacoste (1999) ont mené une étude qualitative fine se réclamant de l'ethnométhodologie et de l'analyse situationnelle dans trois services hospitaliers différents. Elles ont pris comme objet d'étude les communications et actions des infirmières au travail, puisque ce sont elles qui assurent la continuité des soins auprès des malades, qu'elles appartiennent à une équipe et interviennent au plan de l'organisation et de la coordination des soins. Les actions et échanges verbaux étudiés sont ceux de deux journées de travail, à travers des suivis d'action dans un même secteur, à travers de situations de communication (relèves où se transmet l'information, pauses-café) où les infirmières échangent avec d'autres partenaires. Le chercheur observe les comportements, les interlocuteurs, les actions, l'usage des objets, le contexte et recueille (par enregistrement) les paroles prononcées en situation. Les premiers résultats sont restitués aux agents de chaque service dans des réunions où sont exposés et discutés les principaux constats, donnant lieu à des débats qui ont été intégrés aux analyses finales.

Une analyse minutieuse permet de dégager trois types d'articulation au travail : une organisation institutionnelle de la coopération qui relève des particularités de l'hôpital et des règles des services, une articulation opérationnelle qui consiste à organiser et réaliser quotidiennement les trajectoires prescrites par les médecins pour l'ensemble des malades et une articulation de trajectoire spécifique à chaque malade (définir son problème, en déterminer la finalité, prévoir et éventuellement redéfinir sa trajectoire). Cette dernière partie du travail est largement sous-estimée parce qu'elle est invisible (faite d'attention aux détails et à l'enchaînement des tâches) et clandestine (prescription ou examens à prévoir soufflés à l'interne...). Cette analyse micro-sociale met en évidence la différence entre l'activité prescrite attachée à la fonction (soins techniques/soins relationnels) et le *travail réel*. En réalité, il existe une part importante de la communication qui est consacrée à la coordination et à la négociation, qui mobilise du temps et de l'énergie et qui est pourtant rejetée de la définition de l'activité et de la compétence professionnelles. De même que sont oubliés ou déniés les arbitrages incessants et les négociations qui existent quotidiennement au lit du malade, chaque groupe professionnel défendant sa logique, c'est-à-dire aussi son identité. Cette étude dégage des modèles différents d'organisation et d'articulation par des savoirs peu formalisés et pourtant essentiels à l'action (savoir-faire, savoir comprendre, savoir combiner), des modèles d'articulation par les personnes et par la communication qui sont à prendre en compte comme modalité intrinsèque du travail et ne sont véritablement repérables qu'en situation.

En lisant les fragments de communication insérés dans le texte, on est sur le terrain et, par l'analyse ultérieure qui en est faite, on comprend ce qui s'y passe. Nulle tromperie ni artefact : les principes éthiques sont totalement respectés. La situation et les enjeux sont importants puisqu'il s'agit du travail quotidien d'êtres humains. Le chercheur s'expose, prend des informations qu'il rend à ses partenaires de recherche, dans un enrichissement mutuel. Une série d'objections faites à la situation expérimentale tombe d'elle-même : au lieu d'isoler les phénomènes et épurer de façon très improbable la situation, la recherche affronte la complexité de la réalité vivante. En décrivant des modèles, transposables, on accroît la connaissance et elle est socialement utile.

Ce type de recherche avec des êtres humains pourrait-il, dans certains cas, constituer une réponse ?

## 4. LES IMPLICATIONS ÉTHIQUES DE L'ACTIVITÉ SCIENTIFIQUE

### 4.1. Problèmes éthiques en amont

Des problèmes éthiques peuvent se poser en amont. Des psychologues sociaux (F. Askevis-Leherpeux *et al.*, 2000) ont pointé et discuté, exemples à l'appui, quelques-unes des questions susceptibles d'être posées quant à la recherche effectuée dans ce champ.

1) Est-ce que les manuels et les ouvrages à large diffusion ne privilégient pas les « mauvais aspects » de l'individu ou de la société ? Certes, mais la discipline s'intéresse à ce qui fait problème, est rare, inattendu et souvent négatif, qui demande explication. En outre, elle a souvent répondu à une demande sociale concernant les intérêts d'une société : préjugés, discrimination, rumeurs, violence. De nombreux chercheurs n'imaginaient pas que les sujets se montreraient sous un aussi mauvais jour. Mais les recherches mettent aussi en valeur les réactions positives.

2) Faut-il en déduire que le psychologue social a une image pessimiste de la nature humaine ? En réponse, les auteurs indiquent les modèles de fonctionnement humain qui se sont succédés dans le domaine de la cognition sociale : l'individu rationnel, l'évaluateur impénitent, le tacticien qui adapte ses stratégies au but à atteindre et, actuellement, une compréhension nouvelle de l'erreur comme stratégie adaptative et de jugement.

3) Trouver des explications aux « mauvais côtés » de l'homme, n'est-ce pas les justifier ? C'est un risque fondé, qui ne supprime ni le libre-arbitre de l'homme, ni les normes sociales. Ce qui peut conduire le chercheur à moraliser. Un autre risque est d'imputer au chercheur la responsabilité des conduites indésirables qu'il étudie ou de l'assimiler à ses objets de recherche (être accusé de racisme quand on s'intéresse aux stéréotypes sociaux).

4) Y a-t-il donc des sujets tabous ? Il n'y a pas à décider à l'avance du caractère « politiquement correct » d'une problématique. Mais les problèmes dont s'occupe la psychologie sociale sont chargés de valeurs et les chercheurs sont conscients des risques qu'ils encourent lors de la diffusion et de la vulgarisation de leurs travaux.

Ils espèrent que cette discussion entraînera une réflexion dans chacune des autres sous-disciplines de la psychologie. Nous ne pouvons que les entendre. Plusieurs tentatives faites dans ce sens dans le domaine de la psychologie clinique et pathologique n'ont pas abouti, alors que cette discussion doit être collective. Mais cette sous-discipline était déjà absente de la réflexion qui fit suite au vote du premier code de déontologie à la Société Française de Psychologie, réflexion qui parut dans le *Traité de Psychologie Appliquée* en 1971 et porta sur l'éducation, le travail et la psychologie sociale appliquée. La psychologie clinique et pathologique ne s'est pas jusqu'ici senti concernée par la réflexion éthique existant dans le domaine biomédical et ne peut attendre de stimulation du côté des psychanalystes qui, sous le terme d'éthique, traitent de problèmes déontologiques. Pourtant, ce ne sont pas les problèmes éthiques qui manquent dans ce domaine, dont le premier est l'indissociabilité réaffirmée de la recherche et de la pratique, ce qui est une façon d'alimenter la confusion et de clore le débat alors qu'il devrait l'ouvrir. Il y en a de multiples autres : l'enracinement judéo-chrétien des théories psychanalytiques et la morale qui s'ensuit, les limites floues de ce qui participe à la fois du soin et du social, les implications éthiques des rapports entre le singulier et le général, la représentation que l'on se fait des sujets souffrants que l'on traite et les relations que l'on croit devoir adopter à leur égard, la diffusion d'une idéologie essentialiste de la personnalité définie hors contexte relationnel et social, la réitération litanique du «normal» par ignorance et irréflexion, la référence à des théories déterministes fixant précocement les destins ou s'empêtrant dans la répétition du même (transférentiel, éducationnel, générationnel); les interprétations indigentes qui transforment tout intérêt pour un sujet en preuve d'implication personnelle («ce n'est pas par hasard si...») avec production d'élucubrations variées, en toute ignorance des motivations ou causes réelles, ou l'imputant sans vergogne à un désir inconscient, ce qui a parfois pour effet d'inhiber l'activité de pensée. Ou encore les effets sur les personnes d'une incessante traduction du psychologique en métapsychologique, favorisant l'aveuglement ou le déni d'autres contraintes, en particulier sociales.

L'ensemble du domaine clinique, psychologie clinique et psychopathologie est au cœur du sujet : éclairer les conduites toxicomaniaques, les dysfonctionnements familiaux, les trajectoires biographiques des détenus, les troubles névrotiques, les effets du vieillissement... peut permettre de modifier les représentations et attitudes sociales et donc affecter le système de valeurs dont dépend l'éthique d'une société. Mais ces recherches peuvent tout aussi bien renforcer les idéologies existantes et alimenter une vulgate docile qui durcit les processus d'exclusion, le contrôle social, la moralisation à but manipulatoire en véhiculant le mépris d'autrui. La multiplicité des théories psychanalytique, développementale, systémique, interactionniste, communicationnelle, écosystémique, sans compter les mini-théories propres à tel ou tel secteur du champ, aboutit parfois à la formation d'un conglomérat syncrétique qui est un casse-tête pour le débutant. L'introduction de la pratique sous le vocable du «théorico-clinique» accroît encore la confusion que ne sauve pas l'inévitable appel à l'analyse transféro-contre-transférentielle destinée à éclairer l'ensemble. Les limites entre les théories sont floues, entre théories et pratiques aussi, avec des assimilations naïves de la réalité psychique à la réalité concrète, du moi comme instance psychique au moi comme personne, entre situation thérapeutique et situation sociale avec application abusive de concepts psychanalytiques pour caractériser des situations sociales. Il ne s'agit pas de transfert conceptuel, mais de mésusage d'un vocabulaire technique, savant, à des fins idéologiques, moralisatrices, séductrices, en vue d'abuser autrui ou d'avoir une emprise sur lui.

Nous sommes au cœur des dangers énoncés par R. Pagès[26] à propos des théories psychosociales, aggravés par le fait qu'une partie de ceux qui se réfèrent aux théories psychanalytiques ont une expérience affective qui leur est attachée du fait qu'ils ont eux-mêmes effectué un travail psychanalytique. Les conditions sont donc réunies pour que s'amorcent des dérives sectaires. D'où l'urgence d'une réflexion éthique dans ce champ.

Les activités scientifiques poursuivent des buts, mais ils sont rarement réfléchis. B. Matalon remarque que le psychologue se demande ce qu'il fait, pas le chercheur. Il n'est d'ailleurs pas toujours facile de relier une activité scientifique à un but précis : en chimie, par exemple, une connaissance peut servir à fabriquer un médicament, un poison ou des explosifs. Les fins d'une science sont rarement réfléchies.

Pour ce qui est de la psychologie, elle n'est jamais «éthique» quand elle poursuit des fins étrangères à son objet (par exemple l'adaptation sociale) ou qu'elle est aveugle sur ses propres fins : le bien-être des personnes? L'amélioration des conditions de la vie humaine? La guérison? L'harmonie sociale? La recherche de la vérité? Le contrôle des esprits? Fins orthogéniques, normatives, gestionnaires, thérapeutiques, scientifiques, impérialistes?

## 4.2. Problèmes éthiques en aval

Dans toutes les sciences existe une dépendance des savoirs aux intérêts de ceux qui les produisent. En choisissant, il y a une trentaine d'années, d'inscrire institutionnellement la psychologie à visée scientifique dans les « sciences de la vie » au CNRS et en dénommant « humanisme » ce qui n'en relevait pas, les psychologues français ont fait le choix d'une certaine démarche scientifique qui produit des savoirs mais en néglige d'autres. Avec le temps, cette logique s'est renforcée. Les « humanistes », au lieu de se battre pour trouver une place au sein des sciences humaines (ce qui eut coupé la psychologie en deux), se sont déportés vers les pratiques, certes sources de savoir, mais un savoir encore plus difficile à fonder rigoureusement car la distance à l'objet est faible, que l'affectivité engagée diminue les chances d'appréciation correcte de la situation, que les implications sociales sont directes et incontournables. Comment arriver à pratiquer le « désenchantement émotionnel » dont parle N. Elias (1983) lorsque les catégories et les modèles permettant de penser sont soumis à des charges affectives et situationnelles si fortes ? Avec quels mots ? Quelles normes ? Lorsque l'on fait soi-même partie du processus ? Comment éviter de prendre pour du savoir ce qui n'est que conceptions mythico-magiques, productions idéologiques, projections personnelles, défenses sociopolitiques ? Les processus sociaux à l'intérieur desquels s'inscrit la connaissance psychologique et les processus mentaux des personnes concernées sont incontrôlables. A côté de théories solides, éprouvées prolifèrent donc des mini-théories égocentriques, projectives, mégalomanes, qui correspondent à des fantasmes de désirs souvent détachés des données empiriques. Comment éviter qu'au fil du temps cet humanisme se transforme en « mou » clinique ou en dogme psychanalytique ?

A quelles conditions le savoir psychologique est-il possible, éthiquement parlant ?

– L'exigence doit s'exercer à l'égard des théories émergentes ou finissantes et viser à maintenir une diversité théorique au sein d'un même champ. J.L. Kress[27] a expliqué pourquoi la diversité des théories du fonctionnement mental était une nécessité éthique en psychiatrie au regard de la visée thérapeutique, qui exige tantôt une attention à la singularité de la personne, tantôt des connaissances relatives aux neurotransmetteurs. Il en est de même en psychologie, particulièrement lorsqu'elle s'inscrit dans des pratiques éducatives et soignantes. Sinon, à brève échéance, c'est l'hégémonie doctrinaire qui règne et dont pâtissent en tout premier lieu les personnes. On ne peut donc que se réjouir des tensions que traverse la psychologie et redouter la pensée unique.

– La psychologie doit rester vigilante à l'égard des normes socialement produites pour ne pas les adopter comme étant les siennes et concourir ainsi à l'asservissement des personnes plutôt qu'à la défense du sujet, comme l'affiche le code de déontologie des psychologues. Il lui faut incessamment travailler sur ses propres normes si elle ne veut pas se laisser piéger dans un programme moralisateur ou socialement normatif. Sans doute lui faut-il multiplier les normes, puisqu'il est impossible de s'en passer de façon à ce que la norme dominante soit atténuée.

– La psychologie doit rester dans des limites spécifiques. Toutes les recherches ne sont pas possibles, toutes les situations ne sont pas réductibles à une problématique psychologique. Si la discipline n'est pas responsable du psychologisme ambiant, au moins peut-elle s'en démarquer en affichant ses limites : elle ne comprend pas tout, n'a pas réponse à tout, ne garantit pas le bonheur individuel et n'a pas encore atteint son but qui est la connaissance de l'homme. Elle y tend seulement. Il lui faut donc continuer à s'interroger sur la validité de ses énoncés, tester ses hypothèses, soumettre les résultats à la communauté scientifique, car il n'est de savoir que du communicable. Elle reste une discipline ouverte et vivante : il y a des moments de grâce pour certains paradigmes où tout s'épanouit, qui attirent les chercheurs actifs les plus brillants qui travaillent et produisent : on a le sentiment d'avoir atteint le but. Puis, l'intérêt se déplace : ça a été le temps de l'inconscient, c'est aujourd'hui celui de la cognition. On aurait de toute façon tort de se penser au bout du chemin et d'adopter quelque ton triomphaliste que ce soit, sauf à ressembler à l'Eglise au faîte de sa puissance quand elle pensait s'être appropriée l'âme et qu'elle engendra l'Inquisition.

– Sans doute est-il nécessaire de garder présent à l'esprit l'interdépendance des aspects biologiques, psychologiques et sociaux. A s'isoler, la psychologie se laisse oublier. Elle est absente de l'énumération que fait C. Castoriadis des sciences humaines, remplacée par la psychanalyse («Freud, le plus grand psychologue de tous les temps», écrit-il[28] : a-t-il tort?). Quand N. Elias évoque la conscience et la raison humaine, il saute de la biologie à la sociologie, comme si la psychologie n'existait pas. Serait-elle victime de sa spécialisation, qui l'a conduite à se vivre hors du monde, hors des processus socio-historiques qui la conditionnent et où elle est complètement immergée, mais qu'elle fait semblant de ne pas voir au nom de son intérêt pour les processus mentaux et relationnels?

Nous vivons actuellement sur des découpages disciplinaires anciens et complètement dépassés, mais qui sont prisonniers de catégories de pensée et d'inscriptions institutionnelles. Mais les valeurs d'une société changent, les hommes changent, et donc aussi la psychologie. Elle n'est pas intemporelle. Il existe parfois un grand décalage entre les questions que pose la révolution anthropologique que nous sommes en train de vivre et les réponses académiques (recherche et enseignement) des psychologues. Une analyse comme celle de M. Gauchet (1998) questionne radicalement les savoirs psychologiques actuels (et ceux de la psychanalyse). Voici une « personnalité contemporaine » en émergence. L'individu déconnecté de la société, affirmant ses identités privées, ne voulant pas être entravé dans son « être soi-même » et se questionnant en même temps sur son identité, souffrant d'angoisse dans son rapport à l'autre, cherchant à se fuir. L'organisation du champ psychopathologique par la théorie freudienne est incapable de rendre compte de ces pathologies. Cette organisation doit donc être reconsidérée à la lumière des stimulantes questions que lui posent les découvertes dans le domaine du développement, les avancées des neurosciences et la connaissance des autres cultures.

Comment procéder? On aimerait suivre la direction de travail proposée par N. Elias (1983) : les catégories traditionnelles de la pensée (homme/société, nature/culture, sujet/objet, subjectif/objectif) suggèrent une représentation de deux figures inactives et à distance l'une de l'autre, comme si les sujets du savoir existaient mystérieusement et que les phénomènes naturels étaient indépendants de ceux qui les prennent comme objets de recherche. Chaque discipline est, de la même façon, séparée des autres comme s'il n'y avait pas d'interdépendance entre elles. Or, le monde humain n'existe pas séparé de la nature et, en transformant la nature, les hommes se transforment eux-mêmes. Le progrès consisterait donc à avoir « un souci plus marqué du réel qui devient possible dès que l'on surmonte, dans la construction des concepts, la tendance à l'isolement des disciplines et à la réduction des processus à des états statiques »[29]. Il propose de porter davantage attention aux aspects de liaison et d'intégration des processus qu'aux états statiques, de se défaire de certaines habitudes de pensée (la réponse n'est pas toujours du côté de l'analyse de plus en plus élémentaire, il y a des processus sans commencement...) et surtout de créer des concepts nouveaux qui permettent de lier entre eux des faits apparemment disjoints, d'inventer des modèles de structures et de processus qui pourraient être transposables d'une science à l'autre, bien que chacune ait un rapport différent avec son domaine d'objets particuliers.

Au sein des sciences psychologiques, le travail est à faire, en tenant compte des différences entre les pratiques scientifiques qui ne sont pas toutes au même niveau de maturité. La stérilité les guette si elles ne s'entrecroisent pas entre elles et il en résultera une hyperspécialisation et des déformations dans le traitement de leurs objets. C'est d'observation quotidienne (R. Lecuyer, 2000) : l'étudiant apprend que le bébé différencie sa mère d'une autre personne à 48 h et, au cours suivant, entend qu'il faut attendre 8 mois pour cela : à l'examen, il renverra à chacun de ses enseignants ses dires, en toute incohérence. Le traitement d'un enfant dépendra plutôt des références théoriques du psychologue que des difficultés qu'il présente. Le conflit entre psychologies est un archaïsme, souvent un pauvre problème de pouvoir local ou de pouvoir sur autrui. Mais les psychologies ont aussi à rester en contact avec les autres sciences, car les particularités spécifiques de l'espèce humaine sont incompréhensibles si l'on ne tient pas compte de l'adaptation fondamentale de l'être humain à la coexistence avec d'autres êtres humains : relations sexuelles, émotionnelles, sociales, qui ne sont pas sur le même plan.

C'est, nous semble-t-il, à une tentative intégrative de ce type que répond le travail d'A. Ehrenberg sur *La fatigue d'être soi* (1998), cette dépressivité de l'homme occidental contemporain. Celle-ci ne peut être comprise qu'en regard du monde où il vit, des défis inaccessibles que ce monde lui impose, du manque à être qu'il en ressent. Psychologie ? Psychiatrie ? Sociologie ? Economie ? Politique ? Tout à la fois, subvertissant le classement. De telles notions émergentes peuvent faire progresser le savoir sur l'être humain et, espérons-le, concourir à l'œuvre humanisatrice.

NOTES

[1] Pages 80-83.
[2] Cité par L. Sève, *op. cit.*, p. 212.
[3] J. Lacan, *op. cit.*, p. 22. Voir plus loin : le chercheur, p. 75 *sq.*
[4] *Op. cit.*
[5] Pages 234-256.
[6] Page 219. C'est nous qui traduisons.
[7] Pages 194-200.
[8] *Op. cit.*, p. 219-220.
[9] Tous les chiffres indiqués sont ceux des Etats-Unis.
[10] Le clivage, concept psychanalytique, désigne la coexistence au sein du moi et sans influence réciproque de deux attitudes psychiques à l'égard de la réalité extérieure, l'une qui en tient compte et l'autre qui la dénie, mettant à sa place une production de désir. Ce mécanisme psychique a pu être invoqué chez des enfants ayant été abusés sexuellement. La dissociation est une perte de l'unité et de la cohérence de l'activité mentale, pouvant concerner tous les domaines de la personnalité.
[11] *Op. cit.*, p. 224.
[12] *Cf.* à ce sujet les contributions de R.J. Lévine et K. Lebacz (1982), in *Médecine et expérimentation*, Cahiers de Bioéthique, Montréal, Les Presses de l'Université Laval, Québec ; et de A. Fagot-Largeault (1985), *L'homme bioéthique, pour une déontologie de la recherche sur le vivant*, Paris, Maloine.

[13] *Cf.* p. 45.
[14] *Cf.* p. 43. Les médecins, qui y ont longuement réfléchi, ont adopté des positions précises à ce sujet.
[15] *Cf.* p. 44.
[16] Pages 61 et 67.
[17] Page 21.
[18] *Op. cit.*, p. 22.
[19] Sauf chez les pervers.
[20] *American Psychological Association.*
[21] Le Guide d'éthique de la recherche avec des sujets humains des trois Conseils du Canada énonce les conditions éthiquement acceptables de l'utilisation d'êtres humains *pour* la recherche scientifique. Outre les éléments ci-dessus mentionnés, il indique : « On a peur d'être obligé d'agir contre ses propres valeurs [...], d'être humilié dans son corps, dans son histoire personnelle [...], d'être ridiculisé dans son identité culturelle ou communautaire [...] On a peur du préjugé des autres [...], d'une image individuelle ou collective négative que les autres pourraient nous renvoyer. On craint des actes ou des processus qui nous déstabiliseraient, voire des forces qui nous disloqueraient intérieurement. On craint d'être manipulé (physiquement ou psychologiquement) et transformé de façon irréversible et profonde [...] On craint d'être traité comme un objet, non comme une personne [...] L'un des aspects centraux de cette déshumanisation est liée à la nature même de la démarche scientifique [...] qui vise à acquérir du savoir *sur* des êtres humains [...] Or, certains moyens de la mise en œuvre de la démarche scientifique [...] sont susceptibles de provoquer une relation d'objectivisation entre le chercheur et le sujet de recherche [...] Ce dernier devient alors un *objet* d'expérience [avec le danger de le penser et le traiter comme tel] [...] L'évolution des sciences a imposé un modèle d'acquisition des connaissances fondé sur une relation d'objectivité qui met à distance l'autre [...] dans un souci de vérité [...] [Elle] favorise l'instrumentalisation de l'autre [...] Ce modèle de découverte scientifique se trouve aujourd'hui surtout contesté dans le champ des sciences sociales, qui proposent un modèle plus participatif des sujets de recherche (modèle davantage herméneutique), tenant davantage compte du contexte. Une meilleure participation des sujets à l'ensemble du processus de la recherche scientifique [...] permettrait peut-être de mieux respecter les personnes et les collectivités » (p. 1-5 et 1-6).
[22] Voir la contribution de B. Matalon dans cet ouvrage.
[23] Ces problèmes sont présentés et discutés par G. et J.M. Lemaine (1969) in *Psychologie sociale et expérimentale*, p. 255-318.
[24] Pages 144-147.
[25] Pages 315 et 317.
[26] *Cf.* p. 64.
[27] *Op. cit.*, p. 75.
[28] *Op. cit.*, p. 30.
[29] *Cf.* p. 168.

# Chapitre 3
# Des techniques aliénables

Partons du texte de M. Foucault (1957) auquel nous empruntons le titre de ce chapitre. Ce texte porte sur la recherche en psychologie. Il constate, entre autres, qu'elle est isolée de la pratique et affirme que lorsque les conditions d'une pratique rationnelle et scientifique ne sont pas réunies, c'est la psychologie elle-même qui est compromise. Ainsi, «en période de chômage et de surproduction, la sélection cesse d'être une technique d'intégration pour devenir une technique d'exclusion et de discrimination; en période de crise économique [...] l'adaptation de l'homme à son métier devient une technique qui vise à augmenter la rentabilité de l'entreprise [...]; bref, elle cesse d'être une technique psychologique pour devenir une technique économique». La pratique psychologique n'est pas seulement *utilisée* à des fins économiques, comme d'autres sciences appliquées; mais, du fait de certaines de ces conditions, elle *change de sens*, perd sa validité, ses fondements, disparaît comme application de la psychologie. Il prend pour exemple la notion d'aptitude qui, selon le contexte économique dans lequel elle est définie, peut aussi bien signifier norme culturelle de formation, principe de discrimination lors du rendement, prévision du temps d'apprentissage, estimation de l'éducabilité ou profil d'éducation reçue. «Ces différentes significations du terme d'aptitude ne constituent pas autant de manières d'envisager la même réalité psychologique, mais autant de manières de donner un statut, au niveau de la psychologie individuelle, à des besoins historiques, sociaux ou économiques. Non seulement la pratique de la psychologie devient l'instrument de l'économie mais la psychologie elle-même en devient la mythologie à l'échelle humaine [...] Les techniques physiques, cliniques ou biologiques sont *utilisables* et, comme la raison, «ployables en tous sens»; mais, par nature, les techniques psychologiques sont, comme l'homme lui-même, *aliénables*[1].

Une technique est une application de la science. Elle tire traditionnellement sa valeur de son efficacité. Mais les techniques psychologiques, contrairement aux autres, ne sont pas neutres ou purement instrumentales, sauf si elles sont illusoirement séparées des questions concernant les objectifs qu'elles atteignent et la nature de ce qui est ainsi produit, soit la question des fins et des valeurs. La réponse à la première question va s'élaborer sur le mode de l'inventaire : extension du domaine, enjeux de pouvoir, inscription sociale, expression idéologique, qui marquent autant les techniques psychosociales que les techniques cliniques, s'exprimant également au sein du dispositif duel de l'entretien ou de l'examen psychologique. La réponse à la seconde question, de ce qui est ainsi produit, met en cause les fondements des techniques, qu'elles soient d'investigation, d'évaluation, de traitement comme exprimant et soutenant certaines valeurs. La discussion se fera à partir de l'exemple des techniques d'évaluation.

## 1. LA QUESTION DES FINS

### 1.1. Contextes historiques, sociaux et économiques

« Les sciences humaines, comme les autres, ne se développent pas gratuitement, a écrit R. Pagès. Elles sont liées dès l'origine et constamment à des techniques "anthropologiques" et fournissent ses moyens de pointe à l'objectivation technique des hommes »[2] : un sondage peut être une consultation démocratique ou un instrument de propagande et on le reconnaît en interdisant la publication de ses résultats en période électorale. Les techniques psychologiques s'insèrent dans des rapports sociaux et servent des options existant dans une société donnée.

Dans une note conjointe au rapport de la Commission française des tests, R. Pagès (1975) affirmait que la pratique des tests peut être combattue au nom d'une idéologie égalitaire et contestataire à l'égard de l'hérédité des aptitudes ou des capacités mesurables, ou au nom de l'idéologie contraire selon laquelle les caractéristiques héréditaires ou acquises des individus telles qu'elles sont révélées par les tests peuvent satisfaire à une organisation rationnelle de la division du travail. De même, la sélection peut être sous-tendue par le mythe de l'égalité des chances, qui développe une valeur de justice dans la répartition des rôles, ou par le mythe de l'ordre établi que reflète l'importance qu'on accorde aux tests psychologiques (M. Crozier, 1972). Une technique psychologique étant aussi une pratique sociale, elle participe d'une fonction qui se positionne dans la hiérarchie des fonctions sociales et ne peut éviter d'être positionnée politiquement si ce n'est au prix d'un déni. Suivant les circonstances ou l'idéologie du moment, une technique psychologique peut être retournée et servir des buts opposés à ceux explicitement indiqués[3].

C'est d'ailleurs bien ce qu'a dénoncé M. de Montmollin dans un ouvrage au titre provocateur, *Les psychopitres* (1972), où il a décrit les techniques psychologiques utilisées dans ce qu'on appelait alors la psychologie industrielle. Il a montré les «faiblesses intestines» qui ont marqué la sélection dès ses débuts, par son appui sur la notion d'aptitude, soit des caractéristiques plus ou moins stables de l'individu, alors qu'il s'agit de décrire des tâches qui ne sont pas des individus. Ainsi, la «dextérité manuelle» obtenue à un test n'informe pas sur le poste de bobineuse qui est un ensemble complexe de perceptions, raisonnements, gestes... La sélection à l'embauche ne devrait donc plus être fondée sur la découverte ambitieuse des aptitudes, mais sur la connaissance des attitudes et des expériences permettant de pronostiquer une réussite à une formation. Autre exemple : une formation qui ne pose pas au préalable une définition de ses objectifs. Elle ne peut d'ailleurs les atteindre que par une opération qui modifie le travail, donc l'organisation du travail dans l'entreprise, donc les rapports de forces internes et la politique de l'entreprise. Si bien que, souvent, «le psychologue de la formation se dérobe devant une définition des objectifs qui mettrait en cause les structures et les habitudes de travail : il préfère amuser et distraire avec d'innocents séminaires»[4]. Troisième exemple : vacuité de l'appréciation du personnel qui ne débouche jamais sur rien, mais qui donne l'impression de gérer le problème en évitant l'épreuve majeure du face à face avec le subordonné. L'appréciation est souvent un «jugement global indifférencié[5], fait à la dérobée, qui paraît un alibi, presque une malhonnêteté». Au lieu d'analyser le travail, on recueille des opinions sur des aptitudes (il est dynamique, adroit, etc.), ce qui est une façon de se donner un pouvoir sur autrui et de manifester un «intérêt morbide sur ce que les individus "sont" et non pour ce qu'ils font ou pourraient faire»[6]. S'ensuivent des notations dont on ne fait rien, qui renforcent la bureaucratisation des rapports humains et l'immobilisme de l'entreprise.

C'est dans cette ligne que s'est inscrite la réflexion de G. et S. Netchine (1975) à propos de la méthode des tests. Celle-ci a répondu à deux préoccupations : 1) la valeur passionnée accordée ou déniée à une organisation rationnelle de la société; 2) l'attitude face à la science comme porteuse de norme, de vérité parfois dogmatique ou devenue elle-même objet de réflexion avec évaluation de sa fonction sociale. Ces auteurs ont relevé l'inquiétude qu'a suscité dès le début la «psychotechnique» qui se réclamait de la science et montré la fonction sociale et politique de cette pratique en retraçant la façon dont la critique des tests est passée de la droite conservatrice à la gauche radicale au cours du XXe siècle.

De Binet à Piéron, il s'agissait de détecter et mesurer des aptitudes individuelles pour corriger les aléas de la répartition dans la hiérarchie sociale : les spiritualistes s'insurgent contre une mesure du psychisme, les psychologues expérimentalistes, qui s'attachent à découvrir les lois générales de l'esprit, rejettent la variation comme objet de science. Il apparut ensuite progressivement qu'une organisation rationnelle de la société par des techniques de sélection servaient préférentiellement les employeurs et renforçaient les inégalités : l'URSS de 1936 proscrit les tests par rejet des résultats psychométriques imputant une infériorité intellectuelle aux enfants issus des classes laborieuses, avec refus d'admettre une hérédité psychologique et une influence du milieu. R. Zazzo prend en 1955 la défense des tests au nom de la science et de l'objectivité en les ramenant à ce qu'ils sont : situer un individu dans un groupe défini. Les tests sont alors réexaminés, aux Etats-Unis et en Europe occidentale, au nom de leur validité extrinsèque (buts et utilisation) et intrinsèque : il s'agit d'améliorer les méthodes statistiques, les métriques, les méthodes factorielles. Ce qui permet de réviser certains constats dus à des biais culturels existant dans la construction des tests et à s'interroger sur les fondements théoriques de chaque instrument, qui constituent le principe de la variation mise en évidence par lui. La notion d'« aptitude » — caractéristique constitutionnelle — devient suspecte alors qu'elle représentait le pivot de l'ajustement entre démarche scientifique et projet d'application. Une nouvelle remise en cause vient cette fois de l'extérieur : quel est le rôle des institutions (scolaires, juridiques, psychiatriques) auxquelles la démarche psychologique est associée ? Quels sont les fondements de la cohérence des systèmes de représentation scientifique ? Il n'est plus possible de confondre les progrès : de la condition humaine, de la science, de la technique et de la production. On s'interroge sur la valeur accordée à la rationalisation proclamée de la société et on s'aperçoit que les ensembles scientifiques sont en continuité avec les systèmes de représentation et d'action d'une époque et d'une société. On se demande donc comment les tests sont façonnés, comment s'opèrent le découpage des objets, le choix des techniques, la construction des théories : « Comment c'est fait ? » et « Pourquoi c'est fait ? » sont deux questions liées.

Les auteurs prennent l'exemple des tests de niveau mental et scolaire : à partir des résultats, on conclut à des inadaptations qui font recommander des méthodes spécialisées. Et si c'était le système scolaire qui produisait l'inadaptation parce qu'il était inapproprié aux caractéristiques socioculturelles des enfants ? Le test lui-même réplique l'institution (classer, hiérarchiser), son contenu et sa passation apparentent l'examen psychologique à la situation scolaire. Le test est fait pour s'y ajuster. Il inscrit dans l'individu la responsabilité de ce qui résulte de son histoire (psychologisation) et favorise la constitution de notions qui sont promues concepts psychologiques alors qu'elles ne sont que des dimensions par rapport auxquelles des individus ont été classés : apparaît classée en nature une classification congruente à des faits variables selon les cultures (naturalisation). Le psychologue inscrit bien son action dans un champ politico-idéologique auquel il est impossible de soustraire sa réflexion et son action. « Aussi est-il inacceptable qu'il puisse jouer le rôle d'un rouage dans un système appliquant *"perinde ac cadaver"*[7] des procédés d'examen dont le choix et les effets échapperaient à son contrôle. Responsable de ses actes, il ne saurait se réfugier derrière l'alibi de l'expert; au centre de tous ces débats se trouve en effet le problème de l'extension des registres dans lesquels s'exerce l'action du psychologue »[8].

Les générations de tests se succèdent, remarque L. Villerbu vingt ans plus tard, parce que les explorations changent selon les époques. Dans un contexte d'urgences sociales ont été explorées l'intelligence et les conduites au travail (première génération, type Binet). Puis est venue l'hypothèse de la pathologie comme mode d'exploration de la conduite humaine (deuxième génération, type Wechsler-Bellevue). Enfin, le désir d'atteindre l'inobservable en vue de construire une épistémologie génétique (troisième génération, type Piaget). Il s'agit tantôt d'analyser la genèse et la constitution d'un état, tantôt de s'intéresser à la dynamique. « Tous ces tests sont liés à des projets de société comme à des défenses des conditions de travail et d'existence ; [...] plus une société définit sa clôture, plus elle affine un diagnostic d'orientation ; et plus elle conçoit sa condition comme temps et moment d'une histoire, plus elle développe l'évaluation des capacités de changement »[9]. A propos d'une notion telle que la projection, il note qu'elle peut servir selon les cas à étudier un processus de socialisation, servir une conception du développement ou appareiller une théorie psychanalytique. Il généralise : « La technologie asservie à un projet professionnel positive ses références ; l'ère thérapeutique développe l'analyse fantasmatique dans le temps où l'effort porté sur la socialisation développe les questions des identités. Les examens d'urgence, d'ordre judiciaire ou pédagogique, systématisent des aides symptomatiques à la décision dans des évaluations à facteurs combinés »[10].

Cette conscience aiguë que « toute pratique professionnelle d'intervention sociale s'inscrit dans des normes et des références collectives »[11] n'existe que chez certains psychologues. Le « point chaud du débat » est que la fonction sociale — affichée ou non — des tests ne peut être disjointe du contexte économique et politique, comme l'affirmait M. Moulin déjà en 1975, qui ajoutait : « Les psychologues se veulent "révélateurs des potentialités humaines"[12], leur code de déontologie leur prescrit de ne pas nuire ; il serait donc temps de repenser nos interventions afin de mettre davantage nos actes en accord avec nos paroles ». C'est dire que les controverses sur les tests sont exemplaires d'un dialogue entre des valeurs en conflit, conflit de valeurs qui existe au sein de la psychologie elle-même, ouvrant le débat éthique.

Il est notable que ce sont les psychologues sociaux et ceux qui s'occupent de la formation et du travail qui se soient le plus précocement et durablement interrogés sur les valeurs engagées dans leur activité, peut-être parce que leur spécialité les a contraint, plus que d'autres, à tenir compte de l'évolution sociale. Par exemple, constate G. de Landsheere (1994), la théorie de l'évaluation a progressé, on a perçu combien les évaluations normatives, informant sur la place occupée par un élève par rapport aux autres, sont peu utiles pour lui apprendre à progresser. Il vaut beaucoup mieux entretenir chez lui le désir d'apprendre, le savoir-faire et le savoir-être et en quoi consistent les écueils contre lesquels il se heurte : l'évaluation formative répond à ces besoins.

Sous la pression des changements sociaux, indique M. Huteau (1994), les attentes vis-à-vis des techniques d'évaluation sont différentes : on demande moins au psychologue des pronostics globaux de réussite (scolaire ou professionnelle) que de contribuer à cette réussite en évaluant finement ses capacités d'apprentissage et ses motivations. Par ailleurs, les modes de régulation de la vie sociale et des valeurs ont changé : déclin de la gestion autoritaire, accent mis sur la coordination des initiatives individuelles en vue d'une finalité commune, recul des valeurs collectives au profit des valeurs individuelles. Les évaluations psychologiques ne sont plus utilisées par le psychologue pour donner un conseil, mais utilisées par le sujet pour élaborer un projet, ce qui suppose que les informations fournies par l'évaluation soient assimilables par le sujet, pour ce qu'il en est de lui et de son avenir : le temps de la restitution devient tout à fait central. L'accent mis sur l'autonomie du sujet conduit à accorder une importance à l'auto-évaluation qui doit être assistée et peut lui permettre de prendre conscience de ses compétences.

C. Lemoine (2000) fait l'hypothèse que la standardisation des conditions de passation de tests induit un schéma de relation hiérarchique de type maître-élève et que la nécessité de consignes strictes évoque le modèle d'apprentissage par conditionnement. Dissocier les méthodes d'observation de ces schémas indique que des normes de référence évoluent, que la sensibilité à des valeurs telles que l'autonomie augmente. On cherche aujourd'hui à intégrer la capacité d'interagir du sujet au moment où l'on prélève des informations sur lui : c'est lui qui entreprend la démarche d'analyse et de bilan de compétences, accède à une forme d'auto-analyse avec le soutien d'un professionnel compétent, s'approprie les informations qu'il a lui-même fait émerger, « tire profit pour lui-même des processus qu'il a contribué à faire fonctionner », connaît donc plus finement sa propre conduite, « générant ainsi une attitude auto-informative ». Il s'agit dans tous ces cas de valoriser la place du sujet en lui permettant de participer à la construction des informations le concernant.

Dans le domaine du travail, où l'accroissement de la productivité devient un élément de compétition dans une économie globalisée et où l'existence du chômage suscite des efforts de réorientation, C. Lévy-Leboyer (1987) pense que l'évaluation des compétences et des potentiels continuera de croître et donc la nécessité d'avoir des tests fiables qui garantissent l'objectivité des résultats et l'égalité des chances. Mais elle ajoute que ceci n'implique pas que les tests soient utiles, c'est-à-dire qu'ils contribuent réellement à la prise de décisions, et elle se demande si les informations qu'ils apportent permettent de faire les bons choix, ceux qui contribuent au développement des individus et au bon fonctionnement des organisations[13].

L'interaction avec le politique est manifeste lorsqu'il s'agit des structures et des fins d'une société. Elle est moins lisible mais tout aussi présente lorsque des psychologues assurent la gestion sociale des inadaptations et des dysfonctionnements individuels et groupaux ou participent à divers systèmes de contrôle institutionnels : commission d'enseignement spécial, expertise judiciaire... Certains psychologues voient là d'insupportables contradictions[14]. Pour d'autres, l'acuité des conflits psychologiques affrontés en première ligne et la pression des besoins peuvent contribuer à mettre à distance les transformations qui peuvent affecter leurs interventions, même à leur insu. Le bruit du monde (et parfois ses lois) paraissent s'arrêter au seuil du service ou de l'institution, le huis-clos clinique réalisant une trompeuse mise hors du temps, que peut venir conforter l'utilisation laxiste de théorisations psychanalytiques.

La liaison des techniques au social est d'intensité variable. Les procédures imaginées pour discerner les stratégies cognitives ou explorer les déficits et les compensations de telle fonction, par exemple en neuropsychologie, ne sont que faiblement infiltrées par les valeurs sociales : elles sont présentes dans le dispositif, dans l'esprit du chercheur qui souhaite vérifier la justesse de ses idées ou du clinicien qui vise à établir un diagnostic. Dans d'autres cas, les valeurs sont constitutives des objets. L'exportation d'outils dans ces domaines devient douteuse et la transposition des modèles trouve ses limites. Nous en avons fait nous-même l'expérience en tentant d'appliquer en France un instrument d'évaluation de la famille (*The family assessment measure*, FAM III), outil nord-américain reconnu (1983) et déjà traduit dans plusieurs langues, mais dont les bases théoriques sont faibles. En fait, la «famille» renvoie à une réalité très différente dans les deux pays, qui ont cependant en commun un grand nombre d'autres valeurs. On ne peut impunément tirer un trait sur l'histoire et la culture qui, selon des choix qui leur sont propres, modèlent les individus et leur façon d'être ensemble. Ce qui n'empêche pas ledit outil d'être appliqué dans différents pays, comme si le modèle américain du nord était *le* modèle familial. La passation d'un outil produit toujours des résultats, mais rien ne prouve la pertinence de l'opération ni celle de l'éventuelle comparaison «interculturelle» qui peut s'ensuivre. Elle permet seulement d'activer pendant un temps la compétition entre pays développés communiquant en anglais jusqu'à épuisement du sujet, faute d'intérêt. Nous avons en mémoire les milliers d'articles publiés sur le rang de fratrie ou le pouvoir conjugal ou autre objet, un jour abandonnés parce qu'une critique sérieuse en marque l'arrêt ou que, répétitifs et inutiles, ils tombent en désuétude. Faut-il négliger cette déperdition comme étant inévitable ou augmenter nos exigences quant au choix et au traitement des objets? N'oublions pas que les idées engagent des actions qui modifient les hommes.

### 1.2. Le niveau psychologique

De telles possibilités de transformation de sens peuvent s'opérer sous la pression de besoins psychologiques. Dans l'ouvrage que J. Guillaumin a consacré en 1965 à l'examen psychologique, nous le voyons décrit comme un rapport de forces s'instaurant entre examinateur et examiné. La grille d'interprétation psychanalytique utilisée pour rendre compte de ce qui peut se passer entre les protagonistes au niveau inconscient met particulièrement en valeur le détournement dont cette situation peut faire l'objet. Guillaumin décrit[15] une relation «objectivement» sadomasochique, qui excite le voyeurisme de l'un et l'exhibitionnisme de l'autre; un psychologue autoritaire, furtif et manipulateur qui, sous le masque d'une aménité de commande (la neutralité bienveillante) vise à extraire des paroles d'un sujet, l'en déposséder, lui faire accepter les épreuves, expulser les contenus absorbés (la projection); un psychologue qui multiplie les techniques palliatives pour sauvegarder la coopération (avec un regard sur le chronomètre soustrait à la vue de l'examiné), qui instaure passagèrement une complicité leurrante à laquelle il met fin en signifiant à l'autre son congé. L'examiné réagit défensivement à cette rupture : annulation rétroactive, interprète l'auteur («il fait comme s'il ne s'était rien passé»), «négation qui est une formation réactionnelle» (il nie l'examen en s'intéressant en technicien aux épreuves subies), intellectualisation, identification à l'agresseur. J. Guillaumin écrit : «On peut tenir pour certain que les comportements du psychologue (et donc les fantasmes qui les animent) influent franchement sur les réactions du sujet»[16].

Car cette «sujétion fondamentale que comporte la situation d'examen» peut bien être l'occasion pour le psychologue de réaliser des fantasmes ou de satisfaire des pulsions partielles (perverses polymorphes selon la théorie), ou, à l'opposé, d'être un moyen de restituer à autrui une certaine connaissance de lui-même. Il s'agit alors, écrit J.B. Dupont trente ans plus tard, de «donner des informations précises sur l'ensemble de la procédure, d'agir avec tact et de restituer les résultats sans qu'il ne s'agisse jamais d'un constat d'enquête, mais bien plutôt d'une restitution de l'image d'une personne à cette personne elle-même... parce qu'il s'agit souvent d'aller au-delà d'une restitution fidèle — par des conseils, des recommandations, des suggestions, etc., bref par une "valeur ajoutée" au bénéfice de la personne»[17]. Ainsi, ce sont bien les intentions qui président au dispositif et les fantasmes qui sous-tendent et animent la relation qui transforment ou non le sujet en examiné-attaqué, qui a ensuite besoin de restaurer son narcissisme, égaliser la relation, échapper à l'emprise...

Cette situation peut être lue très différemment : J. Guillaumin l'analyse en termes psychosociologiques et en termes lewiniens. Dans le cadre de la théorie des rôles, l'examiné est décrit comme dépendant, cherchant son rôle à travers ce qu'il perçoit de celui du praticien (mage, voyeur, tortionnaire...), se le représentant imaginairement comme une autorité (parentale, magistrale, judiciaire, médicale). L'examinateur dépend, lui, de ses propres représentations de rôle, de ses attentes, de ses idéaux, de la façon dont ses collègues le perçoivent. Ces rôles se modifient au cours de l'examen du fait de l'irréalité de la situation et de sa dimension apparemment ludique. La fin de l'examen est aussi la fin du jeu, avec un décalage temporel lié à la différence d'implication. L'auteur insiste sur le caractère culturellement contingent de cette situation, de son absence possible de signification dans des structures sociohistoriques différentes et exprime des doutes concernant la constance et la stabilité de ses produits... «La *nature même de rôle d'examen* est profondément marqué du sceau de la contingence historique »[18]. C'est cependant la description en termes de psychologie du champ (1930-1947) de K. Lewin qui paraît indéniablement la plus proche de notre sensibilité actuelle. « Il s'est efforcé d'expliquer le fait psychologique dans un langage *authentiquement psychologique*», écrit J. Guillaumin[19], qui ne part que de la manière de voir du sujet, n'a d'autre substance que phénoménale et n'exige qu'une explication psychologique puisque dans le champ psychologique n'existe que du psychologique, que l'objectivation en termes de pulsions ou de rôles est refusée : il faut accéder authentiquement au sujet, observer ses comportements et, connaissant les conditions physiques et sociales, déterminer la direction des forces psychologiques.

Ceci laisse bien évidemment ouverte la question des fantasmes qui sous-tendent la relation et, pour ce qui est du psychologue, la tentation perverse qui peut guider son écoute, sa compréhension, sa pratique, parfois même en réponse à la provocation de son interlocuteur : « Mais, dites-moi donc, vous qui êtes psychologue, ce qu'il y a au fond de moi [...] Vous me regardez là [...] ça vous fait, tout de même, bien du plaisir, n'est-ce pas [...] Vous êtes le psychologue et moi je suis la malade [...] Comment pourriez-vous vous intéresser à moi si je n'étais pas pour vous un cas ? »[20] Et P. Fédida (1968) de conclure : « L'observation objective ne peut être que perverse par la façon [...] dont elle *abstrait* celui qui observe comme celui qui est observé [...] L'espoir de pouvoir voir sans être vu — mieux, de pouvoir observer et comprendre grâce à cela même qui met à l'abri des réactions de l'autre et qui protège de sa revendication du droit de voir — est présent dans tout le scientisme objectiviste et positiviste d'une certaine psychologie ».

Des besoins psychologiques de domination et d'emprise, des plaisirs voyeuristes ou sadiques, peuvent se satisfaire en infiltrant totalement le dispositif. Les techniques psychologiques sont aliénables au sens où elles peuvent ôter au sujet la libre disposition de lui-même au profit de buts qui lui sont étrangers.

Comment s'étonner de la question du philosophe : « Où veulent en venir les psychologues en faisant ce qu'ils font ? »

## 2. LA QUESTION DES VALEURS

La réponse à la seconde question concerne la nature de ce qui est ainsi produit. L'opération de transformation de sens ne s'effectue pas seulement au niveau du mode d'utilisation mais au sein de la technique elle-même, du fait des valeurs qui y sont intégrées.

Nous allons poser la question des valeurs en partant de l'exemple de l'évaluation psychologique fondée sur des tests, au motif que ceux-ci sont paradigmatiques en psychologie, même s'ils sont aujourd'hui largement utilisés par des non-psychologues[21]. Le testing est l'une des techniques psychologiques la moins obscure, la mieux explicitée, la plus objective, la plus construite, contrairement à l'entretien par exemple où, du fait même de la nature «intersubjective» de la relation, le psychologue se trouve être le seul à pouvoir contrôler l'action qu'il exerce (M. Reuchlin, 1971)[22]. Ce qui apparaîtra à propos du testing, de son projet et de son application n'en aura que plus de poids, puisque ce qui vaut pour une méthode aussi précise sera *a fortiori* valable pour une méthode qui l'est moins.

### 2.1. Les techniques d'évaluation psychologique

Les psychologues sont apparus sur la scène sociale par le biais des psychotechniques qui ont d'emblée suscité de vives critiques : elles affectent l'image de soi, autorisent des pronostics à partir de critères discutables, favorisent une classification rigide et définitive des individus[23]... En 1966, A. Anastasi balayait ces objections qui lui semblaient relever d'une mauvaise information du public souvent perpétuée par les psychologues eux-mêmes et affirmait que les vrais problèmes étaient ailleurs : détachement progressif du test (construction, validation, sophistication) de la science psychologique[24] du fait de la croissance de la psychologie elle-même, de l'inertie constitutionnelle des tests (il faut des années pour les élaborer, les valider et les éprouver) et aussi parce que les psychologues sont trop enclins à céder à la pression du public qui aime les raccourcis magiques et donc trop prompts à fabriquer des tests. Elle proposait de les améliorer de l'intérieur en s'intéressant avant toute intervention au niveau initial de l'individu, à la façon dont certaines fonctions se différencient plus que d'autres selon les expériences vécues (l'intelligence par exemple), en rapprochant entre elles des fonctions psychologiques telles que les aptitudes et les traits de personnalité, en tentant de mieux maîtriser les variables de l'environnement.

Selon la Commission Internationale des Tests (ITC), «le testing englobe une vaste étendue de procédures employées dans l'évaluation psychologique, professionnelle et pédagogique, peut inclure des procédures de mesure (*measurement*) de comportements normaux et anormaux ou dysfonctionnels; les procédures de testing sont normalement destinées à être administrées dans des conditions soigneusement contrôlées ou standardisées intégrant des protocoles systématiques de cotation. Ces procédures fournissent des mesures de performance et impliquent de produire des inférences à partir d'échantillons de comportement. Elles incluent aussi des procédures qui peuvent avoir pour résultat une classification qualitative ou un ordonnancement des personnes (par exemple en termes de types)» (ITC, 2001)[25]. L'APA (*American Psychological Association*) définit l'évaluation psychologique comme «un processus conceptuel de résolution de problèmes rassemblant des informations sûres, pertinentes sur un individu ou un groupe ou même une institution pour prendre des décisions avisées...»[26]. Elle requiert une connaissance des concepts psychométriques et une compétence dans un secteur de pratique professionnelle ou d'application. Elle n'est pas à la portée du profane et comporte toujours une partie «compréhensive» non psychométrique laissée à la libre initiative du psychologue.

Il s'agit donc de porter un jugement sur une personne en fonction de certains critères. La question éthique est donc au premier plan. De ce point de vue, M.H. Lavallard[27] a d'emblée mis en avant la responsabilité du psychologue : aucune épreuve n'est parfaitement fidèle et valide ; la décision à prendre porte sur une personne alors que les qualités de l'épreuve ont été établies sur des groupes. La responsabilité implique donc de s'intéresser à la particularité d'une individualité. Quant à l'objet, il est construit, car percevoir, c'est construire. L'activité d'évaluation consiste à recueillir des indices qui ne sont pas une réplique de la personne évaluée. Ces indices sont forcément sélectionnés car aucun regard ne peut saisir la totalité des informations. Ce sont donc les conceptions de l'évaluateur qui vont guider les indices qu'il retient comme les plus saillants. A partir d'eux, il porte un jugement sur un objet, implicite ou non (par exemple : cette personne souffre de conflits infantiles non dépassés). C'est donc une procédure de décision sous le risque car elle est influencée par les indices recueillis, par son coût, son utilité sachant que chacun recherche la consonance cognitive : rester en accord avec lui-même (s'en tenir à la première impression) et avec les autres. L'évaluation comporte donc une série de biais.

Quant au test, c'est une épreuve standardisée permettant de recueillir des indices pour fonder un jugement par comparaison implicite ou explicite. Un test doit être sensible, c'est-à-dire bien faire apparaître les différences entre individus, fidèle (au sens d'une stabilité des mesures, les mêmes épreuves appliquées aux mêmes personnes donnent les mêmes résultats) et valides, c'est-à-dire mesurer ce qu'ils sont censés mesurer. L'Association européenne pour l'évaluation psychologique reprend la définition de l'APA (1999) : «Le test est un dispositif évaluatif ou une procédure permettant d'obtenir un échantillon de comportement de l'examiné dans un domaine spécifique, qui est subséquemment évalué et noté selon un processus standardisé». Des membres de cette association (R. Fernandez-Ballesteros *et al.*, 2001)[28] commentent : «Le test est un instrument orienté vers la mesure, cherchant fréquemment à décrire ou à étudier des groupes ou des échantillons de personnes, exigeant une compétence spécifique pour son administration et impliquant des mesures pour recueillir les données».

L'article de présentation de J. Grégoire (2001) rend compte des transformations qui ont affecté ce domaine : de nouveaux secteurs scientifiques se sont développés (psychologie cognitive et neuropsychologie) avec des tests fondés sur des modèles théoriques plus solides, de nouvelles méthodes sont apparues (informatique), la notion ancienne d'aptitude a avantageusement cédé la place à celle de compétence, «ensemble de comportements que le sujet doit pouvoir mobiliser dans un contexte précis», qui change le regard du psychologue sur la réalité évaluée. Ce qui reste problématique, c'est le fossé existant entre connaissances théoriques et pratiques psychologiques dans le domaine de l'évaluation psychologique courante, par manque de collaboration entre chercheurs et praticiens. L'ordinateur permet d'appliquer certains modèles psychométriques, d'informatiser la correction et parfois la passation : le psychologue peut donc se consacrer au travail d'interprétation et de communication (où jouent les problèmes évoqués précédemment); certains sujets sont moins gênés pour réfléchir ou répondre s'ils ne sont pas sous le regard du psychologue, qui perd de ce fait en information (ce qui interroge l'«objectivité» du testing traditionnel). Ce sont évidemment les domaines de la personnalité et de la psychologie interculturelle qui posent les problèmes les plus délicats, puisque les variables construites (*constructs*)[29] y sont plus fragiles qu'ailleurs. Mis à part des domaines ciblés du fonctionnement psychologique (attention, mémoire, concept de soi...), où les progrès scientifiques ont permis de fonder théoriquement les tests de façon solide, les problèmes restent donc entiers. J. Grégoire le sait bien puisqu'il conclut que la qualité d'un examen psychologique dépend toujours en définitive du travail d'interprétation du psychologue et que pour améliorer l'évaluation, il faudrait améliorer la compétence du praticien et donc mieux connaître la façon dont il élabore ses hypothèses et formule ses jugements cliniques.

La ligne de défense des tests a été renforcée par la préoccupation déontologique. Utilisés correctement, ils sont une ressource pour le psychologue, écrivent Muniz *et al.* (2001). Ils permettent d'évaluer les personnes de façon égalitaire, sur le mérite plutôt que sur l'héritage (clan, famille, appartenance, lettre de recommandation) ou les jugements subjectifs de superviseurs ou d'enseignants. Ce sont des méthodes correctes pour juger autrui et l'on ne peut y renoncer simplement parce qu'ils sont l'objet d'un mésusage. Pour cela, il faut apprendre, informer et restreindre l'accès aux tests à ceux qui sont qualifiés pour les faire passer. Une déontologie de l'évaluation progresse dans de nombreux pays en s'attaquant de front à des problèmes difficiles : confidentialité, acceptabilité des tests de personnalité, etc. (J. Schlegel, 1994).

### 2.2. Les valeurs incorporées dans les instruments eux-mêmes

Des auteurs ont soulevé d'autres problèmes, tout aussi délicats. S. Messick (1980)[30] rappelle la distinction qu'il avait faite une quinzaine d'années auparavant entre 1) la question scientifique et technique de l'adéquation d'un test comme mesure d'une caractéristique qu'il est censé évaluer, à laquelle on peut répondre en montrant les propriétés psychométriques du test, spécialement la validité de son construit parce qu'il produit un fondement rationnel à la prédiction et à la pertinence et 2) la question éthique relative à l'emploi approprié du test pour l'application proposée dont la réponse requiert une justification de cet emploi en termes des conséquences sociales éventuelles liées à son utilisation, non seulement les coûts et bénéfices mais aussi les effets latéraux potentiels. Or, il s'avère que *les variables présentes dans une évaluation de la personnalité renvoient autant à des traits de personnalité qu'à des valeurs*. Par exemple, une mesure psychométrique du type «flexibilité *versus* rigidité» doit-elle être utilisée pour sélectionner à l'entrée d'une université si elle améliore de façon significative la prédiction de la moyenne des notes que les étudiants obtiendront ? Et si la direction de la prédiction favorise les étudiants rigides ? Qu'en est-il s'il s'agit d'une sélection à l'entrée d'une académie militaire ? Ou d'une faculté de médecine ? Qu'en est-il si les scores sont interprétés en termes de mesures de «confusion *versus* contrôle» ? Ou s'il existe de grandes différences de distribution selon les sexes ?

A partir de ce constat, S. Messick développe une réflexion stimulante pour montrer que la question des valeurs n'est pas limitée à l'évaluation de la personnalité, mais peut être étendue à toutes les mesures psychologiques parce que toutes portent, directement ou non, sur des caractéristiques humaines, des productions, des processus qui, de façon variable, sont porteurs de valeurs. La valeur paraît avoir une importance aussi cruciale que la validité qui est la pierre de touche avérée du testing. A.

Kaplan (1964)[31] n'avait-il pas signalé que les deux mots avaient la même racine, dérivant d'un terme qui signifie force ? La question des valeurs est inhérente à tout testing, qu'il soit psychologique ou pédagogique, référencé à des normes ou à des critères, qu'il soit un test d'aptitude fondé sur des variables construites ou un test d'exécution qui est un échantillon de comportement, qu'il soit une tâche commandée, une observation non intrusive ou quoi que ce soit. Mais la nature des valeurs peut différer d'une approche à l'autre selon ce qui est considéré comme désirable. Dans l'enseignement supérieur, par exemple, le modèle approprié n'est peut-être pas la continuité mais le développement et le changement, ce qui suggère que, dans de tels cas, on devrait craindre d'utiliser des procédures de sélection qui restreignent les possibilités des individus sur la base de leurs comportements actuels. Les « mesures » psychologiques entraînent des jugements de valeur à toutes les étapes du test : construction, analyse, interprétation, utilisation.

Pour S. Messick, il existe ainsi un jeu dynamique entre d'une part interprétation du test et implication de valeurs et, d'autre part, entre utilisation du test et conséquences sociales.

– La validité d'un test repose sur ce que l'on peut inférer des résultats obtenus au test. Elle est donc elle-même inférée, non mesurée, c'est-à-dire jugée comme marginale, adéquate ou insatisfaisante... Cette validité se décompose elle-même en différents types de validité qui peuvent être liés à des critères, des contenus ou à des variables construites comprenant des sous-catégories (14 selon lui) qui chacune délimite un aspect mais favorise aussi les confusions et aboutit à la sursimplification. C'est néanmoins la *validité des variables construites* qui lui paraît intégrer les autres validités, permettant de faire des hypothèses rationnelles à propos de relations pertinentes en théorie.

– Si, comme partie intégrante de l'ensemble du processus de validation, nous soupesons les conséquences actuelles et potentielles de nos pratiques de testing à la lumière des considérations de ce dont une société future peut avoir besoin ou peut désirer, alors la validité du test en vient à être fondée autant sur des bases éthiques que sur des bases d'évidence. Il s'agit d'évaluer les conséquences potentielles en termes de valeurs sociales en étant attentif aux possibles effets latéraux, souvent inattendus ; d'imaginer des procédures alternatives ou des contre-propositions comme, par exemple, de soupeser les conséquences sociales potentielles de l'utilisation du test proposé par rapport aux conséquences sociales potentielles de sa non-utilisation. Il faut pouvoir apprécier les différences de moyens entre des groupes de population variés relativement aux prédicteurs ou aux critères, car différents systèmes de sélection donnent des proportions différentes d'individus sélectionnés selon les groupes. Chaque système accorde une valeur ou une importance différente au fait même de sélectionner ou rejeter. Ces valeurs ne sont pas seulement fonction du critère de réussite désiré, mais aussi des attributs des individus ou des groupes désirés. Puisque ces différences de valeur existent, il serait nécessaire d'expliciter les valeurs sociales impliquées dans les mesures techniques. Mais cela ne résout pas le problème du choix que l'on fait entre elles et il devient difficile d'être sincère à l'égard des individus, de parler en termes d'équité entre les groupes et en termes de bénéfices et risques pour la société. On doit se contenter d'approximations successives.

— Les valeurs sociales sont sérieusement impliquées dans l'*interprétation* d'un test. Kaplan affirmait en 1964 : «Les données ne viennent qu'en réponse à des questions. La façon dont nous posons la question d'une part reflète nos valeurs et d'autre part nous aide à déterminer la réponse que nous obtenons»[32]. Les données sont toujours le résultat d'un processus d'interprétation. C'est ainsi qu'elles acquièrent une signification et ce mot même inclut une référence à des valeurs. Messick propose cet exemple : si un crime est vu comme une violation de l'ordre social, le mode sociétal de réponse est de chercher la correction qui est dérivée du contexte des valeurs de cette façon de voir. S'il est vu comme une violation de l'ordre moral, c'est l'expiation qui sera recherchée. S'il est interprété comme un signe de détresse, par exemple dans le cas d'une maladie mentale, l'évaluation se colore de compassion et d'aide.

L'élaboration d'un système de réalité et d'un système de valeurs se fait conjointement. Les faits ne sont pertinents que par rapport à des valeurs ; les valeurs ne sont applicables qu'à des configurations de faits[33]. Le terme d'«appréciation» rend compte de ce jugement conjuguant fait et valeur. Ce processus appréciatif est central dans l'interprétation du test, bien que typiquement latent.

— Les *variables construites* sont elles-mêmes connotées de valeurs provenant 1) de la tonalité évaluative attachée à leur dénomination ; 2) des connotations de valeur attachées à des théories plus larges (concernant l'individu, la vie psychique, la personnalité...) dans lesquelles elles sont intégrées ; 3) des idéologies encore plus vastes à propos de la nature de l'humanité, de la société, de la science... qui colorent notre vision du monde et notre interprétation du drame humain.

S. Messick se demande, par exemple, si une mesure appelée «inhibition *versus* impulsion» aurait des conséquences différentes si elle était nommée « auto-contrôle *versus* désinhibition ». Que deviendrait le « stress » si on l'appelait « défi » ? Et si nous ne présumions pas à l'avance qu'il est une chose mauvaise, pourrions-nous investiguer plus largement ses conséquences facilitantes ou débilitantes ? « En choisissant un *construct*, nous devrions nous efforcer à ce qu'il y ait une consistance entre le trait et les implications évaluatives du mot, pour tenter de capter aussi intimement que possible l'essence de l'apport théorique du *construct*, spécialement celui qui est fondé empiriquement, dans des termes qui reflètent ses connotations de valeur saillantes »[34]. Ce peut être difficile parce que de nombreux traits peuvent prêter à des interprétations de valeurs qui sont en conflit et, par conséquent, il faut examiner systématiquement les contre-hypothèses relatives aux valeurs qui résultent du test, si ce n'est pour atteindre une convergence au moins pour clarifier les bases du conflit où elles sont impliquées. Des théories rivales peuvent aussi souligner des implications de valeur différentes et conduire à des conflits entre théories non seulement en termes d'interprétation de trait, mais en termes d'interprétation de valeur. Selon Messick, le caractère le plus important d'un *construct* du point de vue de ses connotations de valeur est son envergure : plus elle est grande, plus il lui est difficile d'embrasser tous les traits critiques en une seule mesure. Lorsqu'on choisit l'envergure appropriée d'un *construct*, on est soumis à deux pressions contraires : simplification d'un côté, surgénéralisation de l'autre. A un extrême, on opte pour la sécurité apparente d'une terminologie descriptive en sacrifiant le pouvoir interprétatif ; à l'autre, pour l'apparente richesse de l'étiquette à haut niveau d'inférence (comme intelligence, créativité ou introversion) avec les dangers de connotations malignes et du retour imprévu de l'impérialisme conceptuel.

F.J. Landy (1986) reprend la question des variables construites, centrale en psychologie puisque presque tout est inobservable. Comme le testing n'a d'autre but que de produire des inférences, on pourrait imaginer que l'on cherche surtout à valider les inférences qui relient les résultats au test, par exemple la réussite au travail si le test était chargé de la prédire, et considérer le processus de validation comme n'étant ni plus ni moins qu'un simple test d'hypothèse : que les gens qui réussissent bien le test X feront bien le travail Y, soit $Y = f(X)$.

Un grand nombre de variables mesurées par les tests psychologiques sont construites (intelligence, aptitude, personnalité, jugement, fonctionnement psychique...) sur lesquels il y a, en définitive, très peu d'accord, alors même que les tests psychologiques prétendent les mesurer. En outre, la capacité qui s'exprime au cours d'un test est censée être la même, quels que soient les personnes, les dispositifs, les niveaux de motivation et d'anxiété. En réalité, la performance à un test est un point sur un continuum qui n'est pas directement observable, mais que l'on prétend éclairer en prélevant un échantillon de comportement et en faisant l'hypothèse qu'il varie en fonction de l'attribut sous-jacent. Les capacités cognitives ne sont pas observables : qu'un candidat identifie un objet rencontré préalablement n'est pas plus observable que de choisir une réponse parmi une série. «Choisir la bonne réponse rend-il le savoir observable?», interroge Landy. Si oui, la mémoire, le raisonnement, la compréhension verbale sont des observables. Mais comment peut-on distinguer alors la possession d'un corps d'informations (connaissances) et la compétence actuelle pour retrouver l'information préalablement enregistrée (mémoire)? Il en conclut que les psychologues doivent en finir avec la distinction artificielle entre comportement et processus mentaux et faire tous les efforts expérimentaux et empiriques pour soutenir les inférences à partir de résultats à des tests.

On peut examiner de ce point de vue un auto-questionnaire qui décrit la personnalité selon cinq dimensions : le «*Big Five*» (notons en passant la résonance sémantique), *extraversion* (sociabilité, besoin de compagnie, assurance, volubilité, activité contre introversion), *bienveillance accommodante* (confiance en autrui, altruisme, bienveillance à l'indifférence contre dureté, hostilité envers autrui), *caractère consciencieux* (responsable, organisé, soigneux, fiable, minutieux, persévérant, orienté vers la tâche, contre caractère scrupuleux et méticuleux), *stabilité émotionnelle* (contre anxiété, tendance dépressive, irritabilité, sentiment d'insécurité, réactivité émotionnelle, tendance à se focaliser sur des aspects négatifs de la réalité) et *ouverture* aux expériences (curiosité, imagination, ouverture culturelle, originalité, vivacité d'esprit, sensibilité esthétique...). Selon J.P. Rolland (1994), ce modèle a été validé par trente années de recherches internationales et constitue désormais une théorie de référence. Mise au point dans un contexte culturel et sémantique anglo-américain, cette structure en cinq facteurs semblerait exister aussi dans d'autres cultures : mais y a-t-il eu simple traduction de l'outil existant ou extraction d'items nouveaux issus de la culture concernée qui ne pouvaient cependant pas ignorer les premiers? Cette structure, fondée sur 55 items présentés au candidat avec demande de réponse sur une échelle en six points (de –3, «Ne me décrit absolument pas», à +3, «Me décrit tout à fait»), a été testée en France sur un échantillon de 285 sujets dont l'âge moyen était de 23 ans 7 mois (étudiants? en psychologie?). La validité des variables construites a été éprouvée par l'examen des relations entre les scores obtenus aux dimensions «extraversion» et «névrosisme» et celles du même nom mesurées par l'inventaire de personnalité d'Eysenck[35]. De même pour la désirabilité sociale des qualificatifs.

Indépendamment de la qualité de l'analyse qui a permis d'isoler ces dimensions — et nous faisons toute confiance aux spécialistes —, quelle est la nature de cet inventaire? Des traits de caractère? Des caractéristiques morales, psychologiques et psychopathologiques? Des critères d'adaptation sociale, des jugements normatifs sur la valeur des êtres et des conduites? Ce modèle, donné pour «théorie de la personnalité» — un *construct* des plus obscurs — dresse en fait une série de portraits qui prolongent le sens commun; il renforce les normes existantes avec une négativité qui correspond parfois, notons-le, à des traits psychopathologiques. Le marché anglophone des publications internationales peut favoriser implicitement «l'impressionnante convergence» des recherches, qui peut être encore renforcée si l'outil est protégé par un copyright, ce qui est probable. Transfiguré par la science, il peut devenir prescriptif. Quant aux dimensions retenues pour caractériser la «personnalité», ce sont celles de l'homme dont ont besoin les entreprises performantes, l'être groupal, «l'homme de l'organisation». Il s'agit de dégager le potentiel prédictif d'un individu dans le champ de la performance professionnelle. Les caractéristiques énoncées permettront-elles de discerner les personnes les plus efficaces dans l'emploi concerné? Quoi qu'il en soit, cet instrument produit un objet en même temps qu'il l'évalue et contribue à diffuser des valeurs.

## 2.3. Théories implicites et valeurs du psychologue

### *2.3.1. Les théories implicites*

Pour réduire la complexité de notre environnement, explique J.Ph. Leyens (1983), nous identifions ce qui nous entoure en l'ordonnant dans des catégories qui ont ensuite tendance à se maintenir. Les théories implicites ou naïves de la personnalité sont l'exemple d'une telle catégorisation : à notre insu, nous transportons en nous comme une matrice de corrélation de traits qui nous permet d'avoir une impression globale, forcément simplifiée, en vertu de laquelle nous procédons de façon totalement illégitime à des inférences concernant d'autres traits. Pour diverses raisons, le sens commun a tendance à attribuer des explications aux événements, des dispositions ou des intentions à autrui et à être spontanément convaincu du bien-fondé de ces attributions. Sous l'influence de «l'erreur fondamentale», qui consiste à surestimer dans l'explication la part propre de l'individu et à sous-estimer celle liée à la situation, nous mettons préférentiellement en cause la personne plutôt que les circonstances. Le psychologue se distingue-t-il en cela du sens commun?

Sa position d'observateur, ses conceptions théoriques, sa pratique prioritairement centrée sur la personnalité vont l'amener à se former une impression riche en connotations évaluatives, à avancer des explications en termes de personnalité, à établir des comparaisons qui ne le conduisent finalement pas beaucoup plus loin que le profane, tout en stabilisant et confortant sa vision du monde. Leyens montre que le coûteux système topographique de traits élaborés par Eysenck (*Eysenck Personality Inventory*, EPI) correspond aux modèles d'Hippocrate, Galien, Kant et Wundt, tout simplement parce que ce système correspond à la théorie implicite du profane. La structure de personnalité se trouve plus dans la tête de l'évaluateur que dans celle de l'évalué, la situation de « psychologisme » accentuant encore la réification et la stéréotypie du système.

Comment, sachant cela, pouvons-nous sérieusement prétendre évaluer « objectivement » quelqu'un? L'effet de la première impression nous ramène au paragraphe précédent. L'influence des informations reçues préalablement joue dans le sens étudié par J.W. Miller et P.M. Rowe (1967) : une évaluation fondée sur des éléments limités sera davantage influencée par une information défavorable que par une information favorable. Lors de l'évaluation, le psychologue est en première ligne tout au long du processus. J.B. Dupont (1970) a décrit la façon dont il se fixe un objectif, élabore professionnellement son intervention en fonction des résultats déjà acquis et interprète les réactions du sujet et les siennes propres en suivant une intuition qu'il corrige aussitôt, au plus près du réel. Dupont expose avec précision les péripéties de cette navigation à vue par approximations successives, approfondissant l'investigation d'un élément chaque fois que nécessaire, tout en étant constamment attentif à l'état psychologique du sujet (fatigabilité, besoin de confirmation, désir de réussite...). A ce recueil de réponses brutes enregistrées à l'aide de techniques s'ajoute l'observation directe du comportement du sujet : face à la tâche, dans la relation à l'examinateur, relativement à sa propre motivation (difficile à apprécier). Il s'agit d'une observation non interprétative, sachant cependant que la façon dont le psychologue intervient implique déjà une interprétation. Aussi, Dupont développe-t-il l'utilité d'une « clinique » des instruments, doublant les « métriques » habituelles. Le psychologue doit le plus possible individualiser son approche, différencier les propos que l'on peut enregistrer tels que ceux qui nécessitent un travail de déchiffrement, notamment lorsqu'il s'agit de remarques venant de l'entourage. Le psychologue ne doit pas omettre le temps d'auto-observation où il s'interroge sur son propre comportement, ses contre-attitudes émotionnelles et sur la façon dont la relation s'est instaurée et qui est indicatrice de celle que le sujet établit et développe en général (c'est le transfert). C'est dire combien le processus d'évaluation est une co-construction alimentée par les inférences successives du psychologue à partir de ce qui se joue dans la situation et la relation intersubjective.

### 2.3.2. Objectivité et valeur

Or, l'évaluation psychologique impliquerait l'objectivité, soit que les données issues d'un test soient aussi indépendantes que possible de l'examinateur qui le fait passer, le corrige et l'interprète. C'est la justification des procédures à l'aveugle exigées par les recherches qui visent à comparer entre eux les résultats de groupes traités différemment. Certains tests remplissent bien cette condition d'objectivité à toutes les étapes du testing mais ils ne sont qu'une partie de l'évaluation, d'autres sont au contraire très sensibles à la variable relationnelle et aux effets d'attribution. Les tests projectifs fondés sur l'interprétation cumulent les handicaps : celui des valeurs intégrées dans leurs construits et dans leur théorie de référence lorsqu'elle existe, celui des projections croisées entre le psychologue et son sujet, auxquelles s'ajoutent les projections du sujet sur le matériel telles qu'elles sont interprétées par le psychologue, souvent en rapport avec une dynamique psychique inconsciente inférée. Les solutions ont consisté à proposer des systèmes de cotation serrés et complexes, qui laissent néanmoins une marge de liberté interprétative importante, de repérer les répétitions formelles et structurelles qui puissent crédibiliser les hypothèses et d'analyser finement la dynamique relationnelle de la passation[36]. Cependant, plus la marge de liberté du psychologue augmente, plus on s'oriente vers la construction interprétative dont le psychologue est le seul garant, plus l'évaluation devient affaire de talent personnel, c'est-à-dire de savoir, expérience professionnelle, intuition, imagination, mobilisant les capacités perceptives et cognitives du psychologue, sa sensibilité, ses représentations, ses identifications et ses valeurs. Lorsque le clinicien « apprécie » le degré de résonance fantasmatique du matériel proposé à la projection, il s'appuie sur une série d'éléments disparates (informations, impression, capacité à faire des inférences, étalonnage implicite construit par son expérience...) avec des risques d'erreur non négligeable. C'est une enquête subtile et périlleuse.

Les projectivistes ne l'ignorent pas. Lorsqu'elle présente les quatre épreuves thématiques qu'elle utilise en clinique infantile (scéno test, CAT, PN et TAT), M. Boeckholt (1994) fait le choix, qu'elle nomme éthique, de privilégier tout au long de la passation la relation en aménageant les techniques à cet effet et non l'inverse : ce ne sont pas les thèmes qui comptent mais la façon de les aborder et les opérations défensives inconscientes dont ils sont la traduction manifeste. Option théorique, donc, qui laisse intacte la question éthique qui serait celle des valeurs sous-tendant l'évaluation. C'est parce que l'incertitude concernant la situation externe et interne est complète que la théorie devient si indispensable à la poursuite de l'activité. Les inférences seront dictées par la théorie de référence (ici la psychanalyse) et l'expérience du psychologue. Lorsque F. Brelet (1994) décrit la situation de passation du TAT, c'est en référence à une méthodologie interprétative psychanalytique qui s'attache autant à la fantasmatique œdipienne sollicitée par les planches qu'à la relation interprétée comme une séduction analysée sous le double versant objectal et narcissique. Elle, et les auteurs qu'elle cite, élabore ainsi une construction interprétative vraisemblable. Est-elle valide ? Elle est bornée par les limites de la théorie elle-même, mais aussi par l'incertitude sur la position transférentielle dans laquelle nous met autrui, par les frontières souvent floues entre l'externe de la situation et l'interne de la projection (y compris la sienne). Le psychologue n'est pas forcément le destinataire interchangeable imaginé et il existe des valeurs différentes et en conflit au sein de la psychanalyse elle-même. Songeons au fameux débat qui opposa entre eux des psychanalystes français dans les années 70 : la cure psychanalytique est-elle une construction nouvelle ou une recomposition du passé ? La question de l'objectivité n'avait pas lieu d'être présente dans les débats, ce qui n'est pas le cas lorsqu'il s'agit d'évaluer autrui.

L'évaluateur est celui qui choisit la procédure, produit des inférences et fournit des interprétations. Plus sa marge de liberté augmente, plus croît la probabilité de mettre en actes son propre système de représentations et de valeurs, quelque bon professionnel qu'il soit. Or, il est frappant de constater, au sein de cet immense domaine du relationnel auquel l'entretien «clinique» sert de figure emblématique, le déséquilibre existant entre les publications des évaluateurs et les documents et témoignages des évalués qui auraient certainement des choses à dire, en tant que consommateurs en quelque sorte. Egalement la quasi-absence de recherches sur la validité des hypothèses avancées par l'un concernant le fonctionnement psychique de l'autre. Or, il arrive que des psychanalystes révisent, en cours de cure, leur première impression (fondée théoriquement). Si des techniques ne sont pas objectives, peuvent-elles encore être utilisées pour évaluer la personnalité d'autrui ? Que font-elles d'autres ?

### 2.3.3. *Le statut donné à autrui*

Certains, qui ne s'embarrassent ni de tests, ni de théorie, répondent indirectement à cette question. B. Gangloff *et al.* (1994) ont recueilli des données auprès de deux recruteurs chargés de trouver trois « managers généralistes chefs de production » pour des usines d'un groupe papetier. Le profil exigé comprenait des caractéristiques professionnelles appréhendables par la lecture du curriculum vitae et des données de personnalité accessibles par entretien. Une fois le recrutement achevé, les auteurs ont constaté qu'un certain flou entourait les indices posés initialement comme requis et que les caractéristiques de personnalité n'avaient pas été définies de façon nette, mais étaient restées imprécises, dépendantes du recruteur et donc potentiellement instables. Pourquoi donc continuer à utiliser l'entretien ? Parce que, pensent-ils, on ne peut pas prouver que c'est un mauvais outil du fait même de ses lacunes. Le caractère instable des indices rend impossible toute réfutation probante des diagnostics auxquels il conduit. L'entretien déresponsabilise donc les recruteurs qui le pratiquent. Allant plus loin, les auteurs affirment que, quelle que soit la technique utilisée, les réponses des candidats sont toujours contextualisées, contexte constitué par les situations auxquelles il est fait référence dans les questions posées. Or, pour pouvoir affirmer qu'il évalue la personnalité profonde des candidats, le recruteur doit nier que les réponses sont contextualisées et donc instables : « Cette négation du contexte au profit d'une naturalisation, d'une psychologisation des réponses est un indispensable sans lequel on ne peut évaluer ». Ce déni n'est pas le fait des seuls recruteurs. Il interroge fondamentalement l'évaluation psychologique des personnes. Comment alors ne pas s'interroger sur sa légitimité ?

Nous avons vu[37] que l'éthique médicale pouvait être guidée par des valeurs antagonistes : la bienveillance, de tradition, qui implique la protection des personnes ou, sous la montée en puissance des valeurs éthiques, l'autonomie, qui est respect de leur liberté. Cette dernière valeur est très présente en psychologie dans les nouvelles façons[38] d'envisager l'évaluation, la formation continue, le bilan de compétences, l'orientation..., c'est-à-dire des domaines articulés au monde du travail et sensibles à l'évolution sociale. Alors que la protection caractérise souvent l'action dans le champ sanitaire et social. Les populations dont s'occupent certains psychologues (enfants, majeurs protégés, personnes malades ou déficientes..., dont l'autonomie est réduite) peuvent-elles favoriser le développement d'attitudes protectrices qui auraient tendance à s'étendre à d'autres populations ? Mais l'argument vaudrait pour les médecins. Par ailleurs, une idéologie thérapeutique a envahi la psychologie clinique qui tend à l'identifier au soin, même parfois lorsqu'il s'agit d'évaluation[39] : des personnes aussi différentes que des parents d'élèves, des adolescents en révolte, des détenus ou des chômeurs... qui ne viennent pas pour se faire traiter sont dénommés «patients», suggérant des sujets en traitement et des thérapeutes. Est-ce sous l'influence culturelle de la psychanalyse? Nombreux sont ceux qui ont acquis une formation personnelle dans le domaine du soin et qui adoptent les valeurs traditionnellement caractéristiques de la médecine. Cette protection semble parfois fonctionner comme valeur absolue, occultant les autres et aussi les problèmes que soulèvent des notions aussi délicates que normal, anormal, déficient, diagnostic psychologique, qui sont quotidiennement utilisés.

Résumons :

– l'observation est rapportée dans un langage qui utilise forcément des termes descriptifs-normatifs, qui vise la signification voire l'interprétation, que ce soit en termes d'aptitudes pour les uns, de dynamique inconsciente pour les autres... Ces caractéristiques sont parfois reprises dans la rédaction du compte rendu «dans un bel élan extrapolatoire allant du mini-comportement à un test aux caractéristiques de la conduite du sujet en tous lieux et en toutes circonstances» (M. Moulin, 1992)[40];

– on ne «mesure» pas telle ou telle dimension de la personnalité, même si le terme de mesure continue d'être employé en psychologie. On ne peut que définir des égalités ou des inégalités de résultats de mesure entre deux ou plusieurs personnes[41];

– les *constructs* qui fondent les tests sont fragiles, porteurs de significations parfois contradictoires et chargées de valeurs rarement explicitées. L'adaptation d'un outil à une culture différente de celle où il a pris naissance consiste généralement à traduire le test (items, consignes...), parfois modifier un contenu (proposer aux enfants musulmans de se projeter dans un mouton plutôt que dans un petit cochon), sans toucher aux valeurs associées au construit, perceptibles dans le modèle théorique ou les dimensions qui le fondent. Ladite «adaptation» suivie de validation assure donc implicitement la diffusion de ces valeurs et donc une interprétation de la réalité prise pour la réalité elle-même. Ce modelage diffuse les valeurs de ceux qui possèdent les moyens de communication;

– «l'expérience» (clinique), si souvent invoquée, réalise un étalonnage implicite fondé sur les cas rencontrés. Les psychologues sociaux nous ont informé de la force convaincante de l'expérience personnelle qui peut balayer toute autre forme de connaissance et fonctionner comme une théorisation absolue.

La croissance quasi-cancérigène des techniques évaluatives — preuve d'un marché international dynamique — donne à imaginer une fin prochaine par implosion. M. Moulin citait[42], en 1992, le chiffre de 1.184 tests en France, au sens d'épreuves étalonnées et fiables; auxquels s'ajoutent le démarquage clandestin des tests classiques, les traductions sauvages de tests étrangers, les inventions plus ou moins secrètes de psychologues qui refusent toute publicité par crainte de piratage ou pour des raisons moins avouables et enfin tous les tests de l'ombre, sans garantie aucune, qui circulent de bouche à oreille, apparaissent sur les écrans des internautes ou servent de jeu télévisé. Les préoccupations déontologiques récentes et insistantes (ITC, APA) relatives à l'évaluation sont un autre signe de l'ampleur du problème, qui échappe largement aux psychologues pour être un problème de société.

Il faut reconnaître que les techniques psychologiques — d'investigation, d'évaluation, de traitement — sont bien acceptées socialement, même si elles produisent des effets que personne ne contrôle. Mais elles paraissent inévitables : il faut gérer le personnel pour faire avancer l'économie, diagnostiquer pour pouvoir traiter. La caractérisation des êtres humains et la prévision de leurs comportements correspond au besoin actuel de prédiction qui alimente la modernité dans d'autres domaines. Elles participent à un langage social où domine l'idée d'efficacité.

Techniques bien acceptées mais toujours soupçonnées parce qu'elles sont aliénables. Nous avons choisi l'évaluation psychologique à titre d'exemple, au motif que, lorsqu'elle est déontologiquement correcte, elle s'appuie sur des instruments qui sont parmi les plus travaillés. Les questions éthiques soulevées à son propos se poseront de façon encore plus aiguë lorsqu'il s'agira de techniques plus floues ou qui reposent essentiellement sur le talent du praticien. Mais toute technique psychologique est aliénable : proposer à un enfant de dessiner peut être un échappatoire à la relation ou à une façon de s'y engager; sa production peut être interprétée de façon pertinente ou abusive. C'est dire qu'une même technique peut contribuer à objectiver autrui, le mortifier, le manipuler, le faire disparaître, renforcer sa dépendance aux signaux ou augmenter son autonomie, lui redonner du pouvoir sur lui-même, rendre ce qui lui appartient, le grandir en quelque sorte.

Les techniques psychologiques interrogent le statut de la connaissance obtenue par ces moyens et la place qu'y tient le sujet. Force est de constater qu'elles promeuvent une certaine vision de l'homme. Celle-ci n'a plus pour axe central l'homme lui-même, mais bien les approches scientifiques et techniques qui proposent aujourd'hui cette traduction de l'humain. Cette vision est généralement décontextualisée ou infiltrée de variables parasites insuffisamment analysées ou simplement inaccessibles.

L'idée d'observer ou de tester un sujet au cours d'expériences scientifiques ou pour des buts pratiques est récente. K. Danziger (1990)[43] a montré que cette idée n'était pas évidente dans les débuts de l'expérimentation en laboratoire sur l'esprit humain, que les premiers sujets d'expérience ont souvent été les expérimentateurs eux-mêmes et que ce n'est que progressivement que s'est édifiée une psychologie objective où le sujet a été pensé comme un objet séparé de l'expérimentateur. Cette pratique s'est ensuite étendue et appliquée au monde de l'entreprise, de l'enseignement, du soin. Les personnes sont devenues des sujets à tester, avec comparaison des performances individuelles et possibilité d'être ordonnées en référence à des normes statistiques. « L'essentiel, remarque I. Hacking, n'est pas ce que les tests nous disent à chacun, mais plutôt dans le fait que chacun est devenu un sujet propre à être testé. » Ces méthodes ont produit un certain type de connaissances, utiles pour rationaliser des techniques de contrôle social dans certains contextes institutionnels. Avec le risque, pour la partie de la psychologie qui s'est consacrée à la production de ce genre de connaissances, de se transformer en « science administrative » (Dantziger). Preuve que ce ne sont pas seulement les techniques, mais la science psychologique elle-même qui est aliénable.

Quelles solutions ?

Puisque les techniques sont aujourd'hui incontournables, ne pourrait-on pas traiter conjointement la question de leur validité et celle des valeurs incorporées à la théorie qui les inspirent ou sous-jacentes à leur application ? Soit prendre au sérieux le couplage des deux questions « Comment c'est fait » et « Pourquoi c'est fait » en tentant d'y répondre. C'est un terrain largement en friche, comme si on persistait à croire en la désincarnation de la science, croyance en voie de disparition, mais dont les rejetons apparaissent dans l'instrumentation. Peut-être pourrait-on également lutter contre l'instrumentalisation des théories : la théorie de l'attachement s'enclôt dans la « situation étrange » et autres questionnaires, la théorie de l'esprit s'opérationnalise dans des successions de vignettes ou d'images proposées au sujet où le processus cognitif est inféré et l'impact émotionnel ignoré. Les techniques en ce cas semblent se nourrir d'une théorie qu'elles vident de sa substance en niant sa complexité. Enfin, ne faudrait-il pas compenser les dangers de la psychologisation par une contextualisation systématique des observations :

«expliquer» le suicide en prison en multipliant les mesures de dépression du sujet suicidant sans porter attention au contexte relationnel, institutionnel ou social où il survient : les êtres humains ne vivent pas en-dehors de leur existence.

Ces solutions trouvent cependant leurs limites lorsqu'elles rencontrent des besoins psychologiques et sociaux qui se satisfont à travers leurs applications.

NOTES

[1] Page 151. Après l'Ecole Normale Supérieure, M. Foucault obtint la licence de psychologie (1949), puis l'agrégation de philosophie (1951), les diplômes de psychopathologie (1952) et de psychologie expérimentale (1953) de l'Institut de Psychologie de Paris, exerça les fonctions de psychologue dans le service du Professeur Delay (1951-1952) et devint assistant de psychologie à la Faculté des Lettres de Lille (1952-1955).
[2] *Op. cit.*, 1971, p. 199.
[3] Il y a 50 ans, on enseignait qu'il fallait rendre exhaustivement compte des résultats au tiers commanditaire sans en informer le sujet (le psychologue au service de la société). Aujourd'hui, la déontologie exige un consentement *éclairé* préalable à toute passation et réduit la réponse au tiers à la question qu'il a posée (le psychologue au service de la personne).
[4] Page 138.
[5] L'auteur suggère de remplacer tout formulaire d'appréciation par un choix entre trois catégories valables pour tous les cas : «c'est un type très bien», «ça va», «je ne peux pas le sentir».
[6] Page 125.
[7] Comme un cadavre. Expression par laquelle Saint Ignace de Loyola, dans ses Constitutions, prescrit aux jésuites la discipline et l'obéissance à leurs supérieurs réserve faite des cas que la conscience défend (*Petit Larousse illustré*, Paris, 1918, 147e éd.).
[8] Page 54.
[9] Page 372.
[10] Page 374.
[11] *Ethique des pratiques sociales et déontologie des travailleurs sociaux*, p. 131.
[12] Décret n° 91-129 du 31/10/91 portant sur le statut particulier des psychologues de la fonction publique hospitalière. Titre 1er Art. II : «[Les psychologues...] étudient et traitent, au travers d'une démarche professionnelle propre, les rapports réciproques entre la vie psychique et les comportements individuels et collectifs afin de promouvoir l'autonomie de la personnalité».
[13] Page 477.
[14] *Cf.* p. 34-35.
[15] Pages 116-125.
[16] Page 125.
[17] J.B. Dupont (1993), p. 277.
[18] Page 165, souligné par lui.

[19] Page 187.
[20] Pages 921-925.
[21] Enquête de la FEAP, 2001 : les utilisateurs de tests sont en majorité (86,3 %) non-psychologues. G. Bartram (2001), p. 39.
[22] Page 237.
[23] On trouvera une synthèse des critiques relatives aux tests individuels dans Moulin (1992), 169-179.
[24] Ce qui n'est aujourd'hui que partiellement vrai.
[25] Page 96. C'est nous qui traduisons. Nous remercions J. Schlegel de nous avoir communiqué cette documentation.
[26] S.M. Turner *et al.*, page 1100. C'est nous qui traduisons.
[27] Cours du 9/1/1996 et 2000.
[28] Page 188. C'est nous qui traduisons.
[29] Le *construct* (variables construites) est un trait (ou une caractéristique) choisi ou créé pour organiser l'expérience dans des énoncés généraux et destiné à être validé par des stratégies de confirmation ou disconfirmation (exemple : l'intelligence, la personnalité...).
[30] Educational Testing Service, Princeton, New Jersey. C'est nous qui traduisons.
[31] *The conduct of inquiry : methodology for behavioural Science*, San Francisco, Chandler, cité par S. Messick, p. 1013.
[32] Cité par Messick, *op. cit.*, p. 1021.
[33] Vickers, cité par Messick, p. 1021.
[34] *Id.*, p. 1022.
[35] *Cf.* page suivante.
[36] *Cf.* le minutieux travail de M.M. Christe-Luterbacher et R. Christe (1991) sur la transformation d'une parole vivante en sa représentation dans ce cadre particulier.
[37] *Cf.* p. 49.
[38] *Cf.* p. 98.
[39] *Cf.* cette psychologue qui écrit : «L'examen psychologique doit pouvoir être proposé dans un contexte de plusieurs entretiens, voire d'un suivi». C'est ignorer ce qu'est un test (une épreuve standardisée) et sa fonction (assurer l'équité).
[40] Page 25.
[41] M. Moulin, p. 35.
[42] *Id.*, p. 92.
[43] Cité par I. Hacking, 2001, p. 76-79.

# Chapitre 4
# Savoir et savoir-faire : formation, transmission

Classiquement, les chercheurs produisent du savoir que les enseignants transmettent, charge à eux de décerner ensuite aux étudiants des diplômes qui certifient le niveau acquis. Les techniques sont vues comme des applications de la science et le praticien considéré comme chargé de ces applications, assigné à un second rôle.

La psychologie s'est alignée à ses débuts (1960) sur ce modèle dominant perçu comme légitime jusqu'à ce que l'entrée en masse des étudiants à l'Université (1970), entraînant cinq ans plus tard un accroissement considérable des psychologues sur le terrain et une diversification des pratiques psychologiques en rapport avec l'évolution sociale, le remette en cause. Certains ont découvert que la pratique elle-même était source de connaissances, de celles que l'on construit au contact de la réalité, et qu'elle pouvait engendrer sa propre épistémologie et sa proche recherche.

Comme la pratique professionnelle des psychologues à laquelle conduit la formation dans 95 % des cas s'exerce principalement dans le domaine de la santé et de l'éducation (70 % des psychologues français), nous nous intéresserons cette fois au cas particulier de la formation des psychologues qui travaillent dans ces champs. Celle-ci s'est édifiée au coup par coup, sans qu'aient été précisés les objectifs qu'elle servait : il n'y a pas eu, à notre connaissance, d'analyse des fonctions auxquelles il fallait préparer les futurs professionnels. La loi de 1985 en France protège le titre mais non l'exercice, aux motifs que sa définition était alors problématique et que, prématurément posée, elle risquait de figer une situation encore instable.

La pratique actuelle, pour des raisons multiples où la demande sociale joue un rôle important, s'est décentrée de l'évaluation vers l'accompagnement et le soin (suivi, soutien, conseil, guidance, psychothérapie, coaching...). Cette évolution n'a pas entraîné une réévaluation de la formation. Ce vide a été comblé en France par la psychanalyse, comme théorie, idéologie[1], formation et pratique, se substituant parfois aux autres connaissances et modes de formation.

## 1. SAVOIR ET SAVOIR-FAIRE

Traditionnellement, la psychologie est un corps de savoirs qui s'acquiert généralement à l'Université. Le code de déontologie des psychologues indique, à l'article 28 : «L'enseignement présente les différents champs d'étude de la psychologie, ainsi que la pluralité des cadres théoriques, des méthodes et des pratiques, dans un souci de mise en perspective et de confrontation critique. Il bannit nécessairement l'endoctrinement et le sectarisme». Le savoir est un étayage, «une bibliothèque immense dans laquelle on puise» (L. Bessis), «un domaine dont on ne connaît pas les limites, un réservoir de possibles» (B. Matalon). Les études supérieures servent surtout à apprendre où trouver le savoir, étant entendu que nous y incluons les méthodes qui ont contribué à l'édifier et les techniques qui en sont parfois les applications. Dans cette perspective, plus le savoir est précis, meilleure peut être la pratique car elle est désengagée, autant que faire se peut, de sa gangue idéologique. C'est donc des savoirs précis dont il faut comprendre les fondements que les étudiants doivent apprendre, pour devenir des psychologues compétents.

### 1.1. Savoir et pratique

Cette vision traditionnelle du savoir produit par la recherche guidant la pratique a parfois été élevé au rang de principe éthique : non seulement les praticiens dont l'exercice n'est pas guidé par la recherche offriraient un service de moindre qualité, mais ils seraient aussi des cliniciens moins honnêtes. Ce contre quoi G. Stricker (1992) s'insurge :

1) il n'est pas contraire à l'éthique de pratiquer en l'absence de connaissances spécifiques puisque celles-ci sont de toute façon encore limitées et que toute initiative en serait paralysée. Les patients sont suffisamment différents pour interdire toute approche rigide. Mais, explique-t-il, il serait préoccupant qu'un clinicien ne songe pas à l'emploi de techniques comportementales pour traiter des problèmes circonscrits, comme la phobie ou l'énurésie, à l'utilisation de techniques exploratoires dans le cas de problèmes existentiels et à l'emploi de médicaments dans le cas de troubles de l'humeur ou de troubles psychiatriques. Nous ne sommes pas compétents pour tout, et il est éthique de se référer à ceux qui le sont davantage en cas de nécessité ;

2) l'effet de la recherche sur la pratique est indirect : la recherche oblige le clinicien à réfléchir de façon critique, à estimer la valeur des observations empiriques et poursuivre des buts thérapeutiques réalistes. L'existence de résultats de recherche peut promouvoir le scepticisme thérapeu-

tique et stimuler une quête de vérité qui est saine dans la pratique professionnelle.

Selon G. Stricker, la relation entre recherche et pratique est sous-tendue par une dépendance mutuelle à un corps systématique de connaissances, ce qui permet au praticien de les maintenir et les accroître et impose au chercheur de les étendre. Aussi prône-t-il de n'écarter aucun problème et de maintenir une variété d'approches méthodologiques offrant des possibilités de choix. De plus, comme les généralisations issues de la recherche ne peuvent être étendues très loin des conditions qui les ont produites, il faut faire en sorte que le professionnel contribue à la recherche en pratiquant des «observations locales intensives» qui puissent apporter un éclairage nouveau sur un fait connu mais modifié par les conditions locales.

Cependant, la pratique, soit l'exercice professionnel en situation réelle, n'est pas épuisée par le savoir existant, toujours partiel, et, dans de nombreuses sciences, les pratiques n'ont souvent pas de rapport avec ce qui a été appris. Il y a loin des sciences médicales enseignées dans les facultés de médecine au savoir du généraliste en cours d'exercice. Mais que serait la médecine si ces sciences n'étaient pas enseignées ? Un savoir peu affermi favorise les positions de pouvoir et les arguments d'autorité. Par ailleurs, la science psychologique positive n'est pas le seul fonds d'où ont été tirées les connaissances psychologiques : romanciers et dramaturges, poètes et artistes, politiques, historiens et biographes, mythologues, linguistes... en ont fourni la preuve depuis des siècles.

Aujourd'hui, la pratique professionnelle diversifiée des psychologues commence à émerger comme une source de connaissances socialement respectables, sous la pression de l'intérêt contemporain pour les connaissances concrètes, du déplacement de l'activité des psychologues de l'évaluation vers le soin, de la prise de conscience que l'exercice professionnel du psychologue est parfois très éloigné des contenus et méthodes enseignés dans les universités. Pour ne prendre qu'un exemple, les protocoles d'examen psychologique offerts à la réflexion de l'étudiant prennent rarement en compte la relation entre psychologue et sujet, qui cependant joue un rôle dans les résultats obtenus. La façon dont l'étudiant argumente ensuite son évaluation permet de s'assurer des connaissances acquises, mais sera parfois très éloignée des exigences professionnelles qui impliquent une économie de parole et d'écrit à l'égard de ses interlocuteurs et une mise à disposition utile et adaptée de ses résultats au sujet. Ce double apprentissage n'est pas toujours réalisé. La psychologie académique peut-elle remplir ces fonctions ou faut-il résolument faire appel au savoir issu de l'expérience, c'est-à-dire à l'exercice professionnel dans la réalité?

Selon L.T. Hoshmand et D.E. Polkinghorne (1992), les modes de connaissance traditionnels, jusqu'ici considérés comme seuls légitimes, devraient être intégrés aux modes de connaissance issus de la pratique, fondés sur l'observation intensive et la description compréhensive, de façon à ce que les processus de connaissance issus de ces deux domaines puissent déboucher sur une nouvelle conception de la psychologie comme *science humaine de la pratique* (*human science of practice*). Une telle intégration éroderait l'attitude antiscientifique de nombreux praticiens, libèrerait la pratique professionnelle de sa position ancillaire par rapport à la recherche scientifique et engagerait les étudiants dans une culture de recherche qui ne reposerait pas seulement sur le modèle scientifique dominant mais également sur des attitudes, valeurs et habiletés professionnelles. En l'absence d'une telle intégration, commente D. Schön (1983)[2], les professionnels se confinent souvent dans des pratiques techniques étroites ou dans une catégorie limitée de problèmes en développant des modèles formels qui sont très éloignés des contextes complexes et incertains de la pratique. Or, le psychologue sera de plus en plus amené à posséder un niveau élevé d'expertise professionnelle pour affronter les défis renouvelés qui se posent à lui dans une société en mutation.

L.T. Hoshmand et D.E. Polkinghorne se situent dans une perspective «postmoderne» : il s'agit d'intégrer le savoir et les théories aux habiletés et compétences professionnelles en s'intéressant aux processus cognitifs variés qui s'appliquent aux phénomènes psychologiques particuliers et réguliers situés dans leurs contextes. La preuve n'est en effet pas apportée par l'exactitude de la correspondance entre modèle et réalité, mais par la capacité du modèle à guider l'action : il s'agit de procéder à un test pragmatique et non à une opération logique, selon H. Margolis (1987)[3]. Dans ce cas, la pratique n'est plus une application des résultats scientifiques, mais un terrain de développement de connaissances à travers des processus de raisonnement visant à tester pragmatiquement les prétentions du savoir. Cette intégration ne saurait se faire si les praticiens continuent de penser que le savoir académique est la seule source de savoir et que les efforts organisés de la recherche sont les seuls moyens de vérifier des hypothèses.

Ces auteurs, et tous ceux qu'ils citent, insistent sur l'érosion des principes qui sous-tendent le modèle positiviste de la connaissance depuis qu'a été compris qu'une partie des connaissances résultait non seulement de l'accumulation des savoirs mais aussi de la rencontre des constructions humaines avec la réalité. Que le raisonnement scientifique n'était pas universel, ni un mode supérieur de pensée, mais un reflet de valeurs particulières, «européennes et masculines». Qu'il existe des références individuelles et sociales dans la construction de la science, résultant de multiples formes de rationalité. La logique mathématique est un des nombreux langages possibles utilisable en psychologie, mais elle ne supprime pas le langage de la conscience et de l'expérience ou l'utilisation du récit comme source de significations. Puisque les praticiens ont compris que ce sont les différences contextuelles qui déterminent l'usage approprié des méthodes dans la pratique, les chercheurs ont à reconnaître l'instabilité contextuelle de leurs théories et la nature relative de leurs résultats de recherche.

L'épistémologie de la pratique professionnelle commence à être travaillée. H.L. Dreyfus et S.E. Dreyfus (1986) ont décrit cinq étapes dans l'acquisition des connaissances pratiques et le type de processus cognitifs utilisés à chacun de ces niveaux : de la première étape — le praticien débutant — où la source du savoir est principalement externe, la pratique consistant à appliquer des règles et des procédures dérivées de l'apprentissage académique, à la cinquième — le praticien expérimenté — où la source du savoir est son expérience[4], sa pratique impliquant une compréhension de la singularité d'une situation. L'épistémologie de la pratique pourrait donc s'inspirer de l'expérience des praticiens plutôt que de règles extérieures. Les principes organisateurs peuvent s'appeler modèles, cadres, schémas, scripts, théories au travail... dans lesquels les intentions sont revues et ajustées à la lumière des expériences professionnelles et de la réflexion. D. Schön a décrit cette capacité à s'engager dans une «réflexion en action» comme étant celle de garder vivante une multiplicité de vues de la situation en cours d'action.

Dans le chapitre d'un ouvrage publié la même année, D. Polkinghorne (1992) soutient que la psychologie pratique qui a grandi à l'ombre de la psychologie académique est une science postmoderne au sens où elle ne s'occupe pas des lois générales du comportement humain, mais est centrée sur l'action pragmatique au service de la santé mentale et du développement personnel. L'épistémologie postmoderne, inspirée ici des travaux de J. Derrida et F. Lyotard, met en avant quatre éléments : 1) *l'absence de fondements* sur lesquels bâtir la connaissance puisque nous ne pouvons échapper aux limites de notre expérience et que celle-ci est toujours filtrée par des schèmes interprétatifs, des affirmations culturelles, des jeux de langage et sous la dépendance d'éléments biologiques; 2) *le réel*, accumulation fragmentée d'éléments disparates et singuliers, chaque mouvement résultant de la rencontre unique de forces multiples en ces temps et lieu, chaque système linguistique ayant sa propre façon de distordre et de construire l'expérience; 3) *l'expérience humaine* qui consiste à construire le réel de façon à faire naître un monde organisé et signifiant; 4) *le néopragmatisme*, déplaçant le lieu de la connaissance, de la tentative de décrire la réalité comme elle est en elle-même (la connaissance théorique, connaître *quoi*) vers un programme de description d'actions qui sont effectivement parvenues à leurs buts (la connaissance pratique, connaître *comment*[5]). Exemple trivial : la connaissance pragmatique préfère comprendre comment on fait de la bicyclette plutôt que de connaître les lois de la nature qui permettent à la bicyclette de rester verticale.

D. Polkinghorne applique ces éléments à la pratique clinique telle qu'elle ressort de douze entretiens avec des psychologues expérimentés, quatre ouvrages et les recommandations de l'APA (*American Psychological Association*).

1) *L'absence de fondement* : le grand nombre de théories existantes montre à l'évidence qu'aucune n'est la bonne. Le praticien les utilise comme des modèles, des métaphores, des systèmes conceptuels qui attirent son attention sur des aspects différents du comportement humain et fait de sa propre expérience la source de son savoir. Celui-ci résulte d'interactions accumulées avec lui-même et avec ses sujets, modèles qui se sont imposés à travers le continuum changeant des phénomènes psychologiques. Pour lui, il s'agit de «comment faire» plutôt que «quoi savoir». Ses processus émotionnels et intellectuels produisent le fonds de connaissances qui informe son action clinique.

2) *La fragmentation du réel* : chaque patient est unique, les schèmes interprétatifs que chacun développe dépendent de son environnement culturel et de son histoire personnelle. La construction signifiante change d'une séance à l'autre, comportant donc des incertitudes et exigeant une ouverture à une compréhension toujours ouverte du patient. La même action thérapeutique ne produit pas la même réponse chez tous et ce résultat est imprévisible car la connaissance d'un patient résulte toujours de la rencontre avec lui. Il n'existe pas de grandes théories de l'expérience humaine mais seulement des fragments de compréhension développés à chaque rencontre, qui peuvent s'agréger en micro-théories permettant de fournir ultérieurement des indications.

3) *Constructivisme* : l'expérience que le clinicien a de son patient est nécessairement dépendante de l'appareil conceptuel utilisé par le clini-

cien. La confiance exclusive en une théorie particulière sert à limiter sa compréhension aux aspects privilégiés par la théorie à laquelle il se réfère. Le corps de connaissances du psychologue praticien n'est pas « vrai » au sens où il correspondrait à une réalité indépendante. C'est plutôt une collection d'études de cas et de microgénéralisations qui peuvent servir de modèles de compréhension.

4) *Néopragmatisme* : le but d'un traitement est d'aider les patients à dépasser leur détresse psychologique et à gagner un pouvoir et une liberté personnelle. On sait aujourd'hui que la psychothérapie est bénéfique, qu'une amélioration peut être atteinte par une variété d'approches et que les thérapeutes sont davantage guidés par les réponses de leurs patients à leurs interventions que par les directives d'une position théorique.

Ces propositions sont toutes discutables mais elles soutiennent la psychologie comme savoir pratique visant non ce qu'il est correct de faire, mais ce qui est utile au patient.

## 1.2. Savoir, savoir-faire et éthique

Situer la psychologie comme science humaine de la pratique, c'est l'exposer à être pleinement concernée par l'éthique, « inscrite dans les mœurs » (L. Sève), dans la contingence du monde (H. Parizeau), éthique séculière (S. Rameix), liée au « caractère en situation » (O. Flanagan). Chez certains auteurs, cette inscription évacue sa référence morale. Ainsi, M. Henry[6] distingue une éthique normative qui assigne des fins, des normes et des valeurs à l'action et une éthique de la praxis, enracinée dans la vie, qui confère une valeur aux choses parce qu'elle s'éprouve elle-même comme valeur absolue : persévérer dans son être et l'accroître non par l'effet d'une volonté, mais pour rendre les actions de cet être possibles, pour que la vie accomplisse son essence ; approfondir ce mouvement qui est la vraie nature de la culture pour la comprendre et par là-même comprendre la barbarie qui en procède aussi, qui en est le déclin, le dépérissement, la négation de la vie[7].

C'est également la position du neurobiologiste F.J. Varela (1996) : il s'agit de comprendre ce que c'est qu'*être* bon plutôt que d'avoir un *jugement* correct dans une situation particulière, savoir ce qu'est le bien et le faire spontanément en face des événements. Nos connaissances sont essentiellement concrètes, écrit-il, incarnées, vécues, contextualisées et nous fonctionnons toujours dans l'urgence d'une situation donnée. La manière dont nous nous manifestons est indissociable de la manière dont les choses et autrui nous apparaissent, qui sont historiquement constituées et dépendantes du sujet percevant. L'expert en éthique est l'agent compétent qui choisit délibérément ses préceptes et participe pleinement à la société. Ce qui implique une reconsidération du savoir-faire et du savoir, qui sont aussi différents que la capacité à faire face l'est de la connaissance intentionnelle ou des jugements rationnels. Il se réfère aussi à J. Dewey, mais également à la phénoménologie d'une part et aux nouveaux courants des sciences cognitives de l'autre.

> ... les sciences de la cognition prennent conscience que le simple fait d'*être là*, dans le faire face immédiat, est loin d'être purement et simplement une question de "réflexes". C'est le "véritable travail", puisque, en termes d'évolution, c'est le développement de ces capacités élémentaires qui a pris le plus de temps, alors que l'analyse intentionnelle et rationnelle durant les ruptures ne s'est développée que récemment et très rapidement[8].

Conception extrême, déconnectée de la morale (en dépit d'une allusion à la nécessité des règles normatives) et de la notion de responsabilité : la compétence est fondée sur la liberté et relève de l'immédiateté, non de l'engagement. Il ne s'agit plus d'une réflexion sur les valeurs morales engagées dans l'action, mais du caractère consubstantiel de l'être humain et de ses positions éthiques.

Toute activité (professionnelle, pédagogique, de recherche...) est construction et expression d'un savoir-faire qui prend ensuite le nom d'expérience. L'université, classiquement chargée de la transmission des savoirs, a été réorientée vers la professionnalisation, impliquant l'acquisition de savoir-faire. Elle délivre des diplômes professionnels correspondant à un niveau de compétence. Nous illustrerons les difficultés de cette conversion à partir d'un exemple : celui de la formation « clinique » des étudiants en psychologie se destinant à devenir des psychologues cliniciens.

## 2. LA FORMATION « CLINIQUE » DES ÉTUDIANTS À L'UNIVERSITÉ

En France, les enseignants de cette sous-discipline sont actuellement majoritairement des psychologues, titulaires d'un doctorat de psychologie. Ils se réfèrent à des courants théoriques variés, parmi lesquels les théories psychanalytiques ont une place privilégiée. Certains d'entre eux ont développé une approche originale dans des domaines aussi variés que la criminologie, l'ethnopsychiatrie, l'interculturel, le groupe, la famille, les interactions précoces, les affections somatiques, les addictions, divers troubles psychiatriques, l'entretien... Il existe des équipes de recherche vivantes, productives, très insérées dans des réseaux internationaux. Cette activité importante d'enseignement et de recherche atteste l'intérêt et la spécificité de cette sous-discipline.

Nous isolons au sein de cette activité universitaire ce qui relève de la transmission des savoirs visant la «formation clinique» des étudiants, puisque celle-ci a souvent été avancée comme différenciant cette sous-discipline des autres au sein de la psychologie. L'exigence de professionnalisation imposée à l'université fait qu'elle doit préparer les étudiants à travailler dans tous les domaines sensibles que nous venons d'évoquer. Transformer en cinq ans un novice en professionnel compétent est un véritable défi. Cette compétence implique une capacité de discernement : «Le psychologue tient ses compétences de connaissances théoriques régulièrement mises à jour, d'une formation continue et d'une formation à discerner son implication personnelle dans la compréhension d'autrui»[9]. C'est le dernier élément de cette phrase, volontairement rédigé de façon ouverte, qui fait l'objet de notre réflexion. La «formation clinique» renvoie à un travail personnel sur soi, généralement entendu dans notre contexte culturel comme une invite à entreprendre un travail psychanalytique ou psychothérapique, en-dehors de l'université. Mais certains ont pu l'interpréter autrement et penser que cette formation devait être pleinement intégrée à l'enseignement universitaire lui-même au motif qu'elle transforme l'acquisition des savoirs et les savoirs eux-mêmes. Des positions radicales ont été tenues et continuent de l'être par des groupes minoritaires mais très actifs qui, avec le temps, se sont transformés en foyers de diffusion de la psychanalyse, aux dépens d'une formation à la pratique psychologique qu'ils entendent cependant servir. Ce sont ces difficultés que nous souhaitons évoquer.

«Clinique» est un terme emprunté à la médecine. Celle-ci s'apprend «au lit du malade», en assistant pendant des années aux consultations de médecins expérimentés. Sur le terrain donc, en comprenant comment appliquer le savoir à la singularité de chaque cas. Le bon clinicien est celui qui saisit avec précision la pathologie en cause à partir d'indices parfois très fins qu'il a appris à discerner. Le développement des techniques a modifié la situation, mais non le discernement qui s'appuie sur le savoir et l'expérience.

A quoi renvoie le terme «clinique» en psychologie[10]? C. Prévost (1975)[11] explique : D. Lagache et J. Favez-Boutonier voulaient mettre la psychologie hors de portée du pouvoir médical. Ils ont joué de l'étymologie en retenant du mot la méthode qu'il impliquait : s'intéresser à la singularité du cas en ne détachant pas le sujet de sa situation globale. Ils l'ont étendu hors du (psycho)pathologique : « Etude d'une personnalité singulière dans la totalité de sa situation et de son évolution ». Cette psychologie clinique était une anthropologie, exigeant une polyculture théorique.

L'apparition du terme coïncide avec l'expansion culturelle de la psychanalyse. Celle-ci ne réussit pas à pénétrer la formation médicale mais diffuse dans les secteurs des sciences humaines qui offrent le moins de résistance : psychologie clinique, certains secteurs des sciences de l'éducation, en sociologie, en littérature et en histoire de l'art, principalement. Un savoir herméneutique s'érige à côté du savoir positif. A cette époque, des psychanalystes apportent des contributions brillantes et fécondes à la psychanalyse elle-même, et aussi à la psychiatrie. Dans les années soixante, la plupart des internes en psychiatrie et de nombreux psychologues entreprennent une analyse à titre de complément de formation. Lacan et le lacanisme alimentent les débats et aiguisent les conflits. Mais aussi Deleuze et Guattari. La subversion institutionnelle est dans l'air du temps, attaquant les institutions psychanalytiques elles-mêmes (« le psychanalyste ne s'autorise que de lui-même »), puis d'autres institutions, dont l'Université. Ce développement coïncide avec une période de croissance économique, la fin de cette période se répercute sur la psychanalyse elle-même. La vulgate qui s'en réclame se répand et inspire diverses pratiques cliniques et sociales[12]. Les références à la psychanalyse sont souvent floues, opacifient les faits en faisant l'économie de leur analyse[13]. Prises dans ce maëlstrom, des personnes s'exproprient d'elles-mêmes à l'aide de mots magiques (l'Autre, la jouissance, le désir...). Etre « psychanalyste » devient un signe distinctif. Ce qui est devenu une idéologie touche un beaucoup plus grand nombre qu'un behaviorisme diabolisé ne l'a jamais fait. Tout se passe alors comme si la psychologie clinique ne pouvait se penser en-dehors de la psychanalyse, définie de façon doctrinale.

En 1983, D. Anzieu tente une clarification. Il défend l'intérêt du point de vue dynamique de la métapsychologie freudienne en psychologie (pulsions, défenses, résistances...), mais écarte les points de vue topique et économique qui ne sont utilisables qu'au vu des données que le processus psychanalytique met au jour. De même, le psychologue peut identifier des effets de transfert, mais seul le psychanalyste travaille avec la névrose de transfert. « Il y a un certain danger, écrit-il, sur le plan éthique et sur le plan technique à laisser croire aux étudiants de psychologie qu'ils vont devenir *ipso facto* psychothérapeutes, sur la simple affirmation de leur désir de l'être et sans une sélection appropriée et stricte, sans une analyse sérieuse de l'idéalisation sous-jacente à leur désir, et sans un long et rigoureux apprentissage...»[14].

Tout au long des années 1960-1980 se développent des mystifications : l'«Ecole freudienne» fondée par Lacan est en réalité une école lacanienne; la psychanalyse qui n'existe pas en tant que discipline au CNU (Conseil National des Universités qui regroupe l'ensemble des disciplines, décide des recrutements et des promotions par discipline) se taille subrepticement une place sous couvert de psychologie clinique et de psychopathologie. L'idée a même été avancée de se séparer de la psychologie souvent méprisée («refoulement institutionnalisé de l'Inconscient») et de diplômer psychologues des étudiants n'ayant suivi que des enseignements en rapport étroit avec la psychanalyse freudienne ou lacanienne. Plusieurs bastions psychanalytiques se créent dans les universités et fonctionnent parfois comme des institutions parallèles.

Le terme «clinique», emprunté à la médecine, fait l'objet d'une nouvelle confiscation par la «psychanalyse», érigée comme seul savoir pouvant instruire la pratique des psychologues[15], avec ce message implicite : que feriez-vous sans elle?

Ces phénomènes coïncident avec l'entrée en masse des étudiants à l'université et particulièrement en psychologie. Après 1968[16], la multiplication des UER (*Unités d'Enseignement et de Recherche, devenues UFR-Formation et Recherche*) est faite en toute imprévision des recrutements d'enseignants qu'elle nécessite. En 1957, l'assistant de psychologie était souvent agrégé de philosophie, docteur ès Lettres et docteur de 3e cycle en psychologie, parfois aussi docteur en médecine. En 2002, il s'appelle maître de conférences, a soutenu une thèse nouveau régime et a publié un article dans une revue du domaine, généralement française. L'enseignement de la psychologie se fait sous forme de cours (jusqu'à 400 étudiants en maîtrise), de travaux dirigés (où les normes imposent 40 étudiants), très peu en groupes restreints, trop chers. La clinique se transmet au cours de leçons : l'éveil de la capacité de discernement se transforme en écoute du professeur. En dépit de la sélection à l'entrée de la 5e année (et là seulement), on assiste à une explosion de diplômés[17] que le marché résorbe difficilement en dépit de la diversification des modes d'exercice professionnel. La pratique se cherche, se trouve, mais est très peu pensée comme un savoir, par les universitaires ou par les praticiens. Elle se construit dans des conditions difficiles, du fait de la faible organisation de la profession en France, de la lourdeur du pouvoir médical, de l'indifférence des ministères de tutelle (santé, éducation, justice), qui n'a été que très récemment rompue.

Il est difficile de savoir ce que recouvre actuellement le terme
«clinique»[18] : sensibilité à autrui? Capacité d'empathie? Déchiffrement
du sens latent derrière le manifeste (?)? Expression et communication
des éprouvés permettant la compréhension d'un sujet? Recours à une
terminologie psychanalytique? Interprétation d'éléments transférentiels
(quand, jusqu'où, pourquoi?)?

Quant à la «psychanalyse», c'est un corps de théories et de résultats,
créé et enrichi par des personnes fort compétentes, qui a transformé la
compréhension du fonctionnement psychique des êtres humains. C'est
aussi une méthode spécifique que l'on apprend à connaître en s'y engageant comme patient et à exercer après plusieurs années de formation. La
psychanalyse a déjà beaucoup apporté à la pratique psychologique : une
certaine façon d'entendre les personnes, comprendre les troubles, penser
le cadre, mettre en perspective les situations... Elle continue de vivifier la
pensée et l'action des psychologues par ses questionnements stimulants,
la finesse de ses analyses et cette attitude de suspension réflexive qui
peut être si féconde. Lorsque, pour causes de mode scientifique, positions idéologique ou personnelle, elle est absente du cursus de formation
des psychologues, il en résulte un appauvrissement réel, qui peut avoir
des répercussions dommageables sur leur pratique. Aussi soutenons-
nous pleinement son enseignement à l'Université, énoncé comme tel,
sachant que sa transmission peut soulever des questions éthiques,
comme nous allons le voir.

La psychanalyse ne se confond pas avec les détournements et les
mésusages qui en sont faits, par les «défenseurs de la psychanalyse» qui
réagissent comme si elle était attaquée, par les promoteurs de son expansion continue qui s'approprient la totalité du discours, par ceux à qui elle
sert d'incantation magique, garantissant des pouvoirs supranaturels
venant combler les lacunes du savoir pratique; ou encore par ceux des
clercs qui s'en réclament et l'utilisent pour dominer autrui, collègues ou
étudiants, ouvrant la voie à une attitude de soumission aux idéologies et
aux conduites manipulatoires dans la pratique. Tout ceci bruyamment
affiché et malheureusement encore assez répandu en France.

## 2.1. Enseignements et enseignants

Pour acquérir la capacité de discernement qui fonde la «formation
clinique», les enseignants ont trouvé de nombreuses façons d'apprendre
à réfléchir : mettre des textes en travail, approfondir une question théorique, développer des travaux originaux qui sont de réelles contributions
au savoir, argumenter à partir de différentes positions théoriques... Un

enseignement dit de psychanalyse peut faire connaître la place que celle-ci occupe dans la psychologie contemporaine en tant que théorie du psychisme et technique thérapeutique. Mais ce statut de théorie l'oblige à rendre des comptes à la communauté scientifique : une théorie se caractérise par sa cohérence logique, sa conformité aux faits et son étendue explicative. Ce qui suppose d'expliquer que cette théorie est hors de la science parce qu'elle se situe dans l'irréfutable, qu'elle ne débouche que sur un réel particulier et qu'elle prend donc le risque de ne reposer que sur des arguments d'autorité. Sans ces précautions, qui n'enlèvent rien à son intérêt ni à ses potentialités créatrices, c'est un corps de certitudes qui est transmis, réduit dans quelques cas à leur plus simple expression : une vision quasi-manichéenne du fonctionnement psychique (normal/pathologique), les stades freudiens de la sexualité infantile, la seconde topique (ça, moi, surmoi), la seconde théorie des pulsions (vie et mort); pour d'autres, jouissance et forclusion. Il peut s'y ajouter un énoncé théoriquement décontextualisé des mécanismes de défense et quelques chapitres du cher Winnicott, laissant croire que les théories psychanalytiques sont d'un abord facile. Dans ces cas, le savoir herméneutique s'est positivé.

L'enseignement perd son caractère universitaire s'il n'est plus situé théoriquement et historiquement avec un souci d'objectivité. C'est le cas lorsque la psychanalyse est présentée comme la seule grille d'interprétation de tout problème psychopathologique, ou lorsqu'existe une présentation dévalorisante des autres apports théoriques (la théorie de l'attachement? c'est de l'éthologie; les théories des groupes? c'est de la psychologie sociale; les théorisations de l'interaction précoce mère-enfant? c'est de la psychologie développementale). L'absence d'objectivité peut être omission des idées ou des méthodes qui contreviennent à ce qui est exposé, ou présentation d'alternatives réductrices comme repoussoir (descriptions et catégorisations schématiques, savoir fondé uniquement sur des résultats métriques, etc.). Il en ressort que les théories psychanalytiques règnent sans partage et jouissent d'une longévité exceptionnelle. Tout se passe comme si elles ne pouvaient être remises en cause : savoir éternel (le meilleur), conservatoire d'idées devant obligatoirement susciter une déférence respectueuse quasi religieuse. La pensée vivante aurait-elle déserté ce secteur pour en investir d'autres?

Confiscation de la pensée, donc, mais parfois plus lorsque les propos deviennent ésotériques, que les mots sont détournés de leur(s) sens conventionnel(s) sans plus d'explication, ne laissant d'autre choix à l'auditeur que d'adhérer aux propos ou de les rejeter. L'enseignement sert alors les intérêts narcissiques de l'enseignant.

Les enseignants de cette sous-discipline ont en majorité une «activité clinique» extérieure, en tant que psychologue, psychanalyste ou psychothérapeute, sans toujours pour autant afficher une appartenance psychanalytique particulière. Cette activité vitalise leur enseignement et ces terrains sont souvent présentés à leurs collègues non cliniciens comme les équivalents de leurs laboratoires. Mais cette position d'«universitaire-clinicien» comporte des risques que les pionniers avaient évités en séparant soigneusement leurs activités universitaires de leurs activités psychanalytiques. Rappelons les différences existant entre ces deux positions.

La position de l'analyste (F. Pasche, 1988) est de retrait, dans le silence et le non-agir, une attitude de non-dialogue et de non-jugement, propre à susciter la mise au jour, puis le dépérissement des projections du patient. L'analyste existe, mais en récusant tous les rôles possibles que le patient veut lui faire jouer, aidé en cela par l'interprétation. Il s'impose du dehors comme une instance muette qui permettra le «dessillement des yeux» et dont l'intériorisation progressive rendra possible l'auto-analyse. L'analyste est une représentation sur laquelle aucun investissement ne peut rester fixé, du fait de son abstinence, de la frustration qui s'ensuit et de l'interprétation qui en assure la fin, faisant expérimenter au patient «l'amour à fond perdu». F. Pasche trace cette ligne droite.

Cette position est donc à l'opposé de celle du maître, qui s'expose et auquel on peut s'identifier[19]. Un enseignant peut laisser un souvenir vivace, «marquer» ses élèves par ce qu'il est. L'enseignant est un interlocuteur qui doit répondre de ce qu'il dit, clarifier, justifier, accepter la discussion. Les élèves sont là pour «capter» quelque chose de lui, des contenus, mais aussi un abord des problèmes, une personnalité. Ils s'imprègnent inconsciemment de celui qui se donne à voir et l'imitent lorsqu'ils se sentent appréciés par lui : identification mimétique au comportement du maître, ou identification partielle à sa personne.

Ces fonctions peuvent être exercées successivement, mais pas simultanément. S'il est déontologiquement impossible de traiter les étudiants comme des patients, la collusion de ces deux positions pose des problèmes éthiques. Pour nous faire comprendre, nous allons prendre l'exemple d'un cours qui a son plein statut d'universitaire au sens où la réflexion critique y est en éveil. Et puis — effet de paroles ? Faire-valoir narcissique? Accroche émotionnelle facile? Ou, simplement, proposition d'«étude de cas» —, voici qu'arrive une illustration : «J'ai un patient qui...», moment de la collusion que nous évoquons. Voici les étudiants conviés à imaginer une scène à laquelle ils n'ont pas accès, présentée comme le lieu de l'élucidation. Le silence de l'auditoire est évocateur : happé, suspendu, et frustré, qui en redemande donc. Les pulsions partielles sont éveillées sans être satisfaites : demain, je vous en dirai plus, disait le maître, s'installant comme source du plaisir que l'on offre et retient à son gré. Les étudiants peuvent être médusés à plus d'un titre : un matériel caché, accessible par la seule voix magistrale, des effets de transfert chez ceux d'entre eux qui sont en psychothérapie ou en psychanalyse, auxquels s'ajoutent ceux, inhérents, à la relation pédagogique. La prise sur l'affect est directe, l'apprentissage repose sur une illusion : les étudiants, le temps d'un discours (ou durant toutes leurs années de formation...), et par le biais des identifications, sont transformés en thérapeutes et entraînés dans la plus complète confusion du pédagogique et du thérapeutique jouant de la «polyvalence des objets transférentiels»[20]. Fin du projet pédagogique, donc, puisque la formation impliquerait le décollement des images. Le public croit parfois qu'on s'intéresse à lui, alors qu'on l'intéresse à soi, en jetant les bases d'un clientélisme.

Comment alors se faire comprendre, diront certains, et surtout dans ce domaine si difficile, sans recourir à des exemples ? En effet. Mais une formation clinique n'est pas fondée sur une «illustration à l'aide d'exemples». Elle exige d'*être* un exemple, c'est-à-dire d'enseigner la clinique sur les lieux mêmes en s'exposant devant les étudiants dans l'exercice de cette activité, renouant donc avec les origines du mot. Ceux des enseignants qui ont une activité clinique peuvent former des étudiants dans l'exercice de cette activité, ce que font déjà certains, affrontant les aléas inhérents à cette situation, parce que cette part d'inconnu fait partie de la formation. Les activités qui ne supportent pas de tiers observateur seront donc exclues du champ : cure et psychothérapie psychanalytiques s'apprennent autrement et ailleurs. Mais d'autres formes de soin peuvent y être incluses. C'est d'ailleurs bien ce que font les psychologues responsables de stagiaires sur leur lieu de travail, lorsqu'ils font participer des étudiants à leurs activités. L'exposé d'expériences personnelles, fussent-elles «cliniques» (comment on fait ailleurs) filtrent les informations pour s'adapter à l'auditoire et à l'objectif. Il rend l'étudiant dépendant d'un récit et peut le transformer en porte-parole. Alors qu'il doit apprendre à se faire sa propre opinion et à aiguiser ses capacités de discernement.

## 2.2. Stages et groupes de réflexion sur la pratique

Une solution a paru être trouvée et qui s'est généralisée dans l'obligation pour l'étudiant d'effectuer des stages sur des terrains «cliniques» variés au cours de ses études (au moins en quatrième et cinquième année) et de participer à des groupes de réflexion sur ces stages à l'université : les stages sont irremplaçables. Mais leur qualité formatrice est inégale, leur volume horaire insuffisant, les psychologues responsables des stagiaires insuffisamment reconnus par l'université. La masse des étudiants complique encore les problèmes. Nous ne les abordons pas, nous cantonnant à la formation reçue à l'université.

Les groupes de réflexion sur la pratique («supervision de stage») n'ont pas fait l'objet, à notre connaissance, d'un projet pédagogique argumenté : quels objectifs selon les années? Animés par qui? Quel niveau d'intervention? Ils sont souvent sous la responsabilité de psychologues praticiens ou d'enseignants que leur formation et leur pratique «clinique», ou plus précisément psychanalytique, semblent désigner pour cette fonction. La «supervision» renvoie d'ailleurs directement au mode de formation des candidats à la fonction d'analyste au sein des instituts de formation. Dans ce cas, le choix déporte souvent la pratique psychologique vers le modèle thérapeutique inspiré par la psychanalyse, celle-ci devenant le mode privilégié d'élucidation de la pratique psychologique. Aux dépens d'autres éclairages également utiles : le contexte et ses contraintes, la discussion en termes groupaux ou sociaux... Ceci a conduit «tout naturellement» la centration de la réflexion sur la personnalité de l'étudiant et les forces inconscientes à l'œuvre dans la situation rapportée. Dans certains cas, le parti pris fut celui-là : non l'analyse d'une pratique psychologique mais celle du futur psychologue en situation.

Il a pu s'ensuivre quelques dérapages, qu'illustre bien la comparaison suivante entre deux façons d'utiliser la même méthode[21] :
1) l'analyse (sauvage) de l'étudiant qui rapporte dans le groupe une situation vécue en stage devant un superviseur à l'air compréhensif jusqu'à ce que ce dernier dévoile de façon directe un mouvement interne et inconscient de l'étudiant en le piégeant dans ses propres mots («Vous parlez de désir de pouvoir [du médecin]. Le désir de pouvoir de qui?») devant les autres étudiants obligés d'être là, comme lui, puisque cette formation fait l'objet d'une validation, au moins sur la présence. Une telle question est une attaque du système défensif de l'étudiant, partie de son fonctionnement psychique, et ne manquera pas de susciter des résistances, d'entraîner une déstabilisation de l'étudiant ou des attitudes de parade (défensives) de la part des autres étudiants qui vont s'identifier au superviseur et continuer sur le même mode les uns à propos des autres, s'imaginant devenir ainsi de bons cliniciens.

2) l'analyse de la relation que l'étudiant rapporte avoir eue avec un sujet, appuyée sur l'observation fine, la prise en compte des mouvements affectifs respectifs, la recherche de la cohérence d'un comportement, la compréhension d'une éventuelle symptomatologie par rassemblement des éléments épars de façon à établir des liens et donner un sens à ce qui apparemment n'en avait pas. C'est son savoir que le superviseur met à la disposition de l'étudiant pour que ce dernier se l'approprie et l'utilise lui-même comme instrument de travail et de connaissance d'autrui : apprendre à voir, écouter, réfléchir, utiliser ses éprouvés, comprendre les mobiles des interlocuteurs, réagir opportunément, différencier les modes d'intervention selon les pathologies en cause et non colmater l'ignorance par des «interprétations». A l'étudiant d'en inférer le reste, ce qu'il fait parfois : la façon dont il a crédité littéralement les dires, pour des raisons personnelles (défendre une mère, mettre en cause un médecin-chef...) ou une attitude défensive spontanée qui l'amène à travailler à côté du sujet ou à substituer ses propres problèmes à ceux de son interlocuteur.

Distinctions subtiles, mais essentielles, permettant de comprendre que ce n'est pas la méthode qui est en cause mais la façon dont on la pratique. La formation à l'exercice professionnel n'implique pas de révéler publiquement une dynamique inconsciente, d'autant que la présence dans ces groupes est obligatoire, ni de satisfaire un sadisme camouflé en bienveillance affectée. Le projet formatif est alors subverti, par dévoiement de la fonction psychanalytique et de la fonction enseignante. Ceci interroge aussi le choix de ceux qui sont susceptibles d'assurer une telle formation : ne serait-ce pas à des psychologues praticiens expérimentés qu'il reviendrait en toute légitimité d'assurer cette formation à la pratique ?[22]

## 2.3. Mœurs

Un grand nombre d'universitaires de psychologie clinique et psychopathologie ont une formation psychanalytique. Certains de ceux qui affichent une appartenance psychanalytique (pas tous donc) sont dans des positions très différentes : membres de sociétés reconnues par l'API (*Association Psychanalytique Internationale*), élèves se préparant à la fonction, candidats refusés par ces sociétés, lacaniens ou freudiens de conviction en attente ou non de reconnaissance, membres de groupes variés plus ou moins structurés. Les universités comptent aussi de nombreux psychanalystes auto-proclamés, libres de toute attache institutionnelle. Les universitaires connaissent les appartenances psychanalytiques de leurs collègues et souvent leur grade (élève, associé, adhérent, titulaire) lorsque les sociétés auxquelles ils appartiennent sont hiérarchisées. Cette structuration se surimpose à la hiérarchie universitaire. Cette appartenance joue dans les recrutements et dans les promotions, alors qu'elle n'existe pas comme critère officiel. Rien de bien différent de ce que l'on observe pour d'autres appartenances, syndicale par exemple.

Il en découle cependant quelques situations bizarres : un maître de conférence élève dans une société psychanalytique peut se retrouver en supervision avec un professeur titulaire dans la même société, tous deux appartenir au même laboratoire universitaire. Ce dernier peut faire partie d'une commission ou d'un jury qui décidera de l'habilitation du premier à diriger des recherches. Des échanges de services font qu'un candidat dans une association psychanalytique peut être bloqué dans sa promotion s'il n'obéit pas à ce qu'on lui dit de faire à l'Université, ou obtenir de l'avancement dans le cas contraire. On comprend donc rapidement que la seule façon de rester libre, c'est de ne pas entrer dans ce jeu, ou, si appartenance il y a, de rester coi. Par ailleurs, l'importance de l'investissement de ces positions (qui a des retombées bien réelles) désactive les exigences universitaires en matière de recherche, les émoluments liés à l'activité thérapeutique font apparaître primes pédagogiques et primes de recherche bien chiches. Circuits de pouvoir donc, mais aussi d'argent, de reconnaissance et de solidarités qui peuvent se renforcer les uns les autres ou se contrarier. Il existe donc un jeu banal du pouvoir sur fond d'enchevêtrement des cultures. Les séminaires proposés dans le cadre du groupe psychanalytique sont ceux proposés dans le cadre universitaire, délivrant le même message aux candidats à la fonction psychanalytique et aux étudiants doctorants. Cette porosité a opéré un transfert de certaines mœurs, à moins qu'il ne s'agisse que de postures destinées à se démarquer : une culture de la parole et de l'ambiguïté, l'affadissement de la notion de vérité au bénéfice de l'affect, une revendication à «avoir du plaisir» à des moments inattendus... Ceux qui sont en attente de reconnaissance psychanalytique développent parfois un habitus qui sert de code : des tics de langage, des interprétations qui ne vont pas au-delà d'elles-mêmes, une inhibition qui se fait passer pour profondeur de la pensée, une sujétion profonde aux figures d'autorité, une référence insistante au transfert et au contre-transfert (que l'on demande parfois aux étudiants d'indiquer dans leurs travaux), sans oublier l'intérêt pour les lapsus, actes manqués et autres trébuchements, signalés avec gourmandise pour manifester son appartenance au clan.

Ce qui fait rupture est d'un autre ordre. Dans de nombreuses institutions ou entreprises, des personnalités perverses s'approprient les règles ou les changent en cours d'action, l'autre n'ayant qu'à se soumettre ou se démettre. C'est une maladie endémique des institutions humaines, du fait de la fragilité des éléments symboliques qui les fondent. Ces personnalités aiment les institutions (et la psychologie, la psychanalyse, la pédagogie...) pour les immenses possibilités qu'elles offrent de séduire et manipuler les personnes, avançant «la confiance» pour (tenter de) dissimuler leurs manœuvres, pratiquant le chantage et l'exclusion des opposants, caractéristiques des systèmes totalitaires. La faiblesse des institutions universitaires françaises, la fragilité de disciplines dont la qualité doit impliquer la volonté d'excellence de *tous*, la situation d'interdépendance sournoisement concurrentielle des universitaires au sein d'une même institution font qu'un manipulateur informé et décidé fait la loi et que ses collègues se soumettent par peur, ambition ou conformisme. Cependant, de curieuses pratiques s'instituent sous prétexte de psychanalyse. Un directeur d'UFR considérait que les étudiants étaient là «comme des cornichons dans un bocal», mis à mariner, donc, dans le jus psychanalytique qu'on voulait bien leur offrir «pour les déniaiser», sous couvert d'un fonctionnement institutionnel privilégié et d'un éveil à l'Inconscient, au contact de ceux qui savaient, soit leurs enseignants. Une confusion dont il est bien difficile de sortir, sauf peut-être en s'orientant vers un divan.

Un discours totalitaire peut se tenir et ceux qui s'y opposent sont déclarés résister à l'Inconscient, quand ils ne sont pas rejetés comme hérétiques. Certaines universités sont devenues des terres de mission, les étudiants et les psychologues qu'ils deviennent encouragés à être des propagateurs de la foi[23]. S'est-on jamais demandé ce que le slogan «défendre la psychanalyse», clamé par certains, venait faire dans les universités? Qui et quoi s'agissait-il de défendre? Le laxisme à l'égard des règles universitaires va de pair avec le renforcement de dérives sectaires, d'autant plus marqué que le pouvoir semble échapper.

Un énoncé objectif est aussitôt subjectivé et psychologisé (psychopathologisé)[24]. L'interprétation — bien éloignée de ce que l'on entend sous ce nom dans la pratique psychanalytique — est mise au service du mépris[25]. Le retournement argumentatif, les projections servent à attaquer ou à dominer autrui, collègues et étudiants, et y parviennent d'autant mieux que la parole est magistrale, s'appuie sur une certaine autorité et prend le masque d'un paternalisme bienveillant : le gens se taisent parce qu'ils ont peur.

Ces techniques ne sont certainement pas l'apanage de ces défenseurs. Elles sont largement répandues non seulement à l'Université, mais dans toute la société[26]. Chaque fois que des pouvoirs cumulent leurs effets, que les stratégies utilisées relèvent de la perversion morale, tout un système peut s'en trouver gangréné.

## 2.4. Étudiants

Souvenons-nous que les étudiants de cette sous-discipline suivent parallèlement des enseignements diversifiés, avec des enseignants différents, qu'ils sont en stage au contact de professionnels, peuvent se constituer une culture. Avec le temps, ils sont devenus moins naïfs : quand un enseignant prétexte une erreur du secrétariat pour expliquer les nombreuses références à ses propres travaux dans la liste bibliographique qu'il leur remet, ils s'esclaffent. Dans un passé récent, la liste des publications récentes comportant exclusivement celles des professeurs de la formation était proposée en début d'année dans un DESS et tout le monde trouvait cela normal. Prenant la responsabilité d'un diplôme professionnalisant, nous avons mis fin à une pratique anachronique qui impliquait que le dossier de candidature comporte une lettre d'un enseignant connaissant l'étudiant (souvent son directeur de mémoire), sans que l'étudiant ait connaissance de son contenu. Ce qui encourageait la flagornerie en cours d'année et débouchait sur des injustices lors de la sélection. La suppression de cette lettre entraîna des remous, même chez les étudiants, qui n'imaginaient pas qu'une telle lettre puisse être autrement que positive. Un abandon si confiant crée des devoirs.

Si une théorie règne sans partage, comment appréhender le savoir de façon critique et se faire sa propre opinion ? Même les plus curieux peuvent s'y laisser prendre. Le prêt-à-penser fondé sur l'argument d'autorité se substitue à la réflexion ; l'enseignement de masse facilite l'adhésion aux croyances[27]. Puisque la théorie exclut le principe de contradiction, tout peut s'affirmer. Dans le texte de certains travaux (mémoires de maîtrise ou de DEA), on est surpris de la témérité de certaines interprétations, d'autant que les intéressés dont on décortique les intentions inconscientes n'ont aucun droit de réponse : la proposition d'éveiller les étudiants aux problèmes éthiques de la recherche (pas seulement au plan des principes, mais dans la pratique de leurs propres travaux) a retenu l'attention de certains enseignants, mais a été considérée par d'autres comme « une lubie », une « idéologie » et repoussée. La terminologie psychanalytique est souvent un langage d'emprunt, mal maîtrisé (« protéger le fonctionnement psychique » au lieu de protéger les personnes[28]). Une recherche psychanalytique digne de ce nom impliquerait que le chercheur connaisse ce dont il parle, et, puisqu'il s'agit de recherche sur le terrain, d'avoir lui-même une pratique psychanalytique, ce que les étudiants n'ont pas, dans leur écrasante majorité. Le domaine de la psychologie clinique et pathologique offre d'immenses possibilités de recherche, principalement limitées pour des raisons éthiques. Celles qui s'entreprennent sont parfois invalidées d'emblée par un préjugé théorique implicite qui étouffe la créativité. D'autres se résument à appliquer des outils à des populations, se réservant ensuite d'interpréter «psychanalytiquement» les résultats, en utilisant une terminologie psychanalytique hors de propos. L'idéologie favorise la confusion entre recherche et traitement[29] en ignorant la réflexion que les médecins ont menée depuis trente ans sur cette question[30].

Au cours des années, les positions se sont exacerbées dans certaines universités. Les équipes universitaires qui se démarquent clairement de ces positions sont parfois, de ce fait, déclarées à tort hostiles à la psychanalyse.

Le gonflement fantasmatique d'une formation psychanalytique (ou parfois le seul fait d'être en psychothérapie hebdomadaire) éclipse la formation universitaire attestée par un diplôme professionnalisant. La profession de psychologue à laquelle mène ce diplôme disparaît complètement de l'horizon. La confiscation est réussie lorsque des étudiants ne s'imaginent pas psychologues et, un mois avant d'être diplômés, n'ont aucune idée des fonctions, statuts et rétributions du psychologue travaillant dans le domaine de la santé qu'ils seront. Quelles gratifications compensatoires chercheront-ils alors à travers leur activité? Lors de la séance de rentrée d'un DESS de psychologie clinique et pathologique, certains étudiants ont dit qu'ils pensaient sincèrement que seuls les psychanalystes bénéficiaient d'un statut officiel, qu'eux-mêmes allaient pouvoir un jour acquérir sans savoir exactement comment (par le biais de formations privées payantes?), dévalorisant à l'avance le diplôme qu'ils souhaitaient obtenir. Comment ne pas s'alarmer de cette innocence? Comment ne pas interroger la formation reçue durant les quatre années précédentes?

C'est toute une réalité (sociale, institutionnelle, juridique, administrative...) qui est laissée hors champ, au profit d'une idéologie thérapeutique dont les bénéfices n'échappent pas à tout le monde. Le thème de l'exercice professionnel a été travaillé avec courage et ténacité durant des années dans une UFR où la psychanalyse exerçait sa fascination. Le déni atteignait aussi les jeunes enseignants. Des questions comme celles du recrutement et de la promotion des enseignants-chercheurs, des instances qui en décident, des obligations qu'elles entraînent, les procédures d'habilitation des diplômes, étaient rejetées dans un arrière-plan mythique ou tout simplement absentes, laissant les jeunes collègues dans l'ignorance et donc sous la tutelle de leurs aînés. On laissait au(x) syndicat(s) — enseignant et professionnel — le soin de s'occuper de ces choses, avec hauteur. Comme si informer les jeunes, témoigner de l'intérêt pour leur avenir professionnel, était les détourner du savoir, peut-être les dérober à leurs enseignants. Aujourd'hui encore, le code de déontologie des psychologues est interdit d'enseignement dans certaines universités.

Pour que cette vision n'apparaisse pas comme subjective ou déformante, nous souhaiterions rappeler quelques éléments d'une réflexion (M. Siksou et O. Bourguignon, 1995) suscitée par l'étude de 139 copies d'étudiants de maîtrise qui, à l'issue d'un cours obligatoire intitulé «La relation à autrui dans la recherche», avaient traité ce sujet, offert au choix et choisi par les deux tiers d'entre eux : «Exposez une situation clinique observée en stage dans laquelle l'éthique se trouve conviée, et analysez l'intervention du psychologue de ce point de vue».

Un premier groupe d'étudiants (84) collait à une représentation schématique du psychologue et abordait des situations repérées comme dramatiques : situations d'intrusion sur le corps du patient (violences sexuelles, interruption de grossesse...), situations liées à des pathologies incurables. Les copies mettaient en valeur la toute-puissance magique du psychologue qui contrôle tout, garde le secret, au sein d'institutions vides ou défaillantes, en face de médecins qui «résistent à la compréhension de l'Inconscient». Dans les cas qui relataient des prescriptions thérapeutiques, le clivage était moins marqué, l'activité du psychologue se limitant à l'écoute, à la compréhension ou à des activités floues : «faire des liens, éviter à l'équipe d'être envahie par les affects». Les pathologies incurables faisaient surgir le secret du diagnostic, moins pour protéger le patient que pour renforcer l'autorité du praticien en laissant l'intervention dans l'indéterminé : «écouter d'une oreille analytique et compréhensive, délier les nœuds psychiques, repérer les points les plus sensibles de la personnalité» avec la conscience vague de ne pas savoir quoi faire. Un second groupe d'étudiants (45) s'interrogeait sur la fonction du psychologue comme soutien ou médiateur, mais ses actions et techniques restaient imprécises : «travailler avec l'intimité psychique du sujet», «favoriser un travail d'élaboration». La technique était vécue comme incompatible avec le soin, le psychologue attendait que la demande émerge ou soutenait que l'aspect humain prévaut sur l'aspect médical. Les étudiants, placés dans des situations très différentes, dépendant de leurs propres représentations idéalisées, avaient de la difficulté à problématiser une situation, à saisir la spécificité des techniques et à prendre en compte la parole du patient autrement qu'au premier degré.

Nous en avons tiré plusieurs conclusions : grande méconnaissance de la pratique psychologique courante (alors que la plupart en était à leur second stage), utilisation défensive et perverse du secret professionnel, fantasme d'omnipotence du psychologue avec identification mimétique au médecin, abstraction faite de toute intervention active. Un mécanisme projectif était fréquemment utilisé interprétant la réalité avant de l'observer, l'idéologie interprétative s'avançant sous couvert du « modèle psychanalytique » dont il n'était que la caricature : garder le silence, faire fonctionner les automatismes de la pensée théorique. La description des fonctions du psychologue était confuse : satisfaire les demandes institutionnelles ? Etre un régulateur social ? Gérer les angoisses personnelles et institutionnelles ? Dans tous les cas, une impasse était faite sur l'analyse de la situation et une mise à distance des patients se dissimulait derrière des rationalisations (« Il a des problèmes... »). Ce qui posait deux importantes questions : 1) l'une relative à l'absence d'acquisition des connaissances permettant de construire une identité professionnelle et d'exercer correctement la fonction ; l'ignorance relative au diagnostic, aux thérapeutiques, aux ressources contextuelles et institutionnelles était érigée perversement en spécialité professionnelle ; 2) la seconde relative à l'emprise des idéologies immédiatement disponibles : référence automatique au « discours du sujet » avec des réponses rigides qui clôturent aussitôt le questionnement (la psychose ne renvoie qu'au Nom-du-père). Un discours idéologique avançait des aphorismes absurdes et dangereux (« attendre la réponse libre patient » — dans un état hallucinatoire aigu) ou, une fois le respect de la parole du patient énoncé en principe, le stagiaire n'accordait aucun crédit à ce qu'il avait dit, mettait à distance l'angoisse liée à la situation clinique par l'utilisation d'un jargon, ou se soumettait à des interdits idéologiques tels que : ne pas faire de diagnostic, ni décrire une symptomatologie, ni évaluer psychologiquement, surtout ne pas intervenir dans la réalité. Ceci était contredit immédiatement dans la pratique où l'on visait à tout contrôler, prendre des décisions à la place des patients et à se mettre en rivalité avec le médecin.

Ces deux types de copies semblaient renvoyer à deux groupes d'étudiants, le premier ayant un fonctionnement psychique dominé par la pensée magique, la projection et le clivage, attendant de l'enseignement qu'il renforce ce type de fonctionnement ; le second ayant davantage un souci de formation et un désir d'acquérir des compétences professionnelles. Il était possible d'imaginer que si la formation remplissait son rôle, les seconds poursuivraient leurs études, car acquérir des connaissances peut aussi avoir un effet structurant et apaiser l'angoisse, pendant que les premiers les abandonneraient, faute d'obtenir les renforcements escomptés. Mais si l'enseignement est rassurant parce que dogmatique, fondé sur des croyances et des arguments d'autorité, se rapprochant donc de ce qu'ils imaginent être une relation thérapeutique idéale, faite d'approbation et de non-évaluation, alors certains ne peuvent se concevoir que comme thérapeutes et ont acquis en fin d'études la certitude qu'ils le sont.

Un an plus tard, la majorité de ces étudiants étaient des psychologues diplômés.

Un seul exemple n'autorise aucune généralisation : il y a 30 UFR et départements de psychologie en France.

### 2.5. Éthique et clinique

J. Ménéchal (2000) a fait progresser la réflexion dans ce champ en instituant l'*intime* comme catégorie implicite de la clinique psychopathologique, intimité qui doit rester privée, cachée, secrète. Il s'agit d'une notion différente de celle d'Inconscient, puisqu'elle ne se situe pas dans une relation à la conscience et qu'elle suppose le lien à l'autre. Ce qui lui permet de mettre en travail le double dogme implicite de l'activité clinique : le clinicien ne juge pas/le patient ne ment pas, et d'en démontrer la fausse évidence. Ceci ouvre la voie à une éthique de la clinique psychologique, qu'il fonde sur l'alliance thérapeutique avec le patient. Celle-ci respecte l'intime du patient, lui permet de s'inscrire dans un lien privilégié à l'autre, finalisé par son changement psychique et non par son identification au thérapeute. Elle suppose l'abandon par le clinicien de sa position de toute-puissance et la reconnaissance explicite des zones de vulnérabilité du patient dans lesquelles le thérapeute s'interdit de pénétrer et qui marque la limite de l'interprétation.

Ces formes de renoncement à une toute-puissance de la clinique sur l'être du sujet entraîne des contraintes liées à la transmission de la psychologie clinique : 1) faire une claire distinction entre le thérapeutique et le pédagogique et non confondre les deux en un modèle unique favorisant les fausses identités thérapeutiques chez les étudiants ; 2) puisque, dans la perspective freudienne, tout processus d'accès à la connaissance suppose un dévoilement qui convoque le sexuel par le biais du savoir, les étudiants en psychologie qui s'intéressent à la folie et à la souffrance des autres peuvent s'y perdre : il leur faut « soutenir un désir de savoir qui ne soit pas capté par son objet et qui conserve au contraire toute sa dynamique de recherche en évitant la perversion statique du voyeurisme »[31]. La transmission frôle des dangers qui sont ceux qui infiltrent les pathologies du narcissisme : un « narcissisme réciproque et auto-entretenu portant sur le mise en abyme de la parole du maître par le disciple »[32]. Si, écrit-il, la psychanalyse sert parfois de bouc-émissaire de

telles pratiques, sa mise à l'écart au profit de théories jugées plus
« sérieuses » ne règlerait en rien la question posée par l'enseignement de
la psychologie clinique et de la psychopathologie qui renvoie au sujet et
à la souffrance. La question est complexe

> « dans la mesure où la théorie de l'inconscient y occupe souvent aujourd'hui une place
> insaisissable d'objet virtuel. Apprendre à juger l'intime, ce paradoxe de la clinique, est
> alors rendu "impossible" par cette nouvelle "confusion des langues entre enseignants et
> étudiants", dans laquelle d'un côté se parle le discours de l'initiation sous le langage de
> la connaissance et de l'autre s'exprime l'attente de la révélation de puissance sous le
> couvert de l'identification. Ce n'est plus le sexuel, en tant que moteur du psychisme,
> qui incarne alors l'énigmatique, mais son substitut, la théorie explicative du sexuel.
> Dans ce tour de passe-passe qui revient à prendre la proie du désir pour l'ombre de la
> théorie, on assiste à une véritable opération de fétichisation, au sens strict, de la
> psychanalyse, devenue en elle-même objet de désir »[33].

Il importe donc de ne pas faire mystère de la psychanalyse, conclut-il,
mais de montrer ses filiations et ses limites au plan théorique et thérapeutique : ouvrir les yeux sur les finalités réelles de la clinique, tout en
sachant les risques inévitables de dérive et d'aveuglement qu'entraîne sa
pratique.

## 3. LES EXIGENCES DE LA FORMATION

### 3.1. Valeurs

L'Université, qui forme majoritairement les psychologues, a traditionnellement pour valeur la *connaissance*. Il s'agit de la produire, la diffuser, la transmettre. La connaissance implique la curiosité intellectuelle, le
goût pour les idées, l'intérêt pour celles des autres, l'abandon des théories anciennes pour de nouvelles susceptibles d'apporter un éclairage
plus puissant. Elle implique la rigueur conceptuelle et argumentative,
l'objectivité, le souci de la preuve, l'intérêt pour le contre-exemple, la
communicabilité, la recherche du vrai, même si les vérités sont locales
ou provisoires. La connaissance peut être liée à la recherche du bien, au
souci du bien public, mais pas nécessairement. Ces valeurs sont celles de
la science positive, même si elles sont parfois bafouées dans les faits.

Ce qui est découvert est communiqué pour être soumis à la critique
des pairs et ensuite enseigné comme un acquis. Il est de la responsabilité
de l'Université de transmettre ce savoir produit par les chercheurs et de
faire place « aux disciplines qui contribuent à la connaissance de
l'homme et au respect de ses droits, afin de préparer les étudiants à aborder les questions liées à leur futur exercice dans le respect des connaissances disponibles et des valeurs éthiques »[34].

Les étudiants se plaignent parfois que les études sont « trop théoriques » : heureusement qu'elles le sont ! Ce qui n'empêche pas de laisser toute sa place à la formation professionnelle. Mais il faut apprendre. « Laisser croire que l'on accède au vrai seulement en s'amusant est un leurre », rappelle J. Szpirglas. L'apprentissage des savoirs est une ascèse. La mise à disposition de modèles précis, fondés, diversifiés et parfois contradictoires, ouvre sur un désengagement suspensif à l'égard d'une théorie particulière, aiguise la critique raisonnée, peut bénéficier à l'engagement avec un interlocuteur réel. Qui a dit qu'il n'y avait qu'un modèle de référence pour la formation clinique ? Qu'une seule grille interprétative pour comprendre autrui ? Qu'une seule théorie expliquant tout ? On peut s'inspirer des traditions différentes existant dans d'autres pays afin de mieux se garantir contre les dérives idéologiques.

La pratique a pour valeurs l'*expérience*[35], l'habileté, l'efficacité. Il n'est pas certain que les psychologues soient pleinement conscients du savoir-faire qu'ils ont élaboré au fil des ans, ni qu'ils lui accordent de la valeur du fait de l'obscurité de ses origines et de la condescendance si longuement marquée à l'égard de l'activité professionnelle comparativement à celle de la recherche. Dans le domaine psychologique, l'expérience se forge par l'analyse de situations concrètes, par la « réflexion dans l'action » ; elle demande de l'inventivité, une liberté prise par rapport aux modèles, parce que l'action est toujours sur mesure, se décide au cas par cas. L'intervention psychologique est concrète, contextualisée, individualisée. Le praticien est exposé et doit rendre des comptes : au sujet, au tiers qui le consulte, à l'entreprise ou l'institution qui l'emploie, aux collègues devant lesquels il doit éventuellement s'expliquer. Il doit être efficace : en libéral, celui qui échoue perd son travail ; vacataire, il est éliminé ; salarié, il doit être performant. Non pas que le savoir ne soit pas important pour le praticien, ou que l'expérience ne compte pas pour l'enseignant-chercheur. Simplement, ce sont deux milieux que leurs idéaux, leurs valeurs et leurs objectifs structurent différemment. Cependant, puisque la formation des psychologues se fait en partie à l'Université, les enseignants de psychologie ont des responsabilités vis-à-vis de la profession.

Certes, le climat d'une micro-société participe aussi à la « formation » des psychologues et à leur formation continue. La masse disponible et sans cesse croissante des étudiants et des psychologues arrange bien les organisateurs de congrès, colloques, séminaires et autres rassemblements qui, à un rythme très soutenu, se font sous la bannière psychanalytique. Des notes prises dans un endroit peuvent être rapportées dans un autre, des sociétés aux universités, des séminaires aux colloques, dans une constante auto-célébration, où la nouveauté, ou seulement la divergence d'appréciation, sont suspectes. Cela arrange aussi les éditeurs et vendeurs de livres et revues relatifs au domaine, encore que certains se plaignent de cette répétition du même, qui se vend moins. Elle arrange aussi les défenseurs de la psychanalyse et les promoteurs de son expansion continue, d'autant qu'une récession frappe le domaine et que l'offre thérapeutique s'est diversifiée. Ces mouvements s'inscrivent dans une société marchande où l'individualisme monte en puissance. Si bien qu'aujourd'hui, même la psychologie est devenue un thème porteur qui se consomme bien[36], bien qu'elle soit parfois assez éloignée de celle qui s'enseigne à l'université ou qui se pratique sur le terrain. L'inflation de la demande psychologique pourrait être analysée par les psychologues, car elle implique des réponses qui ne sont pas seulement de soins. Le psychologique rejoint ici le politique. La mise en avant actuelle du thérapeutique qui restreint les fonctions du psychologue à une seule d'entre elles, et justement celle qui ne fait l'objet d'aucune formation spécifique à l'université, contraint donc les psychologues à recourir aux services d'organismes et de personnes privés dispensateurs de formation, et les conduit aussi parfois à vider eux-mêmes le métier de sa richesse et à se maintenir à l'écart du débat social.

## 3.2. La formation à la pratique

Gardons l'exemple de la clinique, puisqu'elle concerne un très grand nombre d'étudiants et de psychologues. En elle se croisent le pédagogique et le thérapeutique, deux champs privilégiés pour l'exercice d'un pouvoir sur autrui, problématique centrale de toute pratique psychologique, exacerbée dans ces champs par une fréquente dépendance de fait des personnes. Dans bien des cas, la psychanalyse met en perspective la pratique clinique. C'est un courant de pensée qui fait toute sa place aux phénomènes psychiques, de quelque nature qu'ils soient, qui accorde toute son attention au sujet, au nom de laquelle on peut lutter contre un traitement technocratique des êtres humains. Une cure psychanalytique permet d'expérimenter la position subjective, dans sa radicalité, ce qui peut être utile à qui fait profession de s'occuper d'autrui. Cependant, tous les psychologues en exercice le savent, la pratique psychologique, fut-elle clinique, ne s'identifie pas à la pratique psychanalytique.

La pratique psychologique se situe très majoritairement dans une réalité institutionnelle, sociale, administrative, qu'il faut savoir apprécier car ces réalités la contraignent. Elle varie beaucoup selon le terrain où elle s'exerce. Elle met au contact d'autres catégories de professionnels avec lesquels il faut apprendre à travailler. Elle est faite de multiples tâches relationnelles, techniques, administratives : contacts avec les consultants, parfois leurs proches, contacts avec les collègues, les correspondants, les institutions, la hiérarchie ; évaluation des personnes et analyse des situations, participation au fonctionnement et aux projets institutionnels, formation des stagiaires, rédaction de comptes rendus, lettres, rapports... Il s'agit de réfléchir les situations, de savoir comment parler et quand se taire, quelle intervention mettre en place, comment négocier, refuser, modifier des objectifs, comment parler sans trahir la confidentialité... Nous sommes dans le domaine du «*know-how*», de la pratique, de la réflexion en action, de l'intervention dans la réalité, un savoir qui s'est élaboré et creuse la différence entre un psychologue expérimenté et un novice.

Cette pratique[37] peut être de consultation, d'élucidation, d'analyse, d'évaluation, de réorganisation, de suspension d'action... Elle est donc loin d'être centrée uniquement sur le soin comme le laisserait implicitement sous-entendre l'assimilation fréquente du clinique au thérapeutique. Toutes ces interventions peuvent avoir des effets thérapeutiques sans avoir le traitement pour objectif. Il faut donc sortir de la confusion entre évaluation et thérapie, activité clinique et travail thérapeutique. Il faudrait également faire des distinctions entre consultation, suivi irrégulier, aide à la décision, travail avec un groupe, psychothérapies[38]. Ces distinctions sont indispensables pour envisager toute une série de questions d'ordre éthique. Par exemple, est-ce qu'un psychologue attaché à une institution peut prendre en traitement individuel des adultes ou des enfants qui la fréquentent ? Que deviendra la confidentialité dont il a assuré le patient lorsqu'il participera à la réunion de synthèse qui doit décider d'une orientation ? Ou encore : l'appellation communément répandue de «patient» pour désigner tout consultant, quel qu'il soit et quelle que soit la nature de sa démarche, signifie-t-elle que le psychologue ait opté pour une position «soignante» au sein de la société ? Retour au politique, donc.

«La clinique psychologique est un métier», écrit M. Santiago-Delefosse (1997), «et non un "art" sans rigueur inventé au gré de chacun». Elle insiste sur l'urgence à la fonder comme telle, par les psychologues eux-mêmes, pour savoir en particulier résister à la prescription de commanditaires qui préfèrent psychologiser une situation plutôt que d'être renvoyés à leurs responsabilités au plan social. Les trois exemples qu'elle donne montrent l'importance de ne pas rentrer dans ce jeu et donc de former les étudiants à analyser précisément les situations, à démarquer la demande psychologique des demandes institutionnelles, à ne pas se rendre complice d'une violence sociale, à connaître les limites de ses interventions en ne cédant ni aux pressions des uns, ni aux demandes thérapeutiques impromptues des autres. Il s'agit d'apprendre à « orienter, séparer les places, différencier les objectifs ». Il s'agit aussi d'œuvrer à la dignité de la profession en refusant d'être « reconnu mais bénévole ; payé (plus ou moins bien) mais aux ordres », et à la dignité de l'activité professionnelle qui est un travail.

Ce ne sont donc pas à des identifications illusoires, mimétiques, qu'il faut convoquer les étudiants, qui jetteraient les bases d'une aliénation à un objet mythique dont ils seraient les sous-traitants[39]. Des postures totalement étrangères à l'exercice professionnel du psychologue (masque impénétrable, silence, attente de la demande...) sont actuellement en voie d'extinction dans une pratique où elles n'ont aucune justification et qui se caractériserait plutôt par la bienveillance et le service.

Les thérapies d'inspiration psychanalytique ont envahi les champs les plus variés (bébé, enfant, famille, groupe, institution, formation...). Ce sont des modèles dont on peut s'inspirer. Mais tout n'a pas été inventé. Certains de ces modèles sont d'ailleurs indûment appliqués à des cas qui exigeraient tout autre chose. Le traitement de l'addiction au jeu, par exemple, implique de prendre en compte et de manier aussi des éléments d'ordre social et juridique, ce maniement participant pleinement au traitement du joueur. Il est des stratégies en attente d'invention et qui, faute de l'être, laissent les personnes dans l'embarras et la souffrance. Chaque situation est une question nouvelle qui mobilise imagination et savoir-faire.

Très rapidement, l'exercice professionnel met à distance les années passées à l'université, qui paraissent bientôt aussi lointaines que des souvenirs d'enfance, dont elles gardent parfois la vivacité. Il vaut mieux oublier les théories que de les voir fonctionner comme une instance surmoïque généralement inhibitrice à laquelle certains échappent en s'y identifiant. Une théorie psychanalytique présentée comme complète, ayant réponse à tout, compétente pour tout, peut même avoir des effets nocifs : où sont le doute, le scepticisme, la perplexité qui fondent l'approche raisonnée des situations humaines ? Qu'un système de pensée ou une pratique s'instaure comme référence unique au cours des études risque bien de stériliser l'imagination, de culpabiliser l'innovation qui, vécue comme transgressive, demeure une pratique cachée.

Les compétences s'acquièrent au contact de personnes qui ne disent pas ce qu'il faut faire mais qui prennent les risques de l'action. C'est ce que fait l'enseignant qui enseigne des connaissances, le chercheur qui met au point une procédure, le praticien qui affronte le terrain, les sujets, les problèmes sociaux. C'est au contact de ce qu'ils montrent d'eux-mêmes dans l'action que l'étudiant peut dégager ce qu'il est et ce qu'il sera lui-même comme professionnel. Pour qu'elles ne se détruisent pas elles-mêmes de l'intérieur, les pratiques exigent d'être animées par des idéaux. La formation universitaire peut développer la réflexion, l'initiative, l'ouverture, à condition qu'elle donne l'exemple de la liberté de pensée et du respect d'autrui. Le savoir n'est pas un coffre précieux dont nous serions les seuls à détenir la clé.

NOTES

[1] Employée ici dans le sens que lui a donné E. Agazzi (1992) : «L'idéologie fournit une vision [...] totalisante de la réalité, dont la tâche est surtout de permettre une série d'applications immédiates à la conduite pratique, lui fournissant, spécialement en ce qui concerne le domaine des comportements sociaux, une sorte de cadre implicite de référence et de justification». Caractéristiques de l'attitude idéologique : a) non-conscience de la déformation pratiquée vis-à-vis de la réalité ; b) dogmatisme ; c) intolérance ; d) non-falsificabilité : elle se présente sous les traits d'un point de vue *absolu* [...] qui vient à la rencontre du besoin de certitude de tout homme chaque fois qu'il éprouve l'exigence de *donner un sens* à sa vie (p. 62-63).
[2] Cité par Hoshmand et Polkinghorne, p. 56. Ces auteurs se réfèrent à un grand nombre de travaux effectués sur ce sujet depuis vingt ans.
[3] *Id.*, p. 58.
[4] C'est aussi valable pour les enseignants : l'expérience pédagogique compte plus pour enseigner que les résultats de recherches sur la pédagogie de l'enseignement.
[5] Distinction de J. Dewey entre savoir faire (*know-how*) et savoirs (*know-what*).
[6] *Op. cit.*, p. 147-177.
[7] *Id.*
[8] Page 37.
[9] Code français de déontologie des psychologues, deuxième principe : compétence.
[10] Reprenant les aléas constitutifs de son histoire, J.L. Pedinielli (1994) a tenté une clarification (p. 9-32) : «La psychologie clinique présente [...] la particularité d'être à la fois une activité pratique et un ensemble de connaissances, dualité qui n'est pas sans conséquences» (p. 19).
[11] Page 433.
[12] *Cf.* L. Gavarini et F. Petitot (1998).
[13] *Cf.* J.Cl. Chamboredon (1971).
[14] Page 32.
[15] *Cf.* D. Fua, *op. cit.*, p. 15. «Ce sera précisément l'articulation constante entre théorie et pratique qui gardera à toute théorie de la psychologie clinique sa fécondité et son déploiement. Il faudrait pouvoir envisager la théorie comme une "amie" chez laquelle on viendrait chercher de l'aide et du réconfort dans les moments difficiles, avec laquelle on partagerait les plaisirs de la mutualité ; une amie exigeante certes mais fidèle qui saurait, en

retour, profiter des apports de chacun, croître ou se transformer. A cet égard, il nous apparaît que la psychanalyse représente une telle amie.»

[16] En 1956, 1.211 étudiants en psychologie en France; aujourd'hui, près de 45.000.

[17] 2.500 places offertes chaque année dans les DESS de psychologie en France.

[18] Dans une UFR, c'est la psychanalyse, dans une autre, c'est ce qui n'est pas la psychanalyse, par ailleurs majoritaire. Dans certains cas, les «compétences cliniques» du candidat entrent dans l'évaluation de son mémoire de maîtrise. Nous avions donc proposé de dégager les critères permettant d'en juger. Réponse des collègues : c'est évident.

[19] *Cf.* L. Bessis, dans cet ouvrage.

[20] *Cf.* J. Ménéchal (2000), p. 27.

[21] O. Bourguignon (1995).

[22] En dépit du fait que de nombreux universitaires ont une activité «clinique» extérieure, nous pensons qu'une nette différenciation des positions peut faciliter leur repérage par les étudiants. Aussi avons-nous sollicité des collègues cliniciens enseignants statutaires dans notre UFR, pour leur demander s'ils connaissaient des psychologues cliniciens expérimentés se référant au code de déontologie des psychologues qui puissent assurer cette fonction. Certains ont répondu très volontiers. Mais nous avons reçu une lettre d'un collègue (psychanalyste et médecin) nous reprochant d'abandonner la formation à des syndicalistes (?), ce qui montre bien, si besoin était, les luttes de pouvoir dont la formation et la pratique des psychologues sont l'enjeu.

[23] Le lacanisme continue de missionner : «Si la formation universitaire des psychologues est devenue, parallèlement à la cure didactique, l'avenir de la psychanalyse en France, sa décentralisation est l'une des conditions de cet avenir» (E. Roudinesco, *Le Monde*, 26 avril 2002). Voilà les psychologues réquisitionnés au service de la cause.

[24] *Cf.* J. Szpirglas, dans cet ouvrage, p. 208.

[25] Une mauvaise note est donnée ? «Cela fera du bien à son masochisme». Une collègue est particulièrement sociable et dynamique ? «C'est une hypomane».

[26] *Cf.* M.F. Hirigoyen (1998), *Le harcèlement moral, la violence perverse au quotidien*, Paris, Ed. La Découverte et Syros. Centré sur l'entreprise et la famille, l'ouvrage éclairera aussi ceux qui le supportent dans les institutions d'éducation et de soin.

[27] Les cognitivistes ont aussi leurs croyants !

[28] Des identifications mimétiques font que l'élève parle et écrit comme son maître.

[29] A distinguer des applications pratiques éventuellement thérapeutiques de ses résultats.

[30] Et comment en serait-il autrement lorsqu'un professeur de psychologie dit : «Quand je suis en séance [de psychanalyse], je fais de la recherche»?

[31] Page 28.

[32] Page 28.

[33] Page 29.

[34] Art. 29, Code de déontologie des psychologues, France.

[35] L'enseignement et la recherche sont aussi des «pratiques».

[36] Le mensuel *Psychologie* tirait à 200.000 exemplaires.

[37] Ou plutôt *ces* pratiques, qu'il faudrait finement analyser dans leur effectuation, non pas telles qu'elle sont présentées à travers la secondarisation du discours ou de l'écriture, mais telles qu'elles sont et existent pour ceux qui en sont les acteurs.

[38] La conduite d'une psychothérapie implique d'avoir acquis des compétences spécifiques par le biais de formations quasi exclusivement privées et extra-universitaires en tout cas en France. Les débats actuels (statut du psychothérapeute, formation à la psychothérapie) butent sur des problèmes très difficiles : médecins et psychologues reçoivent des demandes et tentent d'y répondre en se fondant parfois sur leurs seules ressources, sans formation particulière. D'autres personnes, sans qualification professionnelle, peuvent déclarer exercer des pratiques qui s'auto-désignent comme thérapeutiques (éventuellement sous

d'autres noms : épanouissement personnel, etc.). Certaines sont des escroqueries. Sans compter les sectes. La question ne se simplifie pas lorsque les résultats de recherches fiables lient principalement l'efficacité d'une psychothérapie à la qualité de la relation avec le thérapeute, non à sa théorie ou à sa méthode. Aucune ne peut donc être instituée sans arrogance comme la meilleure. Elles diffèrent aussi par leurs objectifs. Il existe des thérapeutes talentueux dont l'efficacité ne doit rien à une quelconque formation, mais le talent n'y aboutit pas nécessairement et les contre-exemples d'exploitation de la misère humaine sont nombreux. Quoi qu'il en soit, le thérapeute *et* le patient peuvent avoir une préférence pour un traitement. Pour y consentir, le patient doit être éclairé : il a le droit de choisir le bien qu'on veut lui faire. Instituer une hiérarchie entre méthodes thérapeutiques au nom de l'éthique, c'est oublier que celle-ci est fondée sur le respect des personnes et de leur liberté. Elle se discute au cas par cas, dans la bienveillance.

[39] G. Pithon, *op. cit.*, p. 719 : «La formation actuelle [des étudiants en psychologie] leur apprend à se positionner en "sous-traitant", dans l'attente d'une "commande nouvelle" et non pas comme des ingénieurs capables d'innover».

# Chapitre 5
# Éléments pour une éthique

Les principes éthiques sont issus de diverses traditions philosophiques, avec une tension entre deux façons de poser la question morale : « Que devons-nous faire ? », renvoyant au devoir et à la déontologie ; ou « Quelle est la solution la meilleure ? », dans une perspective téléologique de la bienfaisance, qui admet différentes façons de concevoir le bien. « Dans ce cas, il faut trouver les conditions d'un échange qui ne déclenche pas la peur d'une perte d'identité »[1].

La visée du meilleur est une préoccupation ancienne et insistante. Dans notre domaine, elle part du repérage de l'homme par rapport au réel, lorsqu'il cherche à comprendre son action, en-dehors du sentiment d'obligation. « L'expérience morale comme telle, à savoir la référence sanctionnelle, met l'homme dans un certain rapport avec sa propre action [...] qui est celle d'un bien qu'il appelle, engendrant un idéal de conduite »[2]. Les idéaux vont donc y trouver leur place, idéaux situés au ras de l'expérience humaine, sachant que chacun et chaque culture ont établit leur ordre. Dans nos sociétés occidentales, c'est l'éthique de l'*autonomie* qui est prépondérante, faisant appel au droit, à la justice et mettant l'accent sur la liberté de choix. Elle se distingue de l'éthique de *communauté*, qui s'appuie sur le devoir, la hiérarchie et l'interdépendance, soulignant la dimension communautaire du sujet, et de l'éthique de *divinité* qui fait référence à un ordre, naturel ou sacré, à une tradition, une sainteté, qui conçoit l'individu comme une entité spirituelle[3].

Le fil rouge de notre réflexion sera le « viser à la vie bonne [...] avec et pour autrui [...] dans des institutions justes » de P. Ricœur (1990). Il faut d'abord rappeler les conditions de l'éthique, le rapport à soi fondant le rapport à autrui, les deux s'instruisant réciproquement. L'éthique intersubjective, relative à l'être ensemble, au sens de travailler ensemble, fonde la collaboration entre professionnels sur le lieu du travail ; elle pourrait répondre à la question : avec quel collègue aimeriez-vous travailler ? Elle anime aussi l'exercice professionnel du psychologue pouvant répondre à la question : « Quel psychologue aimerait-on avoir en face de soi ? »[4]

## 1. CONDITIONS DE L'ÉTHIQUE : RESPECT, LIBERTÉ, JUSTICE

Respect d'autrui, respect de sa liberté et justice sont des principes fondamentaux en l'absence desquels toute référence à l'éthique relève de l'imposture ou de la dérision. Kant explicite leur étroite interdépendance :

> La liberté en tant qu'homme, j'en exprime le principe pour la constitution d'une communauté dans la formule : personne ne peut me contraindre à être heureux d'une certaine manière (celle dont il conçoit le bien-être des autres hommes), mais il est permis à chacun de chercher le bonheur dans la voie qui lui semble, à lui, être la bonne, pourvu qu'il ne nuise pas à la liberté qui peut coexister avec la liberté de chacun selon une loi universelle possible (autrement dit, à ce droit d'autrui).

> Un gouvernement qui serait fondé sur le principe de la bienveillance envers le peuple, tel celui du père envers ses enfants, c'est-à-dire un *gouvernement paternel*, où par conséquent les sujets, tels des enfants mineurs incapables de décider de ce qui leur est vraiment utile ou nuisible, sont obligés de se comporter de manière uniquement passive, afin d'attendre uniquement du chef de l'Etat la façon dont ils doivent être heureux, et uniquement de sa bonté qu'il le veuille également, un tel gouvernement, dis-je, est le plus grand despotisme que l'on puisse concevoir[5].

Après avoir très brièvement rappelé la signification que des philosophes donnent à ces concepts, nous évoquerons l'importance fondamentale qu'a pris le respect d'autrui dans l'émergence de l'éthique au sens moderne du mot. En ce qui concerne les personnes, ce respect implique la reconnaissance de leur autonomie, la non-ingérence dans leur vie privée et l'absolue nécessité d'obtenir leur consentement en cas de soin médical ou psychologique.

### 1.1. Respect et liberté

«Serait-il véritablement humain l'homme qui ne respecterait rien ni personne?», demande G. Kirscher (1996)[6], et de rappeler le mythe évoqué par Platon du présent que Zeus fait aux hommes, à tous également, de respect et de justice sans lesquels «aucune cité ne pourrait exister» [...] «Le respect est sentiment de l'ordre fondateur qui s'impose à tous et dont tous ont besoin» [...] «[Il est] toujours tourné vers une antériorité immémoriale à laquelle l'homme — communauté ou individu — est redevable et de son être et de sa dignité».

A partir de Descartes, explique-t-il, le respect n'est plus pensé à partir de son objet mais du sujet : c'est l'estime de soi-même qui rend capable de respecter. Kant fonde le respect dans la conscience que prend l'être humain de la loi morale, une position qui sera repoussée par la réflexion phénoménologique sur l'éthique comme si le respect de la loi était un obstacle au respect d'autrui et même à sa rencontre authentique. Il cite V. Jankélévitch : «Le respect impliquant la distance n'est pas tant amour qu'ébauche du geste amoureux [...] il a la phobie de la proximité [...], il s'avère incapable de partage...». P. Ricœur tente d'assumer les deux héritages : «Le respect met en présence...» sans objectiver; il protège «contre la vaine curiosité du savoir», «il creuse la distance [...] en mettant autrui à l'abri des empiètements de ma sensibilité indiscrète [...]»[7]. Cette conception se distingue de celle de E. Lévinas, qui élabore sa conception plutôt contre Kant, comme face à face : «... ce respect [...] est à la fois responsabilité pour autrui, allégeance à autrui, et "relation entre égaux"». G. Kirscher conclut : «N'est-ce pas le respect de la loi morale, et donc de la personne humaine, qui permettent à l'être fini et capable de raison de discerner le seuil qu'il se doit de ne pas franchir afin de garder la distance qui fonde son humanité et lui ouvre la possibilité d'habiter le monde et de le respecter?»

Le respect des personnes et de leur liberté figure dans le premier texte fondateur de l'éthique au sens moderne du mot, la *Déclaration des droits de l'Homme et du Citoyen* de 1789 : «La liberté consiste à pouvoir faire ce qui ne nuit pas à autrui»[8]. Ce principe est placé en tête du Code de Nuremberg (1947) sous la forme de la règle du consentement[9] qui découle de l'application de ce principe en cas d'expérimentation sur l'être humain. Il sera énoncé sous forme de droit par l'ONU en 1948[10] : «Tous les êtres humains naissent libres et égaux en dignité et en droits» (Art. 1er, repris du texte de 1789), «tout individu a droit à la vie, à la liberté...» (Art. 3), «Nul ne sera l'objet d'immixtions arbitraires dans sa vie privée, sa famille, son domicile ou sa correspondance, ni d'atteinte à son honneur ou à sa réputation» (Art. 12), «Toute personne a droit à la liberté de pensée, de conscience...» (Art. 18), «à la liberté d'opinion et d'expression» (Art. 19). Ces déclarations ont inspiré le cadre juridico-légal actuel, les principes éthiques guidant la recherche sur les êtres humains et de nombreux codes de déontologie professionnelle[11].

Le respect de la liberté des personnes implique la reconnaissance de leur autonomie. Cette dernière notion a été diversement interprétée par les philosophes[12]. Pour Kant, c'est la capacité de s'autodéterminer, la propriété qu'a la volonté d'être elle-même sa loi, condition présupposée pour considérer l'être humain comme capable de choix.

Quant au respect, c'est un sentiment moral, qui exprime la conscience de la subordination de la volonté à la loi morale, sans l'entremise d'autres influences sur la sensibilité. «La détermination immédiate de la volonté par la loi et la conscience que j'en ai, c'est ce qui s'appelle le *respect* de telle sorte que le respect doit être considéré non comme la *cause* de la loi, mais comme l'*effet* de la loi sur le sujet »[13]. Le respect pour la loi morale unit en un seul « sentiment » la liberté de la soumission de la volonté et le sentiment d'une irrésistible coercition. Kant opère ainsi la synthèse entre les exigences d'une morale rationnelle et l'exigence d'un sentiment de l'ordre de la sensibilité qui correspond à l'exercice du devoir. Le respect relève donc de la même catégorie transcendantale que la liberté, essence de la loi.

Le seul objet possible du respect est la loi morale, qui demande de considérer la personne comme une fin et l'avancement de l'humanité en nous comme un devoir. Le respect est une reconnaissance de l'humanité comme valeur au sens précis de ce qui est une fin en soi et ne peut être échangé contre rien d'autre. Respecter autrui, c'est reconnaître l'humanité en lui. Les notions de personne et de respect sont liées l'une à l'autre parce que toutes deux sont directement issues de l'idée kantienne de loi morale.

Le respect du principe de non-ingérence est au fondement de la morale : non-ingérence dans la vie privée des personnes lors des procédures de recrutement de personnel, par exemple. S. Lievens (1988) a listé une série de manquements à ce principe : demande de références aux employeurs précédents à l'insu du candidat, questions sur les journaux et périodiques lus ou sur l'affiliation à une mutuelle, sondant de façon voilée les opinions politiques, questions sur les projets matrimoniaux ou familiaux où des femmes peuvent se sentir désavantagées dans leur chance de mise au travail..., toutes questions superflues au regard de l'information indispensable concordant aux buts de l'examen psychologique. Il pointe les difficultés : un groupe a un certain droit de regard sur la liberté de l'un pour garantir celle des autres, un employeur recherche à consolider son entreprise au bénéfice de chacun. Le respect de la vie privée d'un candidat est de ne recueillir que les données ayant rapport avec les exigences professionnelles, de l'informer sur les intentions et la portée de l'examen, d'assurer la confidentialité quant au traitement des données personnelles et des données de l'entreprise. L'utilisation de tests de personnalité dans les procédures de sélection ne peut se justifier que si les responsabilités impliquées par le poste exigent de connaître la personnalité du candidat. Les moyens de sélection scientifiquement douteux sont à rejeter. Pourtant, l'analyse graphologique comme moyen d'analyse de la personne est l'une des méthodes les plus employées en France et la moins fiable[14].

Nous avons déjà évoqué[15] l'importance de ces principes dans la recherche. La protection contre l'ingérence a impliqué l'exigence du *consentement* des personnes (S. Botros, 1996), qui pose de difficiles problèmes dans le domaine du soin médical. Si, renonçant à sa liberté, le patient consent au soin, il ne doit pas y avoir été contraint et le médecin doit lui fournir des informations pour l'éclairer. Ces questions ont été longuement débattues du fait des problèmes qu'elles soulèvent relatifs à l'étendue des informations à communiquer, avec des valeurs qui entrent en conflit : *droit à l'autodétermination* du patient impliquant une information complète pour que son consentement soit réel, *devoir de soigner* du médecin qui pourrait l'amener à retenir des éléments qui pourraient nuire au patient (relatifs notamment à son état de santé). A qui de juger ? Le patient, pour s'autodéterminer en toute liberté ? Ou le médecin désirant exercer son privilège thérapeutique ? Ce qui conduit à réviser la notion d'autonomie et à redéfinir les frontières du moi, puisque certains désirs peuvent empêcher l'individu de prendre des décisions autonomes.

Le respect de l'intégrité de la personne est encore plus difficile dans le domaine du soin psychologique puisque la personne et sa vie privée en sont souvent le centre. Leur traitement demande une vigilance particulière, bien explicitée par J. Ménéchal[16]. Ce respect de l'intimité n'est pas « évitement phobique », mais sensibilité aux limites de l'investigation, dictées par ce que la personne peut et veut livrer d'elle. De belles occasions de réflexion s'offrent aux psychologues : doivent-ils ou non constituer un « dossier psychologique », à l'instar du dossier médical où sont consignés l'évolution d'une pathologie et son traitement ? Ces données sont-elles assimilables les unes aux autres ? Les données psychologiques, qui sont celles du moment, obtenues au sein d'une relation, ne risquent-elles pas de figer le destin d'une personne, le présent étant alors reconstruit à partir de son passé ? Les psychologues défendent l'originalité du soin psychologique, ce qui implique d'assumer les conséquences éthiques de cette position. Ou encore : comment informer un patient sur la nature et l'efficacité du soin psychologique qu'on lui propose sans entrer déjà dans le soin lui-même ? Etc.

Nous pouvons préciser avec plus d'acuité ce que peut être l'éthique dans la relation à autrui en nous appuyant sur les recherches de M. Balmary. Depuis plusieurs années, elle lit l'œuvre de Freud et la Bible, en les faisant se questionner l'une l'autre à la lumière de son expérience de psychanalyste. Sans que ce soit son objectif, elle y développe une éthique du soin et, plus largement, une éthique du rapport à autrui qui entrent en résonance avec les positions philosophiques que nous avons brièvement rappelées.

> L'analyste n'a pas à être d'abord exemplaire lui-même : faire tout bien, ne pas commettre de faute, selon le modèle moralisant de la religion ordinaire ; il n'a pas non plus à être épanoui, bien dans sa peau, selon le modèle tout aussi moralisant de nos psychologies. Il n'a pas à être quelque chose, pour être thérapeute, mais seulement (si je puis dire, car c'est beaucoup) savoir se placer comme autre. Accepter que l'autre ne soit pas lui, à lui, comme lui ; et aussi que l'autre ne soit pas lui-même prêt à reconnaître quelqu'un dans l'altérité[17].

Son exploration du récit de la Genèse la conduit à revenir plusieurs fois sur cette problématique de la différence et de l'altérité :

> [mâle et femelle il les crée ] mâle et femelle ; ici, trois éléments : deux êtres et leur différence. C'est-à-dire ce qui est nécessaire pour dire valablement «nous» : Toi-qui-n'es-pas-moi et Moi-qui-ne-suis-pas-toi[18]... Il s'agit en Eden de *garder la différence des sexes*, non pas de se garder d'elle. Il s'agit de ne pas l'abolir, cette différence, de garder l'écart nécessaire à ce qu'elle soit lieu et motif de la parole, l'annonce que chacun peut faire à l'autre qui ne connaît pas[19].

Possession et altérité s'excluent :

> Manger est l'acte le plus dédifférenciant que je puisse accomplir puisque ce que je mange devient moi-même et cesse d'exister dans le monde. Pour connaître ce qui est différent de moi, il faut évidemment que je ne le mange pas [...] Dire sien un fils, une fille mais aussi bien un patient, une patiente, c'est le retenir loin de la Parole ; loin du divin en tant qu'Il est lieu de leur avènement comme personne, comme être parlant[20]...

La référence au sacré n'est pas obligatoire, mais désacraliser n'est pas profaner. Le respect des personnes repose sur la reconnaissance de l'identité et de la différence comme principes constitutifs de la personne et de la relation.

Le respect de la dimension psychologique des personnes implique de ne pas les détacher de leur existence, puisque les psychologues sont professionnellement en contact avec des êtres humains concrets. Les besoins psychologiques sont souvent méconnus parce qu'ils sont invisibles ou s'expriment de façon discrète : penser, parler, imaginer, aimer sont le propre de l'homme et il ne peut en être dépossédé sans souffrir. La perte d'estime de soi, le sentiment d'échec, la confusion, l'angoisse, la souffrance tuent rarement mais peuvent conduire à la dépression, au désespoir, rendre fou ou simplement ôter son goût à la vie. Positivement, il s'agit de lutter *contre* l'instrumentalisation et la réification des êtres humains, *contre* la stigmatisation, l'exclusion, l'asservissement et toutes les emprises, et *pour* la tolérance, l'acceptation des différences, la protection des fragilités physiques ou psychiques.

Une autre figure du respect consiste à désolidariser l'être de ses actes : ce n'est pas parce qu'on a commis un crime que l'on est criminel, pas parce que l'on a dit une sottise qu'on est un sot. Le jugement essentialiste fonde l'irrespect. Craint-on une déresponsabilisation ? Il en est en réalité tout autrement : est déclaré irresponsable au sens de la loi celui qui commet un acte qui ne peut être détaché de son état mental, même si celui-ci n'est qu'un élément de la personne. Nous nous souvenons de ce détenu qui purgeait une longue peine pour crime sexuel : si son amie n'était pas morte, disait-il, s'il n'avait pas été si seul, ce ne serait jamais arrivé. Etablir ce lien, c'est bien s'instituer comme personne jugeant son acte et ne s'identifiant donc pas avec lui. C'est une distinction essentielle, particulièrement dans le domaine du soin. Oui, un trouble psychique affecte toute la personne, elle-même et son existence ne peuvent en quelque sorte être détachées de ce désordre; mais, simultanément, la personne affectée ne peut être confondue avec son affectation, ni être identifiée à sa souffrance ou à son état mental. Cela ruinerait d'ailleurs toute possibilité d'alliance de travail.

L'autonomie ou la liberté peut être celle du psychologue. A propos des psychologues exerçant dans le champ du travail dans le cadre de services publics, M. Moulin (1987) affirmait clairement la nécessité de l'indépendance morale, du sens de l'intérêt général à long terme et de l'incorruptibilité. Ceci peut valoir pour d'autres formes d'exercice. La liberté est aussi intellectuelle : rétablir la pensée aux dépens de pensées supplétives, de théories importées qui peuvent freiner l'élaboration ou fausser l'examen d'une situation. Cette liberté est exigeante : il n'y a pas de modèles. C'est un renoncement aux figures de l'enfance, aux prescriptions routinières, au conformisme. C'est une réflexion-en-action, chacun parcourant son propre chemin.

### 1.2. Justice

C. Audard (1996) déploie ce concept qui couvre un champ immense où le politique et le moral se mêlent inextricablement. C'est une vertu cardinale, au sens où elle commande toutes les autres, mais aussi une nécessité de l'institution politique : principe de répartition des charges et des avantages de la vie sociale, principe de rectitude dans les échanges, idéal normatif permettant de juger le pouvoir politique, institution chargée de faire respecter la légalité.

La justice donne au respect sa sincérité. Elle fonde la pratique professionnelle et la vie institutionnelle.

Qu'est-ce qu'un rapport «juste» à autrui? On serait tenté de répondre : témoigner de la sollicitude, au sens que P. Ricœur[21] donne à ce mot : «*Spontanéité bienveillante*, intimement liée à l'estime de soi au sein de la visée de la vie bonne». Dans un contexte professionnel, nous reprendrions l'idée du *service*, avancée par F. Coutou, en ce qu'il permet d'équilibrer les démarches. Les psychologues sont au service des personnes, ce qui ne supprime pas la bienveillance, mais marque la position professionnelle : faire correctement son métier et attendre les gratifications habituellement attachées à un tel exercice sous forme de reconnaissance, d'argent[22]... La bienfaisance est suspecte, dissimulant souvent une domination d'autrui : « Faire les choses au nom du bien, et plus encore au nom du bien de l'autre, voilà qui est bien loin de nous mettre à l'abri non seulement de la culpabilité, mais de toutes sortes de catastrophes intérieures »[23]. Le souhait d'aider, d'être du côté de... peut être l'effet d'un manque de discernement, qui conduit à trahir les intérêts d'autrui et aussi l'intérêt général[24]. La justice contraint à s'interroger sur les fins poursuivies.

Idée forte, permettant d'éclairer la pratique. Celui qui se présente comme compétent contracte des obligations envers celui qui fait appel à lui. A quel autre titre que celui d'une compétence professionnelle quelqu'un écouterait-il un inconnu lui parler de ces blessures psychologiques invisibles que sont les humiliations, les échecs, la trahison...? Celui qui souffre — qui a cette charge — a droit à des avantages, non à des souffrances supplémentaires. La dissymétrie des positions respectives est compensée par l'authenticité de l'échange. La plainte, qui accompagne si souvent la démarche, introduit directement le thème de l'injustice, réelle ou supposée, et de l'injuste. Certains patients demandent seulement à être *crus*, qu'on leur rende cette justice, et cet acte peut à lui seul avoir valeur thérapeutique.

Mais la pratique thérapeutique, fut-elle la plus « clinique », n'est qu'illusoirement intersubjective. Elle est aussi simultanément sociale, institution au sein et dans le cadre d'autres institutions. L'exigence de justice se porte donc aussi vers ces trois constituants de l'institution distingués par J. Ménéchal (1997) : l'acte fondateur, la ressaisie des dynamiques subjectives dans un espace de débat soumis au regard d'autrui, l'histoire appréhendée sous l'angle de la durée, de l'origine et de la transmission. Quels sont les traits éthiques d'une institution juste ? Pour P. Ricœur[25], cet « agir ensemble dans la durée » doit respecter la pluralité de la condition humaine, la concertation et le respect de la justice tournée à la fois vers le bon et vers le légal. La distribution est un trait fondamental des institutions puisqu'elle règle la répartition des rôles, des tâches, des avantages et des désavantages entre ses membres. La répartition implique l'idée de participation à l'institution et celle de la distinction des parts assignées à chacun, les deux étant liées. L'injuste devient l'inégal : celui qui prend trop en termes d'avantages et pas assez en termes de charges. Dans cette perspective, la *violence*, comme « pouvoir exercé par une volonté sur une autre volonté », et ses expressions (manipulation, chantage, détournement d'une fonction hiérarchique aux fins de domination d'autrui...), qui sont autant de figures du mal dans la dimension intersubjective, peuvent ainsi rendre « injustes » les institutions en les exposant aux risques de la démagogie, du despotisme, du totalitarisme.

L'expérience éthique nécessite ces conditions pour se réaliser. Pour P. Ladrière (1990), l'éthique se découvre au cours d'actions effectivement conduites par soi, comme liberté, pouvoir être, dans la durée, avec de possibles défaillances. Cette affirmation n'existe que conjointement à la reconnaissance de la liberté de l'autre, aux possibles refus de liberté, affrontement allant jusqu'au meurtre. Mais ce que l'éthique a de plus fondamental est sa référence à la règle, qui peut être une abstraction comme la justice ou la liberté. Cette règle a toujours été précédée de montages institutionnels successifs, de structures d'interactions, elle porte donc la trace de choix éthiques antérieurs.

## 2. L'EXPÉRIENCE ÉTHIQUE

Une pratique psychologique qui s'inscrit dans un travail d'humanisation ne peut s'exercer que dans les conditions précédemment indiquées. Sinon, elle est destructrice d'humanité : bienfaisance, avec ses ambiguïtés, instrument de normalisation, système de contraintes ou de contrôle social, asservissement aux demandes sociétales et institutionnelles, domination d'autrui, cruauté, violence sous couvert de thérapeutique...

Continuons à suivre notre fil rouge. Nous envisagerons successivement l'expérience éthique du psychologue dans son milieu de travail, au contact d'autres professionnels[26], celle liée à sa pratique comme consultant, enseignant, expert, thérapeute, autrui renvoyant à des personnes ou à des groupes ; enfin celle de ses rapports à la société.

### 2.1. Travailler ensemble

P. Ricœur écrit que le respect des personnes implique l'estime de soi, la façon dont on traite les autres révélant la façon dont on se traite soi-même. Le psychologue exerce souvent son métier dans le cadre d'un service, d'une institution ou d'une entreprise. Il participe au travail collectif qui implique des liens professionnels et des responsabilités réciproques. L'éthique contemporaine (F. Ewald, 1997) lie la responsabilité à l'exercice d'un pouvoir. Plus on est responsable, moins on est protégé, moins on a de responsabilités et plus on est protégé (non l'inverse). La responsabilité implique des obligations, comme celle d'informer également, de se concerter pour les décisions, seule façon de pouvoir partager les risques. Elle implique de construire un rapport à soi-même et aux autres qui supprime la dépendance. Etre responsable, c'est être l'auteur de ses actes et de leurs conséquences, avec parfois une difficulté à décider de la responsabilité morale lorsqu'elle est liée au seul assentiment ou à l'omission intentionnelle (F. Neuberg, 1997).

La responsabilité s'exerce dans les paroles et les actes : être capable de faire des promesses et de les honorer, car elles engagent l'avenir de ceux qui en vivent. Est irresponsable celui qui fait de fausses promesses, ment ou trahit parce qu'il porte atteinte à la liberté d'autrui. Cette capacité implique l'existence d'un *je*, qui ne se réduit pas au moi, et d'une solitude, qui n'est pas isolement. Se référant à E. Lévinas, C. Perrotin[27] a développé ce thème de la solitude comme étant le terreau sur lequel s'édifie toute relation, parce que la solitude dit l'unité même du sujet, son existence, qu'il ne peut échanger avec personne. Elle n'est pas à mettre du côté de la souffrance, pour mieux l'éviter, mais elle enracine le sujet et est une des conditions de la relation. Dire *je*, c'est faire l'expérience d'une différence par rapport à l'autre, d'une incomplétude, et peut être l'objet d'une crainte. Nous préférons être comme tout le monde, comme pour limiter les risques. Le *je* rend possible la constitution d'un *nous*, lorsque plusieurs personnes prennent le risque de parler en tant que sujets, de passer alliance, contrat. Il s'oppose au *on*, qui est du côté de la ressemblance, de l'amalgame, pronom souvent utilisé dans les institutions qui s'associe aux « on-dit », qui est le statut de la rumeur, qui ne fonctionne que parce qu'elle est indifférenciée. Le *je* est un point de croisement entre solitude et solidarité, entre connu et inconnu, une manifestation d'un sujet marqué par les rapports entre conscient et inconscient.

Le travail rassemble souvent des personnes de catégorie professionnelle différente et que leur formation, leur statut, leur âge, leur caractère, leur situation au sens le plus extensif du terme, distinguent absolument. Elles sont cependant en communication constante, le dire individuel étant contraint par la communication avec les autres ; elles doivent transiger, décider, dans le respect de la réciprocité et sans perdre de vue les objectifs du travail auquel elles participent. Ce qui suppose un certain degré d'intégration, avec un respect pour les rites qui peuvent la favoriser. J. Habermas (1968) a décrit les risques que comporterait pour notre existence culturelle l'abandon de la communication entendue comme « intersubjectivité de la compréhension » et « réalisation d'une communication exempte de domination ». Le consensus dans l'action ou la décision n'est pas, pour J.F. Lyotard (1979)[28], une fin en soi : il lui préfère la justice, pensant qu'il faut parvenir à une idée et une pratique de la justice qui ne soit pas celle du consensus. Ceci implique, selon lui, de 1) reconnaître l'hétéromorphie des jeux de langage[29], qui implique la renonciation à la terreur qui suppose et tente de réaliser leur isomorphie; 2) « Si consensus il y a sur les règles qui définissent chaque jeu et les "coups" qui y sont faits, ce consensus *doit* être local, c'est-à-dire obtenu des partenaires actuels, et sujet à résiliation éventuelle ». Il met l'accent sur le dissentiment, le consensus n'étant jamais acquis.

Le travail en commun suppose une alliance contractuelle, même temporaire, un respect des identités professionnelles et des compétences qui y sont attachées. Cette « alliance de travail » est faite de discussions, critiques, conflits, actions, transactions. Seule la trahison rompt la règle, le flou ou le laxisme déresponsabilise, le chantage bloque le fonctionnement institutionnel ou, en le forçant, le fausse. On s'aperçoit alors que des recommandations techniques banales (une réunion se fixe, son ordre du jour est connu, sa durée indiquée et respectée, son objet traité...) sont des garanties de fonctionnement juste. Mais ces éléments sont tous manipulables : un programme peut en dissimuler un autre, un jury peut être perverti s'il devient une mise en cause d'un enseignant ou tolère l'exposé d'éléments de la vie privée d'un étudiant, une sélection faussée si des éléments étrangers à son objectif et à ses critères y prennent place, etc. Il y a atteinte grave à la liberté et à la justice lorsqu'un système, entreprise ou institution, est sous la dépendance d'une structure qui lui est étrangère, qui ne répondra donc pas de ce qui peut s'y passer.

Les questions doivent être traitées là où elles se posent : au niveau groupal ou institutionnel si elles concernent le groupe ou l'institution, au niveau interpersonnel si les questions relèvent des personnes, et d'elles seulement. Cette logique est une condition de possibilité du fonctionnement collectif. Nous en tenons pour preuve que le silence d'un groupe réuni en assemblée est généralement associé à des rumeurs et commérages individuels à l'extérieur et que tous deux sont manipulatoires (diviser pour régner, faire pression, contester le pouvoir). Ouvrir la communication, parler, débattre est une façon d'humaniser la situation, en ce qu'elle est parlée. Les despotes imposent le silence. Construire une image négative d'un collègue pour l'isoler, porter atteinte à sa réputation par des sous-entendus, exercer un chantage, menacer d'exclusion sans motif, ne concevoir la relation à autrui que comme emprise et domination, c'est se situer en dehors des conditions éthiques qui permettent un juste fonctionnement des institutions. La violence verbale ou agie est contraire à l'éthique.

Tout à proximité se trouve la question du public et du privé, en particulier la confidentialité à l'égard d'une personne dont l'état ou la situation font qu'elle est l'objet des préoccupations d'une partie des professionnels présents. M. Maurille[30] travaille cette dimension du secret dû au patient face à la demande institutionnelle : y a-t-il nécessité d'un espace secret en institution ? Oui, parce que souvent les patients éprouvent le désir de garder secrets des éléments de leur existence et, s'ils les communiquent au psychologue, s'assurent que ce secret ne sera pas divulgué. « Le droit au secret est une condition pour penser[31]. Le droit à garder des pensées secrètes doit être une conquête du Je, le résultat d'une victoire remportée dans une lutte qui oppose au désir d'autonomie de l'enfant, l'inévitable contradiction du désir maternel à son égard », auquel un désir « institutionnel » peut être assimilé. Le désir de « savoir ce qui se passe avec le psychologue » dans un lieu vécu comme un espace transgressif (où l'on peut tout dire et parfois tout faire) par rapport à l'institution qui représente l'ordre, le contrôle et les interdits, peut faire surgir des fantasmes de scène primitive. M. Maurille souligne la valeur excitante du secret, « non-savoir source du désir de savoir, occasions de litige avec l'équipe [...] scène secrète vécue comme séparation avec l'institution » alors que le psychologue en fait partie, et qui pourrait servir un fantasme de toute-puissance chez le psychologue. D'autant que la fragilité de sa place et de son statut peut l'amener à utiliser ce secret comme recours, pour préserver son sentiment d'autonomie au sein d'une équipe. Le secret devient alors un moyen pour se préserver d'autrui, se protéger narcissiquement, marquer sa différence. Garder le secret, conclut-il, en continuant à communiquer avec les autres membres de l'équipe.

L'étanchéité entre vie professionnelle et vie privée est un indice de compétence professionnelle. Elle est particulièrement importante dans des milieux qui favorisent la projection de problématiques familiales en ce qu'ils sont « protégés », moins soumis aux exigences d'efficacité ou de productivité que ne le sont d'autres milieux, même si ceux-ci sont loin d'être exempts de telles projections. Les milieux soignant et éducatif (dont l'université) peuvent favoriser des mouvements régressifs, surtout lorsqu'ils sont des « milieux de vie », traitant les situations de hiérarchie, responsabilité, collaboration, interdépendance... sur le modèle familial. Ce dont profitent ceux qui souhaitent dominer autrui : ils encouragent ces mouvements sous des dehors bonhomme, font preuve d'attention « maternelle » en maintenant des collègues dans un statut d'enfant, voire de « bonne ». La situation est cadenassée et l'aliénation parfaite lorsqu'elle reste insue des intéressés eux-mêmes, alliances et services étant parfaitement assurés en retour. Nous voici aux antipodes de l'autonomie, loin du libre arbitre, d'autant qu'une culpabilisation accompagne tout manquement et qu'existe une contrainte implicite à se mettre entièrement au service des intérêts de la personne dominatrice.

La psychologie est aussi guettée par la « psychologisation » de son exercice. G. Fourcher (1995) signale le risque permanent « d'affectivisme », soit la tendance des psychologues à transporter la dimension affective qui s'attache à leur démarche hors du champ de leurs pratiques, à tous les autres ordres de réalité, en particulier administrative. « Un discours sur l'affectif devient un discours affectif ». Paradoxalement, cet extérieur où certains travaillent (éducation, justice, santé, travail...) souhaite tirer parti des méthodes psychologiques sans que celles-ci altèrent le champ pour le compte duquel elles sont mises en exercice, agissant donc comme s'il voulait l'annuler.

La psychologisation est devenue si banale qu'on oublie de s'en étonner. L'énergie consacrée à la vie institutionnelle peut arriver à dépasser celle consacrée à l'exercice des fonctions et est un indice sûr de dysfonctionnement institutionnel et de souffrance au travail. Elle a explosé avec la « réunionnite » des années soixante-dix mais reste rampante comme si elle était gage d'élucidation magique des situations. La psychologisation empoisonne l'enseignement, les procédures de sélection et de contrôle, faisant perdre l'autorité des actes et dissolvant la responsabilité. Même au lycée, remarquait J. Szpirglas, l'institution peut par ce biais encourager des comportements inadéquats : l'enseignant peut se vivre comme la « cause » des échecs de ses élèves parce qu'il aurait mal enseigné ; le rapport pédagogique est détourné et ceci aboutit finalement à une déqualification des travaux des élèves. En réalité, pense-t-elle, le problème de l'enseignant est un problème de rapport à la loi ; le mépris de l'enseignement également.

Ce rapport est essentiel. L'alliance contractuelle, si nécessaire soit-elle, ne permet pas de se penser comme sujet travaillant en collectivité. J. Ménéchal[32] dénonce les dangers inhérents au contrat qui « apparaît fréquemment comme une tentative de substitution à la règle commune plutôt que comme le résultat d'une réflexion sur les conditions d'aménagement ou de réduction de la portée de celle-ci » : constitution de microcultures recréant des espaces de vie commune pour échapper aux contraintes de la règle générale, survalorisation des référentiels internes par rapport à la culture environnante, constitution de groupements d'intérêts qui vivent en marge des règles sociales, juridiques ou fiscales, déniant la réalité actuelle de l'inscription collective, marquant le refus du contrat social présent. Dans des domaines aussi sensibles que le soin ou l'éducation, le rappel des règles sociales, administratives, juridiques est un impératif structurant, en ce qu'elles témoignent de l'existence d'une réalité extérieure aux institutions elles-mêmes et participent de ses cadres symboliques.

Il y a donc coïncidence entre une pratique éthique et un exercice professionnel correct. Les institutions se distinguent par la marge de liberté qu'elles laissent aux individus, les institutions justes étant celles où chacun peut se mouvoir librement dans le respect de la liberté des autres. Il existe des milieux professionnels gangrénés, où l'on s'abîme, et d'où il faut pouvoir partir.

## 2.2. Travailler avec et pour autrui

### 2.2.1. Questions posées par l'intervention psychologique

Quels que soient ses objectifs, elle est cadrée par des recommandations techniques et déontologiques : clarification des conditions d'intervention, énoncé de sa nature et de ses limites. Lors de l'établissement de ce cadre, le sujet est un partenaire du psychologue puisqu'il faut qu'il y ait accord entre les parties pour que l'intervention s'effectue. Elle ne peut être ni subreptice (transformer une relation thérapeutique en objet d'investigation, ou un examen psychologique en traitement psychologique...), ni contrainte : « Nul n'est tenu de révéler quoi que ce soit sur lui-même »[33]. Enfin, « les dispositifs méthodologiques mis en place par le psychologue répondent aux motifs de ses interventions et à eux seulement »[34].

Ces recommandations, si importantes soient-elles, laissent de côté toute une série de questions énoncées par G. Lyon-Caen (2000) : jusqu'à quel point le moi d'une personne peut-il faire l'objet d'investigation sans que ce soit elle-même qui en fasse la demande ? Quelles sont les limites d'une investigation de la personnalité ? Une personne peut-elle en payer une autre pour démonter les rouages du psychisme d'un tiers ? Puisque l'objectif que se donne le psychologue est limité, quelles questions vont être permises ou défendues ? Un psychologue peut-il se déposséder de sa propre vision du monde ? S'empêcher de voir si son objet d'étude est conforme au modèle ? Et que devient le respect du secret professionnel quand une évaluation est faite pour être communiquée ? Quelles sont les limites vraisemblables du licite ?

La question des *limites* est extrêmement difficile. Elle devrait être celle de la compétence, mais ce sont justement les moins compétents qui les ignorent. La formation d'étudiants — inexpérimentés par définition — à la conduite de l'entretien, clinique ou de recherche, est instructive : questions brutales, écoute insuffisante, précipitation interprétative avant même que l'interlocuteur ait eu le temps de s'expliquer, sous-tendue par l'idée qu'un «bon» entretien est «affectif». Cette inexpérience les conduit à transgresser les limites imposées par la situation, l'objectif, le niveau d'intervention décidé préalablement, la personnalité de l'interlocuteur, sa sensibilité, son mode d'être, etc. La formation consiste donc bien à *délimiter* l'intervention. On peut rarement aller plus loin. Car qu'est-ce qui décide *in fine* de l'opportunité d'une telle question dans un entretien ou sa mise à l'écart si ce n'est la sensibilité propre de l'étudiant et ses valeurs morales ?

Prenons un exemple différent. Voici une étudiante désireuse de prendre comme thème de recherche pour son mémoire de maîtrise : «Les parents d'enfants qui ont subi un traumatisme crânien avec séquelles graves», parce qu'elle est en stage dans un service qui accueille ce type d'enfants, avec «l'hypothèse» (?) que ces parents doivent faire le deuil de l'enfant imaginaire. Il est possible de lui faire comprendre qu'elle va réveiller leur souffrance, ce que ne justifient ni la qualité scientifique du projet, ni les retombées éventuelles en terme de savoir, et donc l'amener à y renoncer. Mais il n'est pas question, dans ce cadre, de dévoiler un plaisir voyeuriste sous-jacent, ou un désir de réparation, ou quoi que ce soit d'ordre inconscient, néanmoins susceptible d'œuvrer dans la pratique professionnelle future. La sélection des étudiants sur des critères de personnalité est parfaitement illusoire (quand on sait quelles personnalités passent au travers des mailles de procédures autrement sélectives) et même dangereuse, car elle reviendrait à nier toute possibilité de changement. Par ailleurs, il existe aussi des personnes qui aiment exhiber leur souffrance et s'améliorent si elles rencontrent une écoute complice.

Le contact avec des jeunes inexpérimentés permet d'observer directement les gratifications recherchées dans l'attention portée à autrui, qui seront ultérieurement cachées et rationalisées. L'examen psychologique systématique de la personnalité en consultation se fait souvent dans la bonne conscience du devoir accompli alors qu'il devrait être une opération dûment motivée et finalement exceptionnelle. Ses limites sont celles des outils utilisés, psychologue compris. S'agit-il encore de personnalité ou d'une évaluation psychologico-normative de celle-ci ? Quand s'arrêter dans la quête du sens latent derrière l'expression manifeste, surtout quand elle est présentée comme un approfondissement de l'investigation? Qui donne le sens? Les limites seront-elles celles du communicable au sujet dans une juste répartition du savoir et du pouvoir? Tout ne peut pas être dit, justement en considération des fameuses « zones de vulnérabilité du sujet», ou pour des considérations techniques liées à la personnalité de l'interlocuteur ou à l'évolution de la situation elle-même.

Quelles sont les limites entre la curiosité indispensable à la recherche (qui s'originerait dans le sexuel, une hypothèse à notre avis insuffisante) et la curiosité du chercheur, qui utiliserait autrui pour satisfaire ses pulsions dites perverses? Ce serait le positionnement dans lequel il met autrui. Néanmoins, des questions aiguës se posent dans le domaine clinique où tant de thèmes restent inexplorés. Mais peut-on impliquer des êtres humains dans des protocoles de recherche pour la seule raison que « c'est intéressant » et que « l'on aimerait bien savoir »? Doit-on ne faire alors que des recherches répondant à des commandes sociales visant l'intérêt général? On peut argumenter que l'intérêt particulier peut servir l'intérêt général. Doit-on s'interdire toute intrusion dans la personnalité et se contenter d'appliquer des outils — plus ou moins valides — à des populations? Ces recherches feront-elles progresser le savoir sur les êtres humains?

Quelles sont les limites de «l'enquête immatérielle» sur le psychisme? Sans doute faudrait-il analyser rigoureusement la façon dont les psychologues procèdent au cours de leur exercice professionnel, décident au cas par cas des limites qu'ils posent entre le licite et l'interdit, et recueillir ce qu'ils considèrent comme des impossibilités d'ordre éthique[35]. Lorsque des psychologues parlent de leur métier, les plus compétents sont aussi les plus prudents, les moins péremptoires. Ils sont capables de juger d'une situation (jugement de fait et non jugement moral) et prennent leurs responsabilités, sachant que la situation réelle n'est jamais épuisée par le savoir que l'on en a, que le récit qui en est fait est seulement de l'ordre du vraisemblable, que chacun a une part d'intimité qui n'appartient qu'à lui, que ce qu'une personne vous prête en termes de confiance, travail, soumission à des épreuves, il faut le lui rendre sous forme d'écoute, d'aide éclairée par l'expertise, d'éveil à ses propres dispositions. Si on ne peut rien lui rendre, on ne peut rien lui prendre.

La question du *tiers* n'est pas plus simple. G. Lyon-Caen a distingué deux situations où elle se pose : 1) l'intervention sur une personne à la demande d'une autre, qui n'a donc pas fait de demande elle-même (elle est le tiers dans cette demande qui la concerne); 2) l'intervention sur une personne pour le compte d'une autre (employeur, par exemple) qui rétribue un psychologue pour obtenir des informations à son sujet. Les réponses déontologiques sont prêtes[36] : il faut que la personne y consente, que ce consentement soit libre et éclairé, ou qu'elle donne son assentiment s'il s'agit d'un mineur ou d'un majeur protégé. On peut se reporter à ce qui a été évoqué concernant la recherche. Les personnes ont également droit au compte rendu de l'évaluation les concernant et peuvent demander une contre-évaluation...

Mais les problèmes fondamentaux n'en sont pas résolus pour autant. Comment peut-on se prêter à une telle évaluation si on n'en est pas le demandeur, au sens le plus strict ? Qu'en est-il du secret professionnel transgressé de fait et du respect de la liberté chaque fois qu'on ne laisse en réalité aucun choix ?

Ces situations sont obscures en ce que la personne y est traitée extérieurement à elle-même. Par exemple, cette caricature de consultation où des parents exposent au médecin les problèmes psychologiques de leur enfant en sa présence, mais en parlant de lui à la troisième personne ? Quelle autre solution pour le psychologue que de « repersonnaliser » cet enfant en engageant aussi un dialogue avec lui à l'écart de celui des adultes dont il *est l'objet* ? Quel potentiel agressif formidable peut être contenu dans une situation d'évaluation lorsque l'enjeu pour le salarié est un possible licenciement ? Il a une fois éclaté lorsque ce dernier a exigé du psychologue non seulement le compte rendu auquel il avait droit mais aussi le matériel de test qui avait conduit aux résultats. Cette position de tiers tourne au cauchemar pour un couple infécond souhaitant adopter un enfant et dont les membres doivent témoigner de leur capacité à être de « bons parents » (?) à la psychologue qui doit en rendre compte à l'administration, alors même qu'ils n'ont jamais exercé la fonction. Et pour le psychologue qui doit transformer ces séances d'évaluation en séances de traitement lorsqu'un refus sera signifié aux parents à la suite de son évaluation ? Respect ? Liberté ? Justice ? La relative banalité de ces situations ne peut cacher la violence qui les institue.

N. Catheline et D. Marcelli (2000) ont soulevé les problèmes éthiques que pose l'intervention en pédopsychiatrie. Chez tout pédopsychiatre, écrivent-ils, existe un désir d'exonérer l'enfant de ses parents. Ils se demandent s'il est éthiquement défendable de substituer l'idéal parental des soignants (agir) à une action qui viserait à adapter l'enfant à l'idéal parental (s'abstenir) pour diminuer sa souffrance. Soit attaquer le système de valeurs familiales, la fonction parentale, les conditions de vie actuelles en échange de promesses de conditions de vie meilleures. A travers des cas, ils montrent la difficulté à se « situer entre l'idéal et le raisonnable, c'est-à-dire entre le passage à l'acte et le soin ». L'éthique se situe dans cette tension entre l'idéal et le possible, dans l'intérêt de cet enfant réel, en ne perdant pas de vue que «l'enfant idéal est un enfant sans parent, fruit d'une construction théorique et que des parents idéaux, c'est-à-dire des parents qui feraient fi de leur histoire, n'offriraient pas à leur enfant des modèles identificatoires satisfaisants»[37].

Les difficultés sont réelles. Prenons l'exemple de la prévention[38] précoce des troubles psychiques qui implique une évaluation des situations familiales susceptibles d'être pathogènes pour l'enfant. Les comportements parentaux ne mettent pas toujours directement en danger l'intégrité physique ou psychique de l'enfant mais peuvent, par leur répétition, générer des troubles. L'intervention, même nécessaire, comporte toujours une part de violence. On sait avec quel soin les équipes compétentes tentent de préserver l'amour-propre et la dignité des parents, mais aussi à quelles aberrations funestes aboutissent certaines actions sociales, psychologiques ou éducatives qui se font au nom de l'intérêt de l'enfant.

Autre exemple : la prise de conscience qu'a permis l'observation de la résilience. C'est la capacité qu'a un enfant de se développer normalement en dépit de conditions adverses : situations psychoaffectives ou sociofamiliales très difficiles, traumatismes collectifs tels que la guerre, la déportation ou toute autre catastrophe. Des sujets, même jeunes, ont pu mettre spontanément en œuvre des moyens leur permettant de s'ajuster aux traumatismes vécus, sans que ceux-ci ne se retournent finalement contre eux. Ce qui a conduit à s'interroger sur le bien-fondé ou même sur le danger de certaines interventions thérapeutiques pouvant modifier ou entraver les phénomènes naturels d'adaptation. M. Lemay (1988) décrit des «mécanismes salvateurs» tels qu'un relatif désengagement de la situation, une certaines obsessionnalisation du temps et de l'espace, une hyperactivité pour combler un manque, une fantasmatisation excessive [...]», autant de mécanismes spontanés «qui doivent nous rendre très prudents vis-à-vis de toute intervention thérapeutique».

Le sens de la mesure à donner à nos conceptions et convictions trouve à s'illustrer dans une histoire assez récente (1990) où des travailleurs sociaux, ayant eu connaissance d'un viol d'une mineure par son père, avaient demandé à la mère de dénoncer son époux plutôt que de le faire eux-mêmes, comme l'exige la loi française. Ils ont été condamnés par la justice au motif suivant : affirmer qu'en cas d'inceste, il semble préférable que ce soit la mère qui dénonce ce fait ne constitue qu'une *théorie éducative* qui, pour autant qu'elle serait dominante dans les milieux concernés, ne saurait entraîner la conviction des juges, du fait notamment de la culpabilisation que cette démarche peut entraîner chez la mère, chez les autres enfants et chez la victime elle-même. Il leur a donc été rappelé que le respect de la loi commune et les responsabilités qui en découlent pour les citoyens doit prévaloir sur des convictions intimes ou partagées, même si elles sont justifiées par des considérations d'ordre psychologique; en l'occurrence, elles aboutissaient à exercer une pression sur la mère.

En clinique, on observe souvent qu'existe dans l'esprit des soignants une minoration des droits du patient, comme s'ils savaient mieux que lui ce qui correspond à son bien-être, ce qui induit des attitudes de supériorité chez les uns et de dépendance chez les autres. Il est pourtant arrivé que des progrès thérapeutiques sur un certain plan constituent une menace pour l'intégrité psychique des sujets. Tous les partisans de l'attitude thérapeutique généralisée pourraient méditer le titre qu'un certain D. Raymond, médecin du XIXe siècle, donna à son ouvrage portant sur des affections humaines : «Traité des maladies qu'il est dangereux de guérir»[39]. Savoir ne pas intervenir est une question technique, mais elle est aussi dépendante de l'éthique du clinicien, c'est-à-dire des droits qu'il accorde en lui à autrui.

### 2.2.2. L'intervention psychologique

*La présence et l'écoute*

J. Favez-Boutonier recommandait aux psychologues la «présence d'esprit», authentique présence à soi qui garantit à l'autre sa dignité. Cette authenticité, c'est celle du chercheur qui vit la joie de chercher, de coller à la pureté du modèle expérimental. C'est celle du thérapeute, présent à son patient dans son effacement propre. Celle de la parole qui coïncide à un vécu. Au contraire, «jouer le jeu», c'est-à-dire être partie d'un scénario destiné à être vu ou raconté, introduit la fausseté, le leurre, l'imposture.

M. Balmary (1999) sensibilise à ce qui donne à la présence son caractère si précieux et sa qualité d'absolu, par les refus qu'elle énonce : refus de l'absence de l'autre quand un patient vient voir un thérapeute sans désir personnel, uniquement parce qu'il se soumet à la volonté d'un tiers, médecin, conjoint...; refus de l'inexistence de l'autre quand celui-ci ne donne qu'une fausse présence et qu'il faut l'aller chercher là où il se trouve; refus de l'existence d'autrui qui est son rejet. Cet appel à la présence d'autrui implique forcément la sienne propre. Evoquant le couple Abram-Saraï[40], elle commente : «... ce couple ne pouvait transmettre la vie parce que les deux époux n'étaient pas en présence l'un de l'autre mais pris par leur passé».

N'est-ce pas cet écart qui se réalise dans le transfert, contraignant le thérapeute à être, lui, pleinement présent? Dans la pratique psychologique, la référence systématique au transfert sans la possibilité de son analyse peut conforter le risque de justifier un évitement, en se positionnant en tiers observateur d'une relation passée qui ne le concerne pas. La dissymétrie des positions doit être bien au contraire compensée par une authentique réciprocité dans l'échange, auquel le corps et son expressivité intrinsèque[41] participe, «donne corps» au présent... L'irrespect ou le mépris peuvent s'exprimer dans le geste suspendu, le détournement du visage, l'absence préméditée de mimiques de réponse, l'air préoccupé par autre chose, des marques d'inattention délibérée... tout un langage qui peut intimer un ordre, communiquer un message sans qu'il soit proféré et qui peut donc aussi être utilisé par le manipulateur pour économiser sa parole et ne pas s'engager. *A fortiori*, l'ouverture du courrier, la réponse au téléphone ou la lecture du journal sont des marques d'irrespect à l'égard de celui qui vient pour rencontrer quelqu'un d'autre qui, au moment même, lui refuse sa présence.

«Il faut les écouter», martelait F. Pasche aux candidats à la fonction d'analyste en parlant des patients. Sans écoute, rien n'est possible. L'écoute ne vient pas de l'autre, mais de soi : être impérativement dans cette disposition intérieure qui laisse place à l'interlocuteur dans le moment présent. Ce n'est donc pas l'écoute magique à laquelle Cl. Prévost a consacré quelques vigoureuses pages en 1976 («Désir, écoute, clinique») où il pourfendait les stéréotypes alors en vigueur concernant «l'écoute» dans l'entretien : garder le silence, être à l'écoute du désir, ne pas satisfaire la demande, sous la justification qu'un sujet découvrant une seule oreille disponible qui écoute sans blâmer son désir assurera sa désaliénation et le dénouement de ses conflits. La frustration infligée par le silence était, pensait-on alors, largement compensée par l'essentiel qui était l'écoute sur le modèle d'une représentation erronée de l'attention flottante du psychanalyste, oubliant parfois qu'une oreille est aussi orientée par un savoir.

L'écoute dans le cadre d'un entretien individuel a fait l'objet de prescriptions techniques très précises. Quel que soit le cadre théorique auquel se réfère le psychologue, il a appris qu'elle était toujours préformée par ce que l'on connaît de son interlocuteur, par sa propre expérience et ses intérêts, qu'elle était vectorisée par un objectif, explicite et implicite, avec une transformation de l'image de l'interlocuteur à mesure que progresse son récit. Le psychologue mémorise la forme de l'entretien, le choix, la succession et l'organisation de ses contenus thématiques, sa tonalité affective, les variations relationnelles... de façon à pouvoir ensuite faire les liens qui lui paraissent pertinents ou réaliser une mise en ordre selon l'intention qui l'anime. Cette écoute mobilise chez lui des sentiments, des éléments inconscients, particulièrement lorsque son interlocuteur a une présence prégnante ou qu'il évoque des éléments culturels ou familiaux qui sont proches des siens, ou lorsque le psychologue est happé par l'authenticité des propos ou irrité par leur inauthenticité, un niveau de parole en cachant un autre, masquant les choses et les êtres. Cette situation est éprouvante et potentiellement violente pour celui qui est observé et écouté, qui se trouve ainsi mis à proximité de lui-même et d'un autre. Mais elle peut l'être pour le psychologue qui peut, lui aussi, ériger des défenses psychiques sous forme d'une réorganisation prématurée des éléments présentés, d'un accrochage aux contenus aux dépens de la personne, d'interprétations intempestives. Elle peut aussi libérer des mouvements régressifs visant la domination d'autrui, par exemple le retrait dans un silence obstiné utilisé comme agent traumatogène sans justification technique.

Ceci n'est qu'un exemple. Toutes les techniques psychologiques individuelles et de groupe pourraient faire l'objet d'analyses précises qui montreraient comment le meilleur peut devenir le pire, souvent par irréflexion. Tel « atelier marionnettes » dans une institution accueillant des enfants « cas sociaux » ayant fréquemment vécu des abandons ou des ruptures de liens : confection des marionnettes, du théâtre et du jeu. Premier conte proposé à la mise en scène par l'animateur psychologue stagiaire : « La petite fille aux allumettes », une association probablement par contiguïté, sous-tendue par l'illusion des vertus thérapeutiques de la catharsis puisque le spectacle est suivi d'une discussion en groupe. Celle-ci ravivera sans doute bien des douleurs, qui souvent ne peuvent se parler. Alors même que la vie de groupe en internat crée des liens actuels susceptibles d'être source de vie et parfois réparateurs, pouvant être à eux seuls l'objet de toutes les attentions.

Dans tous les cas, l'attitude éthique suppose aussi le savoir et la réflexion. Le psychologue répond des techniques qu'il met en œuvre. A lui donc de veiller au juste équilibre réciproque entre le donner et le recevoir ; de veiller à ce que l'autre n'en dise pas trop pour qu'il ne se sente pas dépossédé de lui-même ; à n'engager rien qui soit au-delà du supportable pour celui qui en supporte déjà bien assez ; à résister à la tentation du pouvoir par le biais de satisfactions courtes, séduction, approbations qui encouragent la dépendance ; à moduler son engagement émotionnel en fonction de ses interlocuteurs et de leur éventuelle pathologie... A maintenir l'écoute comme «figure de la sollicitude» (Ricœur).

*« L'économie de parole »*[42]

Savoir se taire est une figure particulière de l'abstinence. Elle permet l'écoute, assure la confidentialité des propos. Il y a une ambiguïté à vouloir incessamment «restituer au sujet le sens de ses paroles» : qui en a besoin ? Se taire permet de trouver des réponses qui ne sont pas seulement de soin, au sens strict : laisser l'autre parler, transformer en récit ce qui l'a affecté, lui proposer par l'exemple de s'écouter lui-même. Il s'agit d'assurer cette difficile négociation entre le fait de s'exporter soi-même vers un autre tout en conservant cette identité professionnelle qui arrime le psychologue à ses fonctions.

Parler est une figure de l'engagement : elle donne corps à une confiance, articule l'expérience, prend le risque de l'erreur. Ce que l'on avance est soumis au jugement du sujet concerné. C'est ce qui fait du «rendu» des résultats d'une évaluation psychologique un moment si important[43]. Pourquoi requérir la collaboration de l'évalué (enfant, adulte, malade ou non) au moment de l'évaluation, si c'est pour la rompre au moment le plus important pour lui, seule justification de l'examen psychologique, s'il peut être justifié. Le psychologue éprouve parfois de la difficulté à séparer le jugement de fait et ce qu'il impose de dire, du jugement évaluatif de la personne, à connotation morale. C'est un moment qui déclenche parfois tant d'angoisse et d'incertitude chez le psychologue qu'il «fait parler» le sujet (de son vécu de l'examen, de ses attentes...) au lieu de prendre la parole comme c'est le moment, pour s'exposer dans sa fonction et faire profiter l'autre de ses compétences. Si le sujet est en attente et particulièrement inquiet, ce renvoi vers lui, qui prend le masque de la bienveillance, évoque ces conduites maternelles perverses qui frustrent l'enfant de la satisfaction qu'il attend au moment où il est en état de besoin profond.

La parole est médiatrice : elle permet de rester en présence les uns des autres, sinon c'est la fuite, ou la violence. Elle permet d'exprimer une bienveillance, d'éclairer une situation pour que l'autre trouve sa propre voie. Elle peut aussi être utilisée comme pouvoir, pour provoquer des effets, empêcher l'autre de parler, asséner des conclusions sans discussion possible et au nom de la bienveillance. «Il faut entendre tout et son contraire, disait une mère, et juger l'énoncé semble vouloir usurper la fonction». Les conseils sont équivoques : «Dire ce qu'il faut faire, c'est créer l'idée du bien (et du mal) faire, et augmenter la normativité de la psychologie» (J. Szpirglas). En dehors des cas où le psychologue a été explicitement sollicité pour analyser une situation et suggérer des solutions, le conseil non demandé peut parfois tenter le psychologue que la passivité de son interlocuteur impatiente, même s'il en connaît la faible efficacité. La parole peut aussi être protectrice : l'emploi de mots techniques (l'angoisse de castration) peut servir de résumé et de conclusion, après quoi il n'y a plus rien à dire, d'ailleurs l'interlocuteur ne s'y risquerait pas (!) Si, de plus, le lecteur du compte rendu n'est pas familier de ces notions (médecin, juge, directeur d'institution...), qu'en fera-t-il dans la réalité? La psychologisation peut aussi être utilisée comme disqualification du discours, la psychopathologisation comme moyen de faire taire son interlocuteur : par exemple, traiter d'obsessionnel celui qui cherche à clarifier le cours réel des événements, opération indispensable si l'on veut connaître la logique qui les sous-tend.

*L'alliance de travail*

Cette question a été bien travaillée dans le cadre thérapeutique, particulièrement par les psychanalystes. Mais ce n'est pas cette fonction que le psychologue exerce le plus couramment ; il travaille plus généralement avec un ou des sujets, ou avec un groupe. Si bien que les processus psychiques qui se trouvent grossis dans le dispositif particulier qu'est le dispositif psychanalytique pour les besoins de leur analyse se trouvent dilués, ou plutôt réorganisés par la présence d'autres éléments qui sont ceux qui caractérisent toutes situations sociale, professionnelle, institutionnelle. Celles-ci obéissent à un certain nombre de conditions et ont leur code, défini par le groupe social et son contexte, relatif à ce qu'il est convenu de faire dans telle situation. Ces systèmes d'aménagements sociaux ne doivent pas se substituer au code propre de l'intervention psychologique, ni faire disparaître les spécificités de cette rencontre ou supprimer l'engagement relationnel. Mais assimiler l'alliance de travail existant dans le processus thérapeutique et celle valant dans l'exercice professionnel plus large du psychologue équivaudrait à scotomiser ces autres éléments et donc à fausser l'analyse de la situation réelle. Déclarer, par exemple, qu'une personne «paranoïse» une situation, c'est mettre en valeur une pathologie, qui peut être réelle, mais en donnant cette centralité à sa démarche, qui peut en avoir d'autres. Il s'agit donc ici de l'alliance de travail qui vise à établir un «pont narcissique» (P. Letarte) entre les interlocuteurs, «une communication au niveau de leurs moi».

Cette alliance est fondée sur la confiance. Demander quelque chose à quelqu'un, c'est se placer en état de dépendance à l'égard de sa compétence ou de son bon vouloir, accepter d'être vulnérable, investir celui-ci d'un pouvoir et prendre des risques. Cette confiance est réciproque : le psychologue témoigne à son interlocuteur qu'il est là pour être entendu et que lui-même a la capacité psychique de garder ce qui lui aura été confié. C'est le gage de la confiance. Ceci concerne la confidentialité du propos, mais aussi la non-divulgation d'informations. Il y a trahison[44] à rendre publiques des descriptions interprétatives que le sujet pourrait lire, qui ferait de la relation établie une utilisation d'autrui. Il y a mépris à l'égard du sujet que de diffuser des informations que le sujet ne voulait pas connaître ou ne souhaitait pas que d'autres connaissent.

C. Perrotin[45] a recommandé aux étudiants de psychologie de s'intéresser à l'autre *sans excès* : l'autre résiste à notre connaissance et est irréductible à cette connaissance par son existence même, qui dépasse toujours nos capacités de compréhension. L'existence est une totalité qui ne peut être communiquée. La liberté du sujet, disait-elle, se construit, s'étoffe, advient et nous ne savons jamais à l'avance s'il va être pour nous l'occasion d'une découverte ou d'un empiètement.

La mise en «présence» des interlocuteurs pose la question de la *distance*. Elle se réfère à l'espace concret culturellement déterminé[46], indiquant la distance optimale au-delà de laquelle il y a emprise quasi-physique sur autrui et en-deçà de laquelle la négociation interpersonnelle est impossible. Elle concerne aussi l'espace psychique, avec effraction de cet espace lorsque l'autre est empêché de penser (parfois sous l'irruption de ses propres mouvements affectifs) ou lorsqu'il est envahi de données informatives qui le distraient et l'empêchent d'être présent. L'interprétation «sauvage» portant sur des défenses ou des contenus, ou l'interprétation prématurée, déstabilisent une personne et permettent parfois à son auteur de se donner des gratifications narcissiques par personne interposée.

La distance n'est donc pas à entendre comme mécanisme défensif, mise à distance ou distanciation, mais comme mode de régulation de la relation. Elle est utilisée d'ailleurs comme indice diagnostique : la personne qui se déverse, vous prenant comme un immense sac, voire une poubelle ; celle qui attaque avec plaisir pour vous empêcher de penser ; celle qui vous accroche ou vous évite ; celle qui vous accapare, vous capte, tente de vous mettre sous son emprise en contraignant à un effort pour se dégager d'elle ; celle qui annule la distance en vous parlant comme à une amie... La distance optimale (la «bonne distance») est évidemment celle qui permet l'accomplissement de la fonction professionnelle dans une non-confusion des rôles, la préservation de son intégrité psychique, évite les identifications excessives, celle qui accueille la demande en indiquant les limites de ce que la personne peut attendre.

Elle n'est pas fixée d'avance, mais se module dans une relation authentique qui est acceptée de part et d'autre. C'est celle qui instaure un espace de liberté que l'autre peut occuper à sa convenance et qui peut aussi lui permettre de s'observer lui-même.

Le jeu avec la distance est une variante de la manipulation. L'autre peut se mettre à nu pour vous obliger à le voir ou se mettre à l'intérieur de vous pour vous contrôler, comme lorsque, dans un brusque renversement de rôles, il tente une complicité («Vous ne vivez pas les choses comme ça?»). Des psychologues peuvent aussi participer à ces petits jeux : annuler dans un premier temps la distance pour établir le contact et favoriser la collaboration, puis la restaurer brutalement au moment de l'évaluation, enfin l'annuler pour éviter de parler des résultats. Ces brusques variations de distance affolent l'interlocuteur, le fragilisent, d'autant qu'il n'est pas dans une situation où il a l'avantage. L'intonation séductrice ou l'érotisation de la relation qui simulent le rapprochement, le sadisme qui induit l'adoption d'une position souffrante contreviennent au respect des personnes et de leur liberté qui doivent présider à l'intervention psychologique.

Nous avons déjà pointé différentes facettes de la perversion : perversions narcissiques qui captent l'autre à son profit, perversions morales où le plaisir est attaché à la destruction d'autrui dont nous avons donné maints exemples. Selon Freud, la disposition à la perversion a quelque chose de profondément et de généralement humain. Cette tendance est ensuite intégrée à la réalité psychique et donc au moi, mais elle est toujours susceptible d'être excitée et réactivée si l'occasion s'en présente — s'occuper d'autrui par exemple — et si des positions de pouvoir facilitent l'érosion du refoulement. Eduquer, soigner, gouverner autrui sont autant de circonstances qui peuvent favoriser la réactivation de ces tendances et leur épanouissement dans des milieux protégés et chez des personnes fixées dans ces positions. Notre certitude initiale trouve là son argument : une pratique psychologique éthique a besoin d'être référée à ces idéaux par lesquels les sociétés se sont humanisées, équilibrant cette tendance humaine à la destruction d'autrui. En l'absence de tels idéaux, l'observation détachée de son semblable est un moindre mal.

## 2.3. Le psychologue dans la société

Mettons au centre ce qui a été laissé jusqu'ici à la marge. Nous ne pouvons pas être autrement que dans la société. L'activité du psychologue est de suite prise dans un projet social, en dépit de fréquentes dénégations, particulièrement de la part de ceux dont l'activité est tournée vers le soin, à une certaine distance des intérêts directs de la société globale. La pratique psychologique est une pratique sociale parmi d'autres et il faut repérer la façon dont elle participe au fonctionnement de la société. L'éthique contraint d'interroger les finalités sociales et politiques de l'activité professionnelle des psychologues.

Nous connaissons tous l'héritage du passé : évaluer les individus, enfants et adultes, pour les orienter en fonction de leurs capacités, les recruter pour le travail, éventuellement pour les en retirer, les réorienter, et répondre ainsi aux attentes sociales visant à faire tourner l'économie, accroître ses performances, maintenir un taux de profit, apporter son aide à l'économie de marché. De façon plus directe, alimenter l'industrie des tests, une entreprise internationalement prospère qui a des répercussions sur la construction du savoir, puisque certains de ces instruments concourent à l'enrichir, contribuant à répandre l'idée que l'approfondissement de la connaissance des êtres humains passe par des techniques. Ou encore, la réponse à des sollicitations venant de l'industrie du jouet pour participer à des recherches visant ultimement à transformer l'enfant en consommateur ou futur consommateur. Ou la mise au point de techniques publicitaires ou de marketing, un terrain que les psychologues partagent avec d'autres. Même des domaines improductifs, comme ceux du soin ou de l'éducation, sont soumis à cette pression : réduire le temps des entretiens individuels pour augmenter le rendement (sinon l'établissement ferme), préparer des mères à se séparer de leur enfant pour l'entrée en crèche, avec des justifications psychologiques qui mériteraient examen et qui font fi des différences individuelles (sinon l'enfant n'aura pas de place), convaincre un malade récalcitrant de se prêter à un traitement (l'action psychologique), réparer sur commande la dureté du système et ses erreurs en proposant des entretiens psychologiques aux futurs licenciés ou aux victimes des catastrophes occasionnées par l'homme et parfaitement évitables.

Il n'y a souvent pas le choix, sinon celui de perdre son emploi. Si bien que la question posée par M. Reuchlin en 1971[47] reste d'actualité : « Le psychologue, par son activité professionnelle, contribue-t-il à conserver sa forme actuelle à la société dans laquelle il vit ? » Tous ceux qui tiennent fermement à une certaine idée de l'Homme et à une certaine façon d'exercer la psychologie ont trouvé des réponses que nous avons évoquées : transformer l'évaluation en aide à la formation ou à la réorientation, moraliser les procédures de recrutement, refuser de réduire un enfant au chiffre de son quotient intellectuel, poser le consentement comme préalable à toute intervention, mériter la confiance en respectant le secret... Ce sont chaque fois des combats qui exigent vigilance et discernement car la plupart des interventions professionnelles du psychologue sont surdéterminées institutionnellement. La pratique psychologique participe d'un ensemble de professions qui peuvent servir un projet de contrôle social. L'idéologie thérapeutique peut favoriser ce contrôle rampant sous couvert de soin.

Simultanément, les psychologues sont trop absents des débats de société à propos des êtres humains. Ce silence pourrait donner à penser qu'ils sont indifférents à des pratiques qui, pour certaines, sont déshumanisantes. Nous ne prendrons qu'un seul exemple : celui des traitements de l'hypofertilité, largement offerts aujourd'hui aux couples impatients ou exigeants, aux femmes âgées, en-dehors des motifs thérapeutiques qui seuls les justifieraient. Ces pratiques remettent totalement en cause l'expérience humaine, dépouille la sexualité de sa dimension essentiellement psychique et intersubjective, de son enracinement dans le désir, de sa place dans l'imaginaire individuel et collectif. Nous savons que la fécondité humaine est soumise à des coïncidences qui n'ont pas toujours lieu, n'obéit à aucun volontarisme strict, fut-il armé par la technique. L'enfant est devenu objet de désir pour des adultes, planifié et parfois acheté (ces interventions et les produits du corps humain coûtent cher) après énoncé des exigences. Il vient combler un manque au lieu d'occuper pour toujours la position de tiers exclu qui est sa place, avec le risque important que ce désir ne soit qu'une fausse réponse aux vraies questions du couple. Opération technique, présentée comme une réponse à des couples en souffrance d'enfant, qui conforte des stratégies défensives individuelles relatives à l'identité sexuée, aux identifications, à la filiation, au désir de l'autre, celui qui se porte vers lui ou qui vient de lui. Ces actes coupés de leur source et de leur intention permettent aussi d'idéaliser les progrès biotechniques : des femmes rêvent à la maternité en regardant des ovocytes sur un écran de télévision.

La multiplication des lieux de traitement mène directement à la question du profit qui y est attaché en termes d'argent, aussi courtement que cela. Or, des épidémiologistes[48] viennent de dénoncer la dégradation de la santé périnatale en France : augmentation des grossesses multiples[49] favorisant les naissances prématurées et l'élévation des taux de césarienne, ceci coïncidant avec une remontée de la natalité. L'affaire devient une question de santé publique dans la mesure où l'on connaît les risques auxquels sont exposés les enfants prématurés : séquelles neurologiques et neuropsychiques, handicaps associés, notamment au moment des apprentissages scolaires.

Les psychologues doivent-ils se contenter de mener des entretiens avec les postulants avant ou après les interventions ? Et les étudiants en psychologie de faire — sous la direction de leurs enseignants — des mémoires de recherche sur « l'impact de la fécondation *in vitro* sur la relation mère-enfant » ? Ou doivent-ils dénoncer, en s'appuyant sur des recherches (qui ne seront peut-être pas subventionnées...) le gâchis humain, le mépris des femmes et des hommes[50] qui souvent ne supportent tout simplement pas d'attendre, répondent à l'offre et se laissent émerveiller par la mise en scène médiatique du scientifico-technique. Voici que vole en éclats la sexualité et la parentalité humaines puisqu'elles sont détachées de leur dimension psychique[51]. Nous en avons indiqué les répercussions visibles sur l'enfant à venir. Mais bien peu se préoccupent des conséquences psychologiques des échecs, bien plus nombreux que les succès, ou des pensées de la femme initialement inféconde qui, à la suite d'une fécondation artificielle, subit une réduction embryonnaire, elle qui a tant attendu un enfant ?

Ces pratiques sont avalisées socialement. Les psychologues doivent-ils se démarquer ? Ou considérer avec fatalité ou scepticisme ces changements ? Ne pas se sentir concernés par la commercialisation de la demande d'enfant ou par l'enfant transformé en objet de consommation ? Les psychologues doivent-ils rester muets, enfermés dans leurs laboratoires ou avec leurs patients au moment où des progrès technico-scientifiques portent atteinte au monde interne des personnes, désubstancialisent les liens, désaffilient les individus ? La psychologie n'a-t-elle rien à voir avec l'homme du XXIe siècle ? Ne doit-elle pas se séculariser pour se ressourcer ?

Le plus difficile est sans doute à venir et c'est un piège sournois en ce qu'il épouse l'éthique même du psychologue, en partie fondée sur les droits de l'homme : « Le respect de la personne dans sa dimension psychique est un droit inaliénable. Sa reconnaissance fonde l'action des psychologues »[52]. Pour mesurer les dangers, il faut lire la réflexion que M. Gauchet (2002) consacre aux droits de l'homme comme étant devenus en vingt ans fondements et normes de la conscience collective, opérant actuellement un remaniement des rapports entre politique et droit, et une redéfinition du monde. La montée en puissance de l'homme comme individu de droit, écrit-il, est contemporaine d'une éclipse du politique et du social-historique, avec disqualification silencieuse des facteurs structurants qui marquaient la transcendance des collectifs par rapport aux individus. L'homme des droits de l'homme n'a plus rien de commun hormis le nom avec celui de 1789, parce qu'il s'est détaché de la société. Ces droits ont rempli une place laissée vacante sur la scène publique en s'imposant comme seul outil pour penser la coexistence et guider le travail de la collectivité sur elle-même, indiquant une direction mais sans prévision, substituant la réparation des injustices subies par les individus à l'équilibre des groupes sociaux. Il montre les services rendus par cette idéologie unique en termes d'implication sociale objective, de vérité des démocraties, mais qui se tait sur les raisons de l'état des choses et sur les moyens de les changer. La politique de l'individu de droit comme centre de référence exclusif démobilise les esprits, affaise le collectif, réalise un enfermement sur soi.

La psychologie ne risque-t-elle pas d'être l'emblème de cette impasse? Les psychologues vivent des contradictions qui ne sont pas réglées et qui leur imposent d'être acteurs dans la société autrement que sur le mode de la revendication ou de la plainte, autrement qu'en participant à des entreprises orthopédiques sous l'égide d'une bienveillance ensommeillée par les idéologies. L'interrogation éthique qui s'élabore au sein de la société peut les conduire à adopter la «position tierce» (P. Cohen), celui qui ne prend pas parti, ne s'identifie pas et peut témoigner. Les psychologues ont prise sur la réalité concrète (travail, école, famille, soin...), ce qui peut les placer partiellement à contre-courant des contraintes économiques, des exigences de rentabilité, des idéologies technico-scientifiques et magico-religieuses. Il serait possible de suivre J. Habermas : parler et non se taire; réintroduire la sensibilité; identifier des pratiques qui sont complexes, discrètes, ne s'identifient pas à des travaux d'exécutants-sous traitants et ne sont pas des pratiques d'emprunts; revivifier les institutions en tant que constructions symboliques, légitimant un droit de regard réciproque et reconnaissant le caractère structurant des collectifs. Ecouter et comprendre, car s'immerger dans l'individu ne signifie pas pactiser avec l'inacceptable. Tôt ou tard, il n'est plus possible de faire l'économie du politique. Il y a là matière à délibérations et à conflits, entre les psychologues eux-mêmes, pour ce qui est des choix, en vue du meilleur.

NOTES

[1] A. Fagot-Largeault, in Changeux J.P. (1997), *op. cit.*, p. 57.
[2] J. Lacan, *op. cit.*, p. 10.
[3] L. Bègue, p. 325.
[4] Nous avons réfléchi à ces problèmes à partir des pratiques cliniques que nous connaissons. Les pratiques avec des groupes, dans des entreprises ou tout autre type d'environne-

ment nécessiteraient des développements supplémentaires. Cette réflexion personnelle est incomplète, d'où le titre.

[5] E. Kant, 1787, *Doctrine du droit*, chap. II, 1$^{re}$ section, § 49, trad. BARNI. Nous remercions J. Szpirglas de nous avoir signalé ce texte.

[6] Pages 1302-1306.

[7] P. Ricœur, 1990. Le respect a des implications ontologiques qu'il développe longuement, relatives au soi (soi-même) et au lien dialectique existant entre ipséité et altérité. Cette dernière ne vient pas s'ajouter du dehors mais est constitutive du soi et lui donne son sens, tout en lui interdisant une place de fondement : altérité du corps propre, qui appartient à la fois au soi et au règne des choses, altérité d'autrui qui affecte la compréhension de soi par soi, et conscience constituant le lieu de cette dialectique.

[8] Article 4, qui poursuit : «Ainsi, l'exercice des droits naturels de chaque homme n'a de bornes que celles qui assurent aux autres membres de la société la jouissance de ces mêmes droits. Ces bornes ne peuvent être déterminées que par la loi».

[9] Le consentement volontaire du sujet humain est absolument essentiel.

[10] Déclaration universelle des Droits de l'homme, comportant 30 articles.

[11] Dont le Code français des psychologues (1996).

[12] *Cf.* H.E. Allison, 1996, 115-123.

[13] Souligné par l'auteur. *Fondements de la métaphysique des mœurs*, Section 1, AK 4 : 401, Pléiade 2, p. 260-261, trad. DELBOS, p. 101-102.

[14] *Cf.* M. Bruchon-Schweitzer, S. Lievens (1991). Voir le numéro spécial relatant cette enquête en Europe, *Revue Européenne de Psychologie appliquée*, 1991, 41, 1, 5-62 ; également G. Lyon-Caen (1992).

[15] *Cf.* p. 42 *sq.*

[16] *Op. cit.*, p. 119.

[17] 1986, p. 221-222.

[18] Page 285.

[19] Page 304.

[20] Page 203.

[21] *Op. cit.*, p. 222.

[22] B. Matalon rappelait cette remarque d'A. Rey, d'un professeur qui disait d'un étudiant : s'il veut gagner beaucoup d'argent, il sera un bon psychologue — [il ne voudra pas faire le bien de l'humanité].

[23] J. Lacan, *op. cit.*, p. 368.

[24] Nous avons demandé à des étudiants ce qu'un psychologue, travaillant dans une maison d'arrêt et suivant un détenu en entretien, pouvait répondre à l'avocat de celui-ci lui demandant si le détenu «avait fait des progrès et avait pris conscience de la gravité de son acte». L'un d'eux proposa de donner toutes les informations pouvant aller dans le sens d'un allègement de la peine, oubliant la confidentialité et sortant du rôle professionnel.

[25] *Op. cit.*, p. 227-236.

[26] En France, la pratique libérale est minoritaire.

[27] Directrice du Centre interdisciplinaire d'Ethique de Lyon, Conférence du 26/11/1996, «Le face à face avec autrui : l'éthique comme priorité accordée à la responsabilité». Contrairement à ce que pensait un collègue, le responsable de la rumeur n'est pas celui qui en est l'objet.

[28] Pages 106-107, critiquant J. Habermas.

[29] Au sens qu'il donne à ce mot (p. 20-24), soit diverses catégories d'énoncés ayant chacun leurs règles sinon il n'y a pas de jeu : énoncé dénotatif de celui qui sait, énoncé performatif dont l'effet coïncide avec l'énonciation, énoncés prescriptifs — ordre, instruction, recommandation, demande —, interrogation, promesse, description, narration...

[30] *L'éthique*, cours ronéo. destiné aux étudiants de psychologie de 5ᵉ année, Bordeaux II, p. 23-25. Nous remercions M. Maurille de nous avoir communiqué ce cours.

[31] *Cf.* la réflexion que P. Castoriadis-Aulagnier a consacré à ce sujet in *Nouvelle Revue de Psychanalyse*, 1976, 14, 141-157. Elle écrit : « Se préserver le droit [...] de penser [...] est une condition *vitale* pour le fonctionnement du Je ».

[32] 1997, *op. cit.*, p. 13.

[33] Code français de déontologie des psychologues, Titre I, Premier principe. Respect des droits de la personne.

[34] *Id.* Sixième principe. « Respect du but assigné ».

[35] Une telle enquête a été faite en Italie avec 760 répondants. Elle montre l'ampleur des doutes et des difficultés de jugement. *Cf.* R. Coin (2000).

[36] Nous n'évoquons que celles du code français. Mais les codes de déontologie internationaux traitent ces questions de façon approfondie.

[37] Pages 99 et 100.

[38] *Cf.* la réflexion de S. Bouyer (2001) sur un thème voisin : « Quelques considérations éthiques à propos de prévention primaire », in *Peut-on prévenir la psychopathologie ?*, sous la dir. de Cl. De Tichey, Paris, l'Harmattan, 328-333.

[39] Raymond D. (1816), *Traité des maladies qu'il est dangereux de guérir*, Paris, Brunot-Labbé. Première phrase du Discours Préliminaire : « Une des erreurs les plus dangereuses en médecine, c'est de vouloir guérir toutes les maladies ».

[40] Pages 122 et 190.

[41] *Cf.* Ch. Chauviré (2001), p. 67, «... le vrai paradigme de la communication se trouve dans les transactions concrètes, non seulement langagières, de la vie ordinaire [...] le corps est plus fondamentalement fiable que le langage comme source d'intelligibilité immédiate ».

[42] Voir définition par L. Bessis, p. 236 dans cet ouvrage.

[43] *Cf.* M. Huteau et J.B. Dupont, *infra*, pages 98 et 101. Ce serait sans doute l'apprentissage le plus important à acquérir à l'université.

[44] *Cf.* A. Fagot-Largeault (1985).

[45] Conférence du 26/11/1996, citée p. 162.

[46] *Cf.* E.T. Hall (1971), *La dimension cachée*, Paris, Seuil.

[47] *Op. cit.*, p. 233.

[48] *Cf.* l'article de J.Y. Nau, *Le Monde*, 6 août 2002, et de N. Mamelle, « Nous entrons dans une phase de régression », *id.*

[49] De 1,3 % à 2,5 % des enfants qui naissent en 1995 à 2,1 % à 4,2 % en 2002.

[50] Et des adolescents : dans un livre scolaire de classe terminale, ces nouvelles techniques de procréation sont présentées comme des alternatives faciles et efficaces, ce qui est contraire à la vérité. Elles sont techniquement et psychiquement coûteuses, et il y a beaucoup plus d'échecs que de réussites.

[51] Colloque du 10/12/1999 à Paris V. *L'enfant et la subversion des liens familiaux*. Institut de Psychologie, organisé par F. Parot et O. Bourguignon.

[52] Exergue du Code français de déontologie des psychologues.

# Conclusion

Un psychologue instruit, qui a fait toute sa carrière comme enseignant et chercheur, nous disait un jour : la psychologie a manqué sa vocation, elle a raté son objet. Une autre psychologue, elle aussi expérimentée, nous a confié : la psychologie ne s'occupe pas de ce dont elle devrait s'occuper.

Le peut-elle ?

Du côté des impossibilités et des contradictions, que trouvons-nous ? Les objets de la psychologie sont inaccessibles directement. Ce sont des concepts qui les désignent. Mais, remarque R. Ogien (1995), c'est une chose de parler de croyances, désirs ou intentions, et une autre de dire qu'ils existent réellement et qu'une étude naturaliste pourra nous faire progresser dans leur compréhension : «Ces concepts dits intentionnels ne sont nullement des concepts descriptifs [...] : ce sont des concepts normatifs. Ils ne décrivent pas ce que l'on observe : ils orientent l'observation, et ils s'organisent en termes de cohérence, de rationalité, de bien et de mal. Autrement dit, ce sont des concepts moraux»[1]. Peut-on «démoraliser» la psychologie ?

Les objets de la psychologie sont saisis à travers des théories qui comportent des options éthiques rarement explicitées. Veut-on s'approcher de la vérité en utilisant les critères de la scientificité objective ? Mais qu'est-ce qu'une donnée «objective» quand on est soi-même un être humain, comment tenir un discours sur l'être avec lequel on est en interaction ? L'étude d'un être humain vivant met en situation de chercher ce qu'il y a de vivant en soi, à moins d'opter pour une mortification réciproque, ou de s'en tenir à l'étude de conduites segmentaires qui apportent des connaissances certaines, mais escamotent l'être humain en situation. Quelle est alors la légitimité des savoirs psychologiques ? Doit-on penser avec M. Foucault que seul compte un travail de démystification et une reprise de ce qu'il y a de plus humain dans l'homme, c'est-à-dire son histoire ?[2]

Les techniques de traitement de l'être humain, quels qu'en soient les objectifs, peuvent déboucher sur des impasses dérisoires. L'utilisation d'instruments donne de la personnalité une vision fragmentaire que seul l'art du psychologue rassemble en une image cohérente. Mais si ces instruments n'existaient pas, quelle responsabilité écrasante pour le psychologue livré à sa seule subjectivité! Les situations (évaluation, recherche, traitement) sont construites, parfois reconstruites pour démonstration : elles font l'impasse sur les motifs, ou le passé, ou l'expérience de l'être humain qui en est le centre, tout ce qui le rend humain. Peut-on sortir de la fiction («tout se passe comme si») et du dénégatif?

Il y a aussi un reste, non traité, relatif à la mort, butée de la vie, que ne domestiquent pas les techniques de soins palliatifs; relatifs à la solitude nécessaire à la communication et à l'inquiétude soulevée par la rencontre d'autrui. Ces grands problèmes humains relèvent-ils de la psychologie? De quoi faut-elle qu'elle réponde? Serait-elle toujours dans cette «impasse absolument inévitable et absolument fatale dans laquelle s'est trouvée engagée la pensée occidentale au XIXe siècle [...] une sorte de sommeil anthropologique dans lequel la philosophie et les sciences de l'homme se sont, en quelque sorte, fascinées et endormies les unes par les autres...»[3].

Les pratiques psychologiques, originellement «issues d'obstacles sur le chemin de la pratique humaine»[4], participent aujourd'hui de notre univers culturel. La pratique psychologique est devenue une pratique humaine parmi d'autres, faite par des êtres humains pour des êtres humains. A elle s'applique donc les exigences de respect de la personne et de sa liberté et celles de justice; sinon elle ne peut qu'être récusable. Un principe universel est ancré dans la sagesse de l'humanité, traversant les morales et les religions : considérer autrui comme un autre soi; que ce que l'on désire ou craint pour soi-même soit la règle de ce qu'il faut faire ou ne pas faire à autrui; agir conformément à ce que l'on exige d'autrui; souhaiter son bien comme le sien propre. A cette exigence de réciprocité, impliquant un décentrement de soi difficilement réalisable, s'ajoute la nécessaire présence du tiers, quel qu'il soit, qui se définit par son existence objective, hors des contractants : un rapport à la loi ou à des idéaux collectifs, un regard externe, un respect du droit ou des règles institutionnelles, qui sont l'appel extérieur, l'ancrage de vérité des relations duelles.

Une pratique humaine doit viser l'essentiel. Une longue tradition philosophique n'a cessé d'adresser de puissantes invitations à l'existence. Socrate fait sortir de l'autre ce qui est en lui en le guidant. Pour

Spinoza, «la raison de vivre et la volonté de vivre ne sont pas autre chose dans un être que son essence même [...] Nul ne désire être heureux, bien agir, vivre selon la vertu qui ne désire en même temps être, agir et vivre, c'est-à-dire exister en acte [...] toute la puissance de l'homme est définie par son essence individuelle c'est-à-dire son effort pour persévérer dans l'être»[5]. Le bonheur est de pouvoir conserver son être [...] le bien, ce qui augmente la puissance d'agir, ce qui grandit l'être. Une bonne rencontre augmente notre puissance d'agir. L'homme moral de Bergson est celui qui intensifie les sentiments de l'autre, qui grandit l'autre. Alain invite à «réveiller l'homme en chacun»[6]. Pour J. Nabert, l'approfondissement du désir d'être se confond avec l'éthique elle-même[7].

Dans l'exercice de la psychologie, agir implique d'être. C'est l'être qui importe, une puissance d'être à conserver, à développer comme c'est le désir le plus profond de chacun. Etre présent, garder sa liberté, exister en acte, agir en fonction de son expérience propre plutôt que pour des raisons indirectes comme la crainte de l'injustice, la peur de la violence ou l'emprise de la passion. Celui qui a cette puissance d'être la respecte forcément chez l'autre. Les psychologues ne sont pas les seuls à s'intéresser aux êtres humains : le philosophe réfléchit sur l'homme, le médecin le soigne, le juriste règle les rapports entre les hommes. Aux psychologues, il revient peut-être d'assurer de façon aiguë une présence à l'autre qui est d'abord présence à soi-même, qui fait qu'autrui peut exister en acte et par lui-même. Ce qui implique *ipso facto* un respect de son intimité, une limite au savoir que l'on peut acquérir sur lui. Il ne s'agit pas de le changer, de le normaliser, de le réduire aux compétences que l'on a pu discerner chez lui, à ce que l'on a pu saisir de son fonctionnement psychique, de sa vie passée, ni même de l'identifier à ce qu'il exprime. Les techniques psychologiques ne sont pas destinées à dresser des inventaires, mais à être mises à disposition d'autrui pour qu'il en tire profit. Elles ne valent que par l'intention qui les sous-tend.

Dans la conférence que Wittgenstein donna à Cambridge en 1929, il positionna d'abord l'éthique comme «une enquête, une recherche méthodique reposant sur des questions ou des témoignages, qui vise à déterminer ce qui a de la valeur ou qui importe vraiment, à déterminer le sens de la vie...». Arrivé au terme de sa réflexion, il conclut qu'on ne pourra jamais penser ou dire ce qu'est l'éthique, mais qu'elle provient du désir de dire quelque chose du sens ultime de la vie, du bien absolu, de la valeur absolue, témoignant d'un penchant infiniment respectable de l'esprit humain à aller au-delà du monde, au-delà du langage signifiant. L'éthique est alors cette tension en chacun : exister, inciter l'autre à un surcroît de liberté, dans les limites de ses propres incertitudes.

## NOTES

[1] Page 37.
[2] 1957, *op. cit.*, p. 137.
[3] M. Foucault, 1967, p. 448.
[4] M. Foucault, 1957, *op. cit.*, p. 152.
[5] Alain, 1996, p. 87.
[6] Sur Spinoza, p. 128.
[7] Cité par E. Doucy, 1997.

# Bibliographie

AGAZZI E. (1992), Il bene, il male e la scienza. La dimensioni etiche dell'impresa scientifico-tecnologica, tr. fr. *Le bien, le mal et la science*, Paris, PUF, 1996.
ALAIN (1900), *Spinoza*, Paris, Gallimard, 1996.
ALAIN (1921), Sur Spinoza, Sillage, in *Spinoza*, Paris, Gallimard, 1996.
ALAIN (1996), *Spinoza. III. Souvenirs concernant Jules Lagneau*, Paris, Gallimard, coll. Tel.
ALLISON H.E. (1997), Autonomie, autonomie et liberté, *Dictionnaire d'éthique et de philosophie morale*, publié sous la dir. de M. CANTO-SPERBER, Paris, PUF, 115-123.
ALMODOVAR J.P. (1982), *Les enfants uniques, examen d'une situation limite pour l'étude des expériences fraternelles dans le développement de l'enfant*, 2 vol., thèse 3$^e$ cycle, Paris X Nanterre, doc. Ronéo., 431 p.
ANASTASI A. (1966), La psychologie, les psychologues et les tests psychologiques, *Binop*, 25 (1), 3-17.
ANZIEU D. (1983), Possibilités et limites du recours aux points de vue psychanalytiques par le psychologue clinicien, *Connexions*, 40, 31-37.
ASKEVIS-LEHERPEUX F., LEYENS J.P., DROZDA-SENKOWSKA E. (2000), Les enjeux éthiques de la diffusion des savoirs : l'exemple de la psychologie sociale, *Bulletin de Psychologie*, 53(1), 445, 13-18.
AUDARD C. (1997), Justice, les théories de la justice et la philosophie morale, in *Dictionnaire d'éthique et de philosophie morale*, publié sous la dir. de M. CANTO-SPERBER, Paris, PUF, 781-789.
BACHELARD G. (1938), *La formation de l'esprit scientifique*, Paris, Vrin.
BALMARY M. (1986), *Le sacrifice interdit, Freud et la Bible*, Paris, Grasset et Fasquelle, Coll. Le livre de poche.
BALMARY M. (1999), *Abel ou la traversée de l'Eden*, Paris, Grasset.
BARTRAM D. (2001), The development of international guidelines on test use : the international test commission project, *International Journal of testing*, 1 (1), 33-53.
BARUS J. (1986), Le chercheur, premier objet dans la recherche, *Bulletin de Psychologie*, 377, XXXIX, 16-18, 1985-1986, 801-804.
BEGUE L. (1998), De la «cognition morale» à l'étude des stratégies du positionnement moral : aperçu théorique et controverses actuelles en psychologie morale, *L'Année psychologique*, 98, 295-352.
BETTINI R. (1997), Le travail de psychologue dans un centre de santé mentale, in *Le métier de psychologue clinicien* (sous la dir. de D. FUA), Paris, Nathan, 29-40.
BICK E. (1964), Remarques sur l'observation de bébés dans la formation des analystes, *Int. J. of Psychoanalysis*, 1964, 45, 4, 558-566, tr. fr. in *Journal de la psychanalyse de l'enfant*, 12, L'observation du bébé, Points de vue psychanalytiques, 14-35.
BIDEAUD J. (1999), Psychologie du développement : les avatars du constructivisme, *Psychologie Française*, 44, 3, 205-220.
BITBOL M. (1990), *L'élision, Essai sur la philosophie de Schrödinger*, Paris, Seuil, 13-14.

BLATTER C. (1994), Que fait un psychologue dans un service ergonomique d'entreprise ? *Bulletin de Psychologie*, XLVIII, n° 418, 14-19.

BOECKHOLT M. (1994), Epreuves thématiques en clinique infantile : approche psychanalytique, in *Les techniques psychologiques d'évaluation des personnes*, sous la dir. de M. HUTEAU, Actes du Congrès International, Paris, 25-27 mai 1993, INETOP et EAP, Issy-les-Moulineaux, Ed. EAP, 359-362.

BOTROS S. (1997), Consentement, consentement et consentement informé, *Dictionnaire d'éthique et de philosophie morale*, publié sous la dir. de M. CANTO-SPERBER, Paris, PUF, 310-313.

BOURDIEU P. (2000), *Esquisse d'une théorie de la pratique*, Paris, Seuil.

BOURGUIGNON O. (1995), «L'objet transitionnel» n'est pas une étape «normale» du développement, *Evolution psychiatrique*, 60, 2, 267-284.

BOURGUIGNON O. (1995), Problèmes éthiques posés par la psychanalyse et l'étude du psychisme humain, in *Ethique, la vie en question*, 15, 1995-I, 88-97.

BOURGUIGNON O. (2000a), L'obstacle du normal en psychologie clinique et en psychopathologie, *Bulletin de Psychologie*, tome 53(1), 445, 33-39.

BOURGUIGNON O. (2000b), La question de «l'hérédité psychologique morbide» : de la dégénérescence au transgénérationnel, *Psychologie Française*, 45-1, 59-82.

BRAGINSKY B.M., BRAGINSKY D.D. (1967), Schizophrenic patients in the psychiatric interview : an experimental study of their effectiveness at manipulation, *J. of consulting Psychology*, 31, 6, 543-547.

BRAUNSTEIN J.F. (1999), *La critique canguilhemienne de la psychologie*, Bulletin de Psychologie, 52(2), 440, 181-190.

BRELET F. (1994), Le TAT, espace de communication, quelques réflexions sur la relation de test, in *Les techniques psychologiques d'évaluation des personnes*, sous la dir. de M. HUTEAU, Actes du Congrès International, Paris, 25-27 mai 1993, INETOP et EAP, Issy-les-Moulineaux, Ed. EAP, 354-358.

BRUCHON-SCHWEITZER M., LIEVENS S. (1991), Le recrutement en Europe, Recherches et pratiques, *Psychologie et Psychométrie*, 12, 2, 7-86.

CARROY J., OHAYON A. (1999), L'unité de la psychologie dans l'œuvre de Daniel Lagache. Idéal scientifique et compromis politique, *Bulletin de Psychologie*, 52(2), 440, 191-202.

CASTORIADIS C. (1978), *Les carrefours du labyrinthe*, Paris, Esprit/Seuil.

CATHELINE N., MARCELLI D. (2000), Ethique et idéalité : quand est-il éthique d'agir ou de s'abstenir ?, *Neuropsychiatrie de l'Enfance et de l'Adolescence*, 48, 96-100.

CAVERNI J.P. (1998), *L'éthique dans les sciences du comportement*, Paris, PUF, coll. Que sais-je ?, n° 3351.

CHAMBOREDON J.C. (1971), La délinquance juvénile, essai de construction d'objet, *Revue Française de Sociologie*, XII, 335-377.

CHANGEUX J.P. (1997) (sous la dir. de), *Une même éthique pour tous ?*, Comité Consultatif National d'Ethique pour les Sciences de la Vie et de la Santé, Paris, O. Jacob.

CHANGEUX J.P., RICŒUR P. (1998), *Ce qui nous fait penser, la Nature et la Règle*, Paris, O. Jacob.

CHAUVIRE Ch. (2001), «Le corps humain est la meilleure image de l'âme humaine», in *Wittgenstein : les mots de l'esprit, Philosophie de la psychologie*, Ch. CHAUVIRE, S. LAUGIER, J.J. ROSAT (éd.), Paris, J. Vrin.

CHRISTE-LUTERBACHER M.M. et CHRISTE R., Suivre la parole en clinique psychiatrique, in *Psychiatrie et existence*, P. FÉDIDA et J. SCHOTTE (eds), Grenoble, J. Millon, 1991.

COHEN P. (1986) (sous la dir. de), *Les psychologues, où sont-ils, que font-ils, qui sont-ils ?*, Revue nationale du SNP *Psychologues et psychologies*, Hors série, Marseille, L'affiche Marseillaise.

COIN R. (2000), Ethique, déontologie et psychothérapie, Résultats d'une enquête auprès des psychologues italiens, *Bulletin de Psychologie*, 53(1), 445, 137-145.

Comité consultatif national d'éthique pour les sciences de la vie et de la santé (1996), *Ethique et recherche biomédicale*, rapport 1993-1994, Paris, La documentation française.

COSNIER J. (1998), *Le retour de Psyché, Critique des nouveaux fondements de la psychologie*, Paris, Desclée de Brouwer.

CROZIER M. (1972), Aspects sociologiques de la sélection, *Le psychologue et les demandes de sélection*, 3e Congrès du Syndicat National des Psychologues Praticiens Diplômés, Paris, L'Epi, 39-67.

DAMIANI C. (1997), Le psychologue dans le monde judiciaire, in *Le métier de psychologue clinicien*, Paris, Nathan (sous la dir. de D. FUA), 157-174.

DANCER A., BOTTE M.C., DEMANY L. (1994), Les modalités sensorielles, l'audition d'avant et après von Bekesy, in les *Origines de la psychologie scientifique : centième anniversaire de l'Année psychologique* (1894-1994), dirigé par P. FRAISSE et J. SEGUI, Paris, PUF, 173-203.

DANION J.M. (1995), en coll. avec J.M. VIDAL, Questionnement épistémologique et éthique en amont des recherches cognitive et psychopathologique, *Cerveau et psychisme humains, Ethique de la recherche et des thérapeutiques*, Conférence européenne 18-20 mai, Association Descartes, doc. ronéo., 33-37.

DELCEY M. (2000), Mobilisation associative et recherche scientifique, l'expérience de l'Association des Paralysés de France, *Revue Prévenir*, 12-16.

DEVEREUX G. (1980), *De l'angoisse à la méthode dans les sciences du comportement*, Paris, Flammarion.

DOUCY E. (1997), Culpabilité, la culpabilité et la faute, in *Dictionnaire d'éthique et de philosophie morale*, publié sous la dir. de M. CANTO-SPERBER, Paris, PUF, 342-350.

DREYFUS H.L. et DREYFUS S.E. (1986), *Mind over machine*, New York, Free Press.

DUBOS R. (1959), *Mirage of health, utopias, progress and biological change, World perspectives*, Vol. 22, N.Y., Harper and Brothers publication, planed and edited by Ruth Nanda Auhen.

DUPONT J.B. (1970), Considérations sur l'emploi des procédures au cours de l'examen psychologique individuel, *Revue Suisse de Psychologie*, 29, 1-2, 312-327.

DUPONT J.B. (1993), Compétences requises pour appliquer des techniques psychologiques d'évaluation des personnes, in *Les techniques psychologiques d'évaluation des personnes*, sous la dir. de M. HUTEAU, Actes du Congrès international, Paris, 25-27 mai 1993, INETOP et EAP, Issy-les-Moulineaux, éd. EAP, 271-285.

EHRENBERG A. (1998), *La fatigue d'être soi*, Dépression et société, Paris, Odile Jacob.

ELIAS N. (1983), *Engagement et distanciation*, Paris, Fayard, tr. fr. 1993.

ETCHEGOYEN A. (1991), *La valse des éthiques*, Paris, éd. François Bourin.

*Ethique des pratiques sociales de déontologie des travailleurs sociaux*, Rapport du CSTS, éd. ENSP à la Ministre de l'Emploi et de la Solidarité, Conseil supérieur du travail social, éd. de l'Ecole Nationale de Santé Publique, 2001.

EWALD F. (1997), L'expérience de la responsabilité, in « *Qu'est-ce qu'être responsable ?* », Auxerre, Promotion et édition de *Sciences Humaines* et Poly PAO, 55-81.

FAGOT-LARGEAULT A. (1982), La protection du sujet humain : des déclarations aux directives, in *Médecine et expérimentation, Cahiers de Bioéthique*, 4, Montréal, Les Presses de l'Université Laval, Québec, 97-118.

FAGOT-LARGEAULT A. (1985), *L'homme bio-éthique, pour une déontologie de la recherche sur le vivant*, Paris, Maloine.

FAGOT-LARGEAULT A. (1997), Les problèmes du relativisme moral, in CHANGEUX J.P. (sous la dir. de), *Une même éthique pour tous ?*, Comité Consultatif National d'Ethique pour les Sciences de la vie et de la Santé, Paris, O. Jacob, 43-58.

FEDIDA P. (1968), Perception et compréhension cliniques en psychologie : instrumentalité et concepts, *Bulletin de Psychologie*, 270, XXI, 15-19, n° spécial Psychologie clinique, 908-929.

FERNANDEZ-BALLESTEROS R., de BRUYN E.E.J., GODOY A., HORNKE L.F., TER LAK J., VIZCARRO C., WESTHOFF K., WESTMEYER H., ZACCAGNINI J.L. (2001), Guidelines for the assessment process (GAP) : a proposal for discussion, *European Journal of psychological assessment*, Vol. 17, Issue 3, 187-200.

FLANAGAN O. (1991), *Varieties of moral personality, Ethics and psychological realism*, Harvard University Press, by the President and Fellows of Harvard College, tr. fr. *Psychologie morale et éthique*, Paris, PUF, 1996.

FLANAGAN O. (1996), Psychologie morale, *Dictionnaire d'éthique et de philosophie morale*, publié sous la dir. de Monique CANTO-SPERBER, Paris, PUF, 1220-1229.

FOUCAULT M. (1957), La recherche scientifique et la psychologie, in *Dits et écrits*, 1954-1988, I. 1954-1969, Paris, Gallimard, 137-158.

FOUCAULT M. (1965), Philosophie et psychologie, in *Dits et écrits*, I. 1954-1969, Paris, Gallimard, 1994, 438-448.

FOURCHER G. (1995), Ethique et identité professionnelle du psychologue, *Pratiques psychologiques*, 3, 7-17.

FRAISSE P. (1994), L'Année psychologique, quatre directeurs en cent ans, in les *Origines de la psychologie scientifique : centième anniversaire de l'Année psychologique (1894-1994)*, dirigé par P. FRAISSE et J. SEGUI, Paris, PUF, 35-44.

FUA D. (1997) (sous la dir. de), *Le métier de psychologue clinicien*, Paris, Nathan.

GANGLOFF B., ROLLAND P., BARBIER A. (1994), Les entretiens évaluatifs de la personnalité : le règne des indices flous, in *Les techniques psychologiques d'évaluation des personnes*, sous la dir. de M. HUTEAU, Actes du Congrès international, Paris, 25-27 mai 1993, INETOP et EAP, Issy-les-Moulineaux, éd. EAP, 800-803.

GAUCHET M. (1998), Essai de psychologie contemporaine, I. Un nouvel âge de la personnalité, *Le Débat*, 99, mars-avril 1998, 164-181, et II. *Le Débat*, 100, mai-août 1998, 189-206.

GAUCHET M. (2002), Quand les droits de l'homme deviennent une politique, in *La démocratie contre elle-même*, Paris, Gallimard, 326-385.

GAVARINI L., PETITOT F. (1998), *La fabrique de l'enfant maltraité, un nouveau regard sur l'enfant et la famille*, Ramonville Saint Agne, Erès.

GHIGLIONE R. (1998), *Les métiers de la psychologie*, Paris, Dunod.

GREGOIRE J. (2001), L'évaluation psychologique : évolution des modèles et des méthodes, *Psychologie Française*, 46-3, 195-202.

GRENAND F., GRENAND D. (1993), Le bourdon et la fleur sauvages, Des conditions de recueil de l'information en ethnographie, *Journal des anthropologues*, 50-51, Hiver 92 - Printemps 93, 75-87.

GROSJEAN M., LACOSTE M. (1999), *Communication et intelligence collective, Le travail à l'hôpital*, Paris, PUF, coll. Le travail Humain.

*Guide d'éthique de la recherche avec des sujets humains* (1996), préparé par le groupe de travail des trois Conseils : Conseil de recherches médicales du Canada, Conseil de recherches en sciences naturelles et en génie du Canada, Conseil de recherches en sciences humaines du Canada, Ministre des approvisionnements et services du Canada, 1996, CAT, NO MR 21-13/1996 F.

GUILLAUMIN J. (1977), *La dynamique de l'examen psychologique*, Paris, Dunod, 1$^{re}$ éd., PUF, 1965.

HABERMAS J. (1968), *Technik und Wissenschaft als ideologie*, tr. fr., La technique et la science comme idéologie, Paris, Gallimard, coll. Tel.

HACKING I. (1991), The making and molding of child abuse, *Critical Inquiry*, 17, 253-288.

HACKING I. (2001), *Entre science et réalité, la construction sociale de quoi ?*, Paris, La Découverte.

HENRY M. (1987), *La barbarie*, Paris, Grasset.

HOSHMAND L.T. et POLKINGHORNE D.E. (1992), Redefining the science-practice relationship and professional training, *American Psychologist*, 47, 1, 55-66.

HUTEAU M. (1994), L'évaluation psychologique des personnes : problèmes et enjeux actuels, in *Les techniques psychologiques d'évaluation des personnes*, sous la dir. de M. HUTEAU, Actes du Congrès international, Paris, 25-27 mai 1993, INETOP et EAP, Issy-les-Moulineaux, éd. EAP, 17-25.

International Test Commission (2001), International Guidelines for test use, *International Journal of Testing*, 1 (2), 93-114.

JACOB A. (1990), Ethique (différence entre morale et -), Les notions philosophiques, dictionnaire, tome 1, *Encyclopédie philosophique universelle*, Paris, PUF, 874-875.

JONSEN A.R., BRADY J.V. (1982), L'éthique en recherche, in *Médecine et expérimentation, Cahiers de Bioéthique*, Montréal, Les Presses de l'Université Laval, Québec, 211-231.

KAGAN J. (1998), *Des idées reçues en psychologie*, Paris, O. Jacob.

KELMAN H.C. (1967), Human use of human subjects : the problem of deception in social experiments, *Psychological Bulletin* (American Psychological Association, Washington), 67, 1-11 ; tr. fr. La tromperie dans les expériences de psychologie, in *Psychologie sociale et expérimentation* (1969), G. et J.M. Lemaine, Paris, Ecole Pratique des Hautes Etudes, Mouton/Bordas, 311-318.

KESTEMBERG E. (1981), *Autrement vu, Des psychanalystes observent les relations mère-enfant* (publié sous la dir. de), Paris, PUF.

KEVLES D.J. (1985), *In the name of Eugenics, Genetics and the Uses of Humain Heredity*, tr. fr. Au nom de l'eugénisme, Paris, PUF, 1995.

KIMMEL A.J. (1991), Predictable Biases in the Ethical Decision Making of American Psychologists, *Am. Psychological Assoc.*, vol. 46, n° 7, 001-003.

KIRSCHER G. (1997), Respect, *Dictionnaire d'éthique et de philosophie morale*, publié sous la dir. de M. CANTO-SPERBER, Paris, PUF, 1302-1306.

KRESS J.J. (1995), Enjeux éthiques des savoirs et du consentement en psychiatrie, questions pour une méthode, *Cerveau et psychisme humains, Ethique de la recherche et des thérapeutiques*, Conférence européenne 18-20 mai, Association Descartes, doc. ronéo., 75-77.

LACAN J. (1959), *Le séminaire, Livre VII, L'éthique de la psychanalyse*, Texte établi par J.A. MILLER, Paris, Seuil, 1986.

LADRIERE P. (1990), De l'expérience éthique à une éthique de la discussion, *Cahiers internationaux de sociologie*, Vol. LXXXVIII, 43-68.

LANDSHEERE G. de (1994), L'évaluation dans le domaine de l'éducation : tendance, in *Les techniques psychologiques d'évaluation des personnes*, sous la dir. de M. HUTEAU, Actes du Congrès international, Paris, 25-27 mai 1993, INETOP et EAP, Issy-les-Moulineaux, éd. EAP, 522-542.

LANDY F.J. (1986), Stamp collection versus science, validation as hypothesis testing, *American Psychologist*, 41, 11, 1183-1192.

LAUTREY J. (1995), *Universel et différentiel en psychologie*, sous la dir. de J. LAUTREY, Paris, PUF, Introduction, 1-14.

LAVALLARD M.-H. (2000), Evaluation et déontologie, *Bulletin de Psychologie*, 53 (1), 445, 101-105.

LE NY J.F. (1994), Ce qu'était «n'être pas psychique» en 1906 : Pavlov revisité, in les *Origines de la psychologie scientifique : centième anniversaire de l'Année psychologique (1894-1994)*, dirigé par P. FRAISSE et J. SEGUI, Paris, PUF, 123-143.

LECUYER R. (2000), Enseignement de la déontologie et déontologie de l'enseignement, *Bulletin de psychologie*, tome 53 (1), 445, 87-95.

LEMAINE G., LEMAINE J.M. (1969), *Psychologie sociale et expérimentation*, Paris, Ecole Pratique des Hautes Etudes, Mouton/Bordas.

LEMAY M. (1998), Résister : rôle des déterminants affectifs et familiaux, in *Ces enfants qui tiennent le coup*, sous la dir. de Boris CYRULNIK, 55800 Revigny-sur-Ornain, Ed. Hommes et Perspectives/Martin média.

LEMOINE C. (2000), L'exigence déontologique en psychologie du travail et des organisations, *Bulletin de Psychologie*, 53 (1), 445, 107-114.

LEVY-LEBOYER C. (1987), Problèmes éthiques posés par l'usage des tests, in *Traité de psychologie du travail*, sous la dir. de C. LEVY-LEMOINE et J.C. SPERANDIO, Paris, PUF, 473-485.

LEYENS J.-Ph. (1983), *Sommes-nous tous des psychologues ?*, Liège, Mardaga.

LIEVENS S. (1988), La protection de la vie privée dans la sélection du personnel, *Communication au Congrès de Psychologie du travail*, CNAM, Paris, 1 et 2 juin 1988, doc. ronéo.

LYON-CAEN G. (1992), *Les libertés publiques et l'Emploi*, Paris, La Documentation française.

LYON-CAEN G. (2000), La profession de psychologue, *Bulletin de Psychologie*, 53 (1), 445, 97-100.

LYOTARD J.F. (1979), *La condition post-moderne*, Paris, Ed. de Minuit.

MARGOLIS H. (1987), *Patterns, thinking, and cognition*, Chicago : University of Chicago Press.

MATALON B. (1999), L'individuel et le social : quelques réflexions sur la portée et les limites de la psychologie sociale, *Psychologie Française*, 44-3, 221-226.

MENECHAL J. (1997), Reconnaître le sujet, penser l'institution, construire la démocratie, *Pratiques psychologiques*, 3, 9-20.

MENECHAL J. (2000), Le travail de l'éthique en clinique, in *Bulletin de Psychologie*, 53 (1), 19-31.

MESSICK (1965), Personality measurement and the ethics of assessment, *American psychologist*, 20, 136-142.

MESSICK (1980), Test validity and the ethics of assessment, *American psychologist*, 35, 11, 1012-1027.

MILLER J.N., ROWE P.M. (1967), Influence of favorable and unfavorable information upon assessment decisions, *Journal of applied psychology*, vol. 51, n° 5, 432-435.

MONTEFIORE A. (1996), Identité morale, *Dictionnaire d'éthique et de philosophie morale*, publié sous la dir. de M. CANTO-SPERBER, Paris, PUF, 691-697.

MONTMOLLIN M. de (1972), *Les psychopitres, une autocritique de la psychologie industrielle*, Paris, PUF.

MOULIN M. (1975), Postface, Les tests en question, un dossier de la Commission Française des Tests, Société Française de Psychologie, *Psychologie du travail*, Numéro spécial, sept. 1975, 55.

MOULIN M. (1987), Les psychologues du travail dans les services publics, in *Traité de psychologie du travail*, sous la dir. de C. LEVY-LEBOYER et J.C. SPERANDIO, Paris, PUF, 103-115.

MOULIN M. (1992), *L'examen psychologique en milieu professionnel*, Paris, PUF.

MUNIZ J., BARTRAM D., EVERS A., BOBEN D., MATESIC K., GLABECKE K., FERNANDEZ-HERMIDA J.R., ZAAL J.N. (2001), Testing practices in European Countries, *European Journal of Psychological assessment*, 17, 3, 157-163.

N.E.S.H., The National Committee for Research in the Social Sciences and the Humanities, *Guidelines for research ethics in the social sciences, law and the humanities*, Oslo, Falch Hurtigtrykk, 1995.

N.E.S.H., The Norwegian Committee for Research in the Social Sciences and the Humanities, The Norwegian Research Council, Andreas Follesdal (1993), *A code of ethics for the social sciences and the humanities : the Norwegian Experience*, Presented December 18, 1993, au CCNE, Journées annuelles d'éthique, UNESCO, Paris, doc dactylogr., 1-13.

NETCHINE G. et NETCHINE S. (1975), Les tests en question, un dossier de la Commission Française des Tests, Société Française de Psychologie, *Psychologie du travail*, Numéro spécial, sept. 1975, 52-54.

NEUBERG M. (1997), La responsabilité : étude philosophique d'une notion incertaine, in «Qu'est-ce qu'être responsable ?», Auxerre, Promotion et édition de *Sciences Humaines* et Poly PAO, 21-54.

*Newsletter IPA* (1999), International psychoanalysis, Vol. 8, n° 2.

*Newsletter IPA* (2000), International psychoanalysis, Vol. 9, n° 1.

OGIEN R. (1995), Sociologie de l'éthique et philosophie morale, in *Sens, éthique, société*, Projet scientifique du Centre de recherche sens, éthique, société (CERCES), IRESCO, 59 rue Pouchet, 75017 Paris, 33-47.

OGIEN R. (1997), Normes et valeurs, *Dictionnaire d'éthique et de philosophie morale*, publié sous la dir. de M. CANTO-SPERBER, Paris, PUF, 1052-1064.

ORNE M.T. (1962), On the social psychology of the psychological experiment : with particular reference to demand characteristics and their implications, *American Psychologist*, 17, 776-783.

PAGES R. (1971), Déontologie de la psychologie sociale appliquée, in *Traité de Psychologie appliquée*, sous la dir. de M. REUCHLIN, tome 1, Paris, PUF, 195-230.

PAGES R. (1975), L'enveloppe idéologique du débat sur les tests, Société Française de Psychologie, Les tests en question, Un dossier de la Commission française des tests, *Psychologie du travail*, n° spécial, sept. 1975, 36-37.

PAILLARD J. (1999), L'approche neurobiologique des faits de conscience : vers une science de l'esprit, *Psychologie Française*, 44, 3, 245-256.

PARIZEAU M.H. (1996), Ethique appliquée, les rapports entre la philosophie morale et l'éthique appliquée, *Dictionnaire d'éthique et de philosophie morale*, publié sous la dir. de M. CANTO-SPERBER, Paris, PUF, 534-540.

PASCHE F. (1988), L'imago-zéro. Une relation de non-dialogue, in *Le sens de la psychanalyse*, Paris, PUF, 145-159.

PEDINIELLI J.L. (1993), Ethique dans la recherche auprès de malades, Journées «Ethique de la recherche en psychologie scientifique», Doc. ronéo., Paris, 25-26 nov. 1993.

PEDINIELLI J.L. (1994), *Introduction à la psychologie clinique*, Paris, Nathan.

PERROTIN C. (26.11.1996), «Le face à face avec autrui : l'éthique comme priorité accordée à la responsabilité», Conférence à Paris V.

PITHON G. (1992), Psychologie et psychologue, analyse d'une construction paradoxale de l'identité professionnelle, *Bulletin de Psychologie*, 407, 13-15, 715-723.

POLITZER (1928), *Critique des fondements de la psychologie*, Paris, PUF, 1967, 2ᵉ éd.

POLKINGHORNE D.E. (1992), Postmodern epistemology of practice, in *Psychology and postmodernism*, ed. By Steinar Kvale, SAGE Public.

PREVOST C. (1975-76), Désir, écoute et clinique, *Bulletin de Psychologie*, 322, 431-436.

Projet de code (1960), *Psychologie française*, tome 5, 1, 3-27.

RAMEIX S. (1998), Un point de vue philosophique sur le rapport du CCNE «Consentement éclairé et information des patients qui se prêtent à des actes de soin ou de recherche», *Les Cahiers du CCNE*, 17, 23-32.

REUCHLIN M. (1957), *Histoire de la psychologie*, Paris, PUF, 1989.

REUCHLIN M. (1971), *Limites et portée d'une déontologie professionnelle, Traité de psychologie appliquée*, sous la dir. de M. REUCHLIN, tome 1, Paris, PUF, 235-237.

RICHARD J.F. (1999), De la psychologie expérimentale à la psychologie cognitive. Qu'est-ce qui a changé : convergences ou divergences ? *Psychologie Française*, 44, 3, 197-204.

RICHARD J.F., TIBERGHIEN G. (1999), Epistémologie et psychologie, *Psychologie Française*, 44, 3, 193-196.

RICHELLE M. (1978), *Pourquoi les psychologues ?*, Bruxelles, Dessart et Mardaga, 1968, 4ᵉ éd., 1973.

RICŒUR P. (1990), *Soi-même comme un autre*, Paris, Seuil.

ROLLAND J.P. (1994), Eléments de validité de construct de marqueurs des dimensions de personnalité du modèle en cinq facteurs, in *Les techniques psychologiques d'évaluation des personnes*, sous la dir. de M. HUTEAU, Actes du Congrès international, Paris, 25-27 mai 1993, INETOP et EAP, Issy-les-Moulineaux, éd. EAP, 178-181.

ROSENHAN D.L. (1973), On being sane in Insane places, *Science*, 179, 250-258.

SACKS O. (1985), *The man who mistrook his wife for a hat*, tr. fr. *L'homme qui prenait sa femme pour un chapeau*, Paris, Seuil.

SAINT-GIRONS B. (1996), Psychanalyse, éthique de la psychanalyse, *Dictionnaire d'éthique et de philosophie morale*, publié sous la dir. de M. CANTO-SPERBER, Paris, PUF, 1207-1212.

SANTIAGO-DELEFOSSE M. (1997), Quand les institutions prescrivent la clinique, *Pratiques psychologiques*, 3, 31-44.

SCHLEGEL J. (1994), L'évaluation dans les codes de déontologie, *L'orientation scolaire et professionnelle*, 23, 1, 99-118.

SCHNEIDER B., BOUYER S., MIETKIEWICZ M.C. (2000), Problèmes posés par quelques paradigmes de recherche (trop) classiques en psychologie et en psychopathologie développementale, *La psychiatrie de l'enfant*, XLIII, 1, 5-22.

SCHÖN D. (1983), *The reflective practitioner : how professionals think in action*, New York : Basic Books.

SCHOPLER E., LOFTIN J. (1969), Thought disorders in parents of psychotic children, A Function of Test Anxiety, *Arch. Gen. Psychiat.*, 20, 174-181.

SEVE L. (1994), *Pour une critique de la raison bioéthique*, Paris, O. Jacob.

SIKSOU M., BOURGUIGNON O. (1995), Représentations étudiantes et questionnement éthique, Réflexions sur la formation universitaire des futurs psychologues cliniciens, *Bull. de Psychologie*, tome XLIX, n° 422, 43-50.

Société Française de Psychologie (1961), *Code de déontologie*.

SPENCE D.P. (1990), The rhetorical voice of psychoanalysis, *J. of American psychoanalytic Association*, 38, 579-604.

STRICKER G. (1992), The relationship of research to clinical practice, *American Psychologist*, 47, 4, 543-549.

TURNER S.M., De MERS S.T., FOX H.R., REED G.M. (2001), APA's Guidelines for test user qualifications, an executive Summary, *American Psychologist*, Dec. 2001, 1099-1113.

VARELA F.J. (1996), *Quel savoir pour l'éthique ? Action, sagesse et cognition*, Paris, éd. La Découverte.

VILLERBU L. (1994), Aires d'origine et temporalité des méthodes projectives, in *Les techniques psychologiques d'évaluation des personnes*, sous la dir. de M. HUTEAU, Actes du Congrès International, Paris, 25-27 mai 1993, INETOP et EAP, Issy-les-Moulineaux, Ed. EAP, 371-375.

WITTGENSTEIN L. (1929), Conférence sur l'éthique, in *Philosophica III*, Mauvezin, éd. TER, 2001, 10-19.

# ÉTHIQUE DE LA PSYCHOLOGIE : ENJEU ÉTHIQUE DE LA VALIDATION DES ÉNONCÉS

Jeanne SZPIRGLAS

# L'ÉTHIQUE DE LA RECHERCHE FONDAMENTALE EN PSYCHOLOGIE

Benjamin MATALON

# L'ENSEIGNEMENT MIMÉTIQUE EN PSYCHOLOGIE ET LA QUESTION ÉTHIQUE

Laurence BESSIS

# Éthique de la psychologie : enjeu éthique de la validation des énoncés

Jeanne Szpirglas

*Avertissement* : psychologue et psychologie désignent des modalités du discours psychologisant et non la réalité institutionnelle de la discipline, d'autant que l'écart semble considérable entre l'omniprésence d'un discours qui devient discours dominant et la place du psychologue dans les institutions. Lorsque nous évoquons le pouvoir de la psychologie, il s'agit de celui qu'exerce sur l'esprit une vulgarisation de la psychologie qui emprunte aux concepts de mesure ainsi qu'aux concepts psychanalytiques que de grands cliniciens ont portés à la connaissance de tous.

Il faut saluer la diffusion des concepts psychanalytiques comme la marque à la fois du dépassement du besoin en Occident et de la reconnaissance qui s'ensuit de la réalité, de la gravité de la souffrance psychique. On ne saurait donc déplorer que chacun s'en aille chercher du côté du psychologue conseils et caution. Pas de plateau de télévision sans l'analyse du psychologue, aucun traumatisme ne lui demeure étranger, aucune initiative dans l'ordre de l'intersubjectivité sur laquelle il ne soit amené à se prononcer. S'il s'agit de dire que la souffrance est une chose commune, on ne peut qu'acquiescer et se réjouir que des spécialistes en fassent leur affaire. Et cependant, il existe peut-être des effets de ces usages qui méritent d'être relevés.

Ainsi, le psychologue aurait à nous délivrer des affres de l'imputation, s'il est vrai qu'il est désormais impossible d'ignorer que nos actes ont des effets, que les autres en sont les destinataires et les juges. Ce qui devait être l'objet d'un jugement ultime au tribunal de l'histoire est avancé dans la certitude plénière du savoir psychologique, soucieux de comprendre et de guider mon action. Il nous faut répondre de ce que nous faisons, nous qui sommes voués à vivre avec les autres, nos enfants, ceux des autres, et à produire en eux des effets indélébiles. Le psychologue nous épaule dans cette responsabilité incessante, reconnue, à laquelle nous savons ne pouvoir nous dérober, et qui se traduit par l'interrogation éthique, partout de l'activité scientifique à l'échange marchand. Qu'en est-il alors de l'éthique de l'éthique? L'éthique n'est pas seulement le problème de la psychologie au sens où elle aurait à «répondre sur ce qu'elle fait», mais en tant qu'elle est l'objet de la demande, ce surcroît d'âme dont sa science serait le gage. La psychologie se diffuse conformément au souci de bien faire qu'elle nourrit à l'excès, jusqu'à une forme de pathologisation de la responsabilité. Le psychologue ne doit-il pas être tenu pour responsable de l'hypertrophie du sentiment de responsabilité que reflète le caractère si invasif de la demande éthique. Il augmente les exigences surmoïques, dont Freud dit qu'elles s'accroissent en vertu des satisfactions qu'on leur accorde. Point trop n'en faut donc. Quel bénéfice en tire cependant le psychologue? Le pouvoir de celui qui est mandé de toutes parts. Mais cette demande de psychologie, l'accroissement de son pouvoir, est ruineuse pour la dimension subversive qui en faisait aussi l'attrait à ses débuts. Dans les années 70, on reproche à la psychologie d'instrumentaliser son objet d'étude sur son versant behaviouriste, et d'être parallèlement instrumentalisée par le pouvoir. Michel Foucault analyse l'accord harmonieux de la pénalité et de l'expertise psychiatrique. La psychiatrie pénale transforme «le vilain métier de punir en beau métier de guérir», elle participe alors d'un processus de normalisation adéquat à la vocation de contrôle des instances politiques. Si nous reconnaissons à la psychologie une fonction positive dans le nouveau statut accordé à la souffrance psychique, on peut néanmoins s'interroger sur le bénéfice tiré du renforcement de l'examen de conscience qui en serait corrélatif. A-t-on avantage à substituer à la faillibilité des tribunaux humains un tribunal social et individuel à la fois, relais sans relâche d'une conscience morale exacerbée?

La pathologisation des comportements était dénoncée par Michel Foucault (il est méchant = il est malade) comme ce qui autorisait le contrôle de nos états par l'Etat. Par son succès, la psychologie modifie son rapport au pouvoir : la pensée de Freud, quoiqu'il ait sans doute partagé certains des principes positivistes de ceux qui étaient le plus enclins à s'opposer à sa découverte, heurtait le puritanisme du dix-neuvième siècle. En de nombreux points, dénaturaliser l'objet de la sexualité, penser une invariance du psychisme par-delà la dichotomie apparente de la normalité et de la maladie et, bien sûr, par la dépossession de soi à laquelle il vouait le sujet, Freud inscrit la psychologie dans une rupture avec l'opinion et les pouvoirs fondés sur elle. La psychologie actuelle reçoit un accueil peut-être trop complaisant, mais ce sont surtout quelques mécanismes discursifs qui mettent en doute son autorité, rendent sa parole autoritaire. On tentera donc de montrer que la possibilité pour la psychologie de se soustraire aux exigences scientifiques engendre des attitudes et des positions reprochables au plan éthique, pour autant qu'il soit possible de s'entendre sur son contenu.

Avant d'être cette inquiétude contemporaine, invasive, peut-être suspecte, l'éthique a existé en tant que question pour la philosophie, chez Aristote, et lui donnant son titre et son objet, dans l'œuvre de Spinoza. Aux théologiens, aux philosophes et moralistes qui rêvent l'homme tel qu'ils voudraient qu'il fut et préconisent en conséquence l'irréalisable, Spinoza oppose des principes de conduite qui soient fondés sur la nature même de l'homme. L'éthique n'est pas dans ce cas une démarche prescriptive mais une forme de la reconnaissance et de l'allégeance à la nécessité naturelle. Notre liberté consiste dans la compréhension de cette nécessité, et non dans l'institution de normes. La psychologie peut être dite hériter de ce sens spinoziste de l'éthique dans la mesure où la découverte d'une légalité psychique s'accompagne d'un renoncement à toute prescription. Mais il y a là une difficulté, celle-là même qui grève la démarche du juge lorsqu'ayant à condamner, il cherche aussi à comprendre. Les deux démarches paraissent contradictoires. Comment se fait-il que de la science du comportement et des affects des hommes, chacun soit tenté de conclure à ce qu'il devrait faire ou être ? Par ailleurs, ce qui a changé depuis Spinoza, c'est que nous nous pensons incapables de rendre compte de la nature. Nous en élaborons une représentation dont il nous est même impossible de mesurer l'écart par rapport au réel.

Ainsi la normativité ne se fonde pas sur la connaissance de la nature, elle est inhérente à l'acte même de connaître, et de multiples façons concernant le savoir psychologique. L'éthique est donc prise indissolublement dans le processus de la connaissance. Isabelle Stengers formule ainsi la normativité de l'activité scientifique : « L'activité scientifique est donc pour moi une activité essentiellement collective qui produit indissociablement ses propres normes et énoncés, problèmes ou instruments qui y répondent ». La notion de norme est polysémique : elle évoque d'une part ce qui doit se produire, ce que l'attente déçue donne à penser comme un écart par rapport au normal. En ce sens, l'anormal peut être pathologique, dérèglement, dysfonctionnement, qualifie tout écart en tant que tel. La norme est règle et moyenne, la moyenne devenue règle, l'irrégularité devenue illégale.

La psychologie est-elle plus que les autres savoirs et pratiques aveugle aux normes qu'elle élabore ou suppose ? Dans son cours au Collège de France de janvier 1975, Michel Foucault propose une analyse de l'expertise psychiatrique. Il relève une contradiction entre l'autorité dont jouit le discours de l'expert et la pauvreté de son contenu (pauvreté mesurée en référence à la nature des discours de la discipline par ailleurs). L'expertise viserait en dernière instance à diagnostiquer la dangerosité de l'individu, c'est-à-dire à évaluer la menace qu'il représente pour l'ordre public. En ce sens, son discours n'est pas subordonné à la vérité mais aux besoins de la société civile, et rien ne dit que les deux intérêts soient convergents. A partir de l'analyse de Foucault, plusieurs conclusions sont possibles.

La psychologie serait normative dans la mesure même où elle s'offrirait comme une technique aliénable à des fins de domination. La pédagogie en tirerait le fondement et la légitimité de certaines de ses propositions. On connaît le succès, c'est-à-dire l'institutionnalisation de la psycho-pédagogie dans la formation des professeurs, succès de diffusion contrebalancé par la contestation qu'elle ne manque pas de soulever au titre en partie de la vacuité de son contenu. Elle serait un outil d'élection de l'entreprise, souscrirait à l'impératif de productivité en secondant efficacement la politique de sélection. Le département des ressources humaines constitue assez naturellement un débouché à la formation de psychologie. Et ainsi, de cette instrumentalisation de la psychologie dans l'éducation, la justice et le travail, on pourrait conclure qu'elle a pour fin l'adaptation de l'homme à son milieu, qu'elle est normative à ce titre, ou au contraire qu'en l'absence de fins propres, elle est à la discrétion de ceux dont la fin est plus clairement définie.

Cependant, les sciences visent toujours une fin qui n'est pas par elle-même scientifique. Quand bien même on jugerait qu'elles recherchent le vrai, les critères de validité ne seraient pas l'objet de l'activité scientifique mais déterminés par une réflexion épistémologique. Les fins de la psychologie, qu'il s'agisse de la découverte des règles du comportement ou de la guérison, ne sont pas conclues du savoir psychologique. Elles traduisent des valeurs et marquent l'arrêt de l'investigation scientifique, d'où les variations dont le concept de guérison donne l'exemple : elle est pour Freud capacité d'aimer et de travailler, restitution du plaisir de vivre pour Bettelheim, développement de l'activité créatrice ailleurs.

La norme n'est pas seulement cette limite du savoir, cette fin soustraite à la science qui la vise. Elle préside également à l'activité scientifique et technique en s'imposant de façon subreptice, si bien que l'idée d'une science neutre et désintéressée apparaisse comme un mythe dangereux. Pour Habernas, en effet, dans *La technique et la Science comme Idéologie*, il y aurait erreur à s'interroger sur la légitimité de l'usage des techniques et des découvertes. La recherche serait l'expression d'un ensemble de valeurs et de projets, serait toujours seconde par rapport à un *a priori* politique. Cet argument peut donc être appliqué à la psychologie mais ne lui est pas spécifique.

A ceux qui s'étonnent de l'incursion de la morale dans le champ scientifique, de la prétention du premier à normer le second, on peut objecter l'analyse du Comité national d'éthique, présidé à l'origine par Jean Bernard, et qu'illustre cette maxime «Qui accroît son pouvoir accroît ses cas de conscience». Si la science obéit à son insu à des valeurs, elle renouvelle pour sa part les questions éthiques. C'est même dans une certaine mesure cette créativité morale de la science qui, rendant caduque la généralité de la loi, contraindrait de chercher une solution forcément singulière à des problèmes toujours inédits. Les comités d'éthique figureraient une tentative d'adéquation au surgissement de problèmes nouveaux parce que la loi en son universalité accuserait une sorte de retard. Elle est d'hier nécessairement. Et ainsi, la préoccupation éthique ne se substituerait pas à la dimension normative de la morale mais serait le moyen de rendre compte de la multiplication des cas possibles. Mais qu'elle la traduise ou qu'elle la produise, l'activité du savant est séparée de la position des normes. Cette séparation est cependant une simplification. On peut en effet considérer que la norme n'est ni *a priori*, ni *a posteriori*, mais inhérente au concept. Ian Hacking donne ainsi l'exemple du concept de «maltraitance» comme catégorie scientifique qui justifie l'intervention de la société dans la vie des familles. Et Georges Canguilhem remarquait que la découverte de fonctions cérébrales s'assortit immédiatement de techniques d'intervention, comme si celles-ci anticipaient, par la recherche d'une caution scientifique, la découverte du concept. Il n'existerait pas de description neutre, chaque description impliquerait un point de vue, une préférence, au même titre qu'un dispositif théorique : «Le discours clinique était tout autant un ensemble d'hypothèses sur la vie et la mort, de choix éthiques, de décisions thérapeutiques, de règlements institutionnels, de modèles d'enseignement, qu'un ensemble de descriptions» (Michel Foucault).

De l'examen de la normativité du savoir psychologique, on posera premièrement que la norme préexiste et préside à la recherche. La norme est *a priori* dans la psychologie comme en toute autre science. Elle est deuxièmement *a posteriori* dans la fin, la visée qui constitue l'horizon de la pratique sans être réfléchie pour elle-même. C'est le cas du contenu subsumé sous la guérison en psychopathologie. Troisièmement, la normativité de la psychologie procède de son aliénabilité en tant que technique à d'autres fins ou champs. Outil d'une normalisation sociale, elle est une activité médiatement normative. Quatrièmement, la norme est son objet dans la mesure où la psychologie peut élaborer la genèse psychique des normes, ce qu'illustre la notion de Surmoi dans la pensée de Freud. La norme est alors ce dont elle rend compte. Enfin, les concepts sont indissolublement des descriptions et des normes. Il est dans ce cas dépourvu de sens de tenter d'épurer la psychologie de la normativité comme la science se voulait pure de toute métaphysique. La normativité apparaît consubstantielle à la psychologie.

A peine, pourrait-on formuler le souhait que les normes soient réfléchies, mises au jour, connues. Or, la psychologie ne progresse précisément qu'en reconnaissant la dimension normative de son discours, en la dénonçant comme illusoire et en lui substituant une nouvelle théorie débarrassée de toute scorie morale. Freud inaugure ce mouvement critique par l'humiliation qu'il inflige à l'humanité, la rupture épistémologique que constitue le décentrement du sujet est façon de dénoncer l'illusion de souveraineté du sujet. Le progrès s'effectuerait comme repérage et dénonciation du caractère normatif des conceptions antérieures. Les connaissances psychologiques antérieures seraient fausses, c'est-à-dire illusoires. Quelque chose est essentiellement méconnue par le savoir psychologique, ce qui assimile son progrès à une démystification. Par cette tâche apparemment négative et qui épuise selon Foucault la recherche psychologique, la psychologie accède paradoxalement à la positivité de son pouvoir critique. Elle maintient une vigilance qui la prémunit contre l'effet d'usure dont sont menacés les énoncés psychologiques. Il est possible en effet que la généralité psychologique perde de sa vérité en se diffusant car elle produit une immunité qui la contredit. L'érosion des concepts contraindraient à modifier ses critères de validité, il n'y aurait pas seulement le vrai et le faux, mais le devenant faux à force d'être entendu. On peut devenir sourd à une objection renouvelée. De la même façon, il est possible que la société civile ingère la psychologie et déplace ses problèmes comme a pu se déplacer la barrière du refoulement tandis que la sexualité changeait historiquement ses modes d'existence. La diffusion de la psychologie signifierait une modification des pathologies plutôt que leur disparition. On peut imaginer que la thérapie individuelle invite le sujet, par analogie avec la marche du savoir psychologique qui en rend compte, à s'extirper de sa méconnaissance. Donc, la psychologie dissiperait l'illusion normative des connaissances antérieures et en dévoilerait la genèse, c'est-à-dire la nécessité. Dans tous les cas, les ruptures épistémologiques coïncideraient avec des changements éthiques.

De cette analyse de la normativité de la psychologie, on conclut qu'elle est sans remède car elle n'est pas un mal. Elle est en effet au cœur de tous les savoirs, et notamment des disciplines herméneutiques qui assument la sujectivité irréductible du chercheur.

Quoique nous ayons tenté de montrer qu'on ne pouvait faire reproche à la psychologie d'inclure une dimension normative à maints moments de son élaboration et jusque dans ses concepts, il semble cependant que le savoir s'y lie à l'éthique d'une façon problématique, que la question épitémologique de la vérification ou de la validation des énoncés ait une traduction dans le champ éthique. Tout se passe comme si la normativité de la psychologie s'exagérait en proportion inverse de la rigueur des énoncés. Estimer qu'une déficience des procédures de validation des énoncés psychologiques, psychopathologiques plus précisément, a pour conséquence des manquements éthiques revient donc à postuler une coïncidence des questions épistémologiques et morales.

La scientificité des énoncés de la psychologie ne peut être contestée qu'à considérer qu'ils ne remplissent pas des critères prédéfinis. L'hypothèse de l'Inconscient par exemple suppose un réel non visible, non sensible, inféré à partir de ses effets, les productions psychiques. Il n'est pas certain que cela soit spécifique à la psychologie et propre à la disqualifier comme science. Le dépassement du donné de l'expérience est une nécessité spéculative. Et si l'on ne peut pas prouver l'existence de l'Inconscient, on peut l'accepter ainsi que le demande Freud lui-même, comme le gage d'une intelligibilité des actes psychiques. Certains des critères de validité des énoncés des sciences de la nature semblent toutefois inapplicables à la psychologie : la reproductibilité de l'expérience dans l'approche psychopathologique, et le principe formulé par Popper du faillibilisme, c'est-à-dire de la possibilité d'infirmation des hypothèses. Examinons le premier critère. Ce qui ferait obstacle à la scientificité de la psychologie, ce serait l'impossibilité de l'universalité de son propos. Cela est contredit par la théorie freudienne dans sa prétention à avoir mis en lumière des lois donc des invariances psychiques. Cette universalité est du reste mise en cause dans les sciences de la nature par la critique de l'induction de Hume. Soit le paradoxe de Galilée, si l'on a un nombre fini de cas, la loi, dont la fonction est de prévoir, est inutile et peut se voir substituer un dénombrement. Si le nombre de cas est infini, la probabilité de la loi, c'est-à-dire le rapport entre le nombre de cas observés dont elle est induite et le nombre de cas possibles tend vers 0. On peut conclure de ce raisonnement à l'illégitimité de l'induction ou au caractère probabilitaire de tout énoncé général. Cependant, si la psychologie expérimentale réduit la portée de ses généralisations dans le temps et dans l'espace, visant à rendre compte de ce qui vaut pour une population donnée à un moment donné, qu'en est-il de l'utilité d'une loi s'appliquant à un nombre si restreint de personnes qu'elle devient susceptible d'erreur à la moindre extrapolation.

Et cependant, on peut être gêné *a contrario* par la méthode du prélèvement en psychologie, nous référant plus explicitement aux vignettes qui illustrent une analyse. On retient alors du cas ce qui corrobore une hypothèse préalable. C'est une question de savoir dans quelle mesure ce qui est dit par une personne et témoigne de ce qu'elle est, jouit comme elle, d'une valeur absolue qui empêche qu'on en fasse usage. D'autre part, d'un point de vue scientifique, on pourrait s'accorder à dire que plus la présentation est riche, fine, fidèle à la complexité de la situation et des personnes, et plus on peut en tirer d'enseignements. D'une façon paradoxale, la vérité serait conclue de la particularité du cas, en tant que celle-ci est étudiée pour elle-même sans préjuger de la solution au problème singulier qu'elle pose. A la différence cette fois de la physique, qui procède dans l'artifice du laboratoire à l'élimination des phénomènes perturbants, rien de ce qui concerne un individu ne saurait embarasser la compréhension qu'on veut en prendre. Cela suppose que la thérapie ne puisse consister dans la pure application d'un savoir aux cas particuliers, que le savoir s'élabore toujours à nouveau à partir des cas singuliers. La connaissance vraie serait connaissance des essences singulières, et non la détermination des caractères généraux et communs obtenus par abstraction au prix de la singularité. L'éthique peut alors être entendue comme ce qui s'oppose à la norme pour caractériser une démarche visant à statuer sur le cas singulier en tant que la loi dans sa forme universelle lui est radicalement inapplicable. Ainsi, les comités d'éthique pallient l'insuffisance de la loi qu'entrainerait la nouveauté des problèmes posés par les mutations rapides des techniques médicales. Dans ce domaine est donc aménagé un espace, une médiation entre la généralité de la loi et la singularité des cas. On peut supposer que chaque décision constitue un précédent sans pouvoir être érigé en règle, elle est une réponse possible à un problème donné. On retrouve ici le sens spinoziste de l'éthique comme allégeance à la nécessité : il s'agit en effet de comprendre ce qui est et d'ajuster une réponse à une situation. En ce sens encore, l'éthique se distingue de la moralité ou plus précisément de la moralisation, laquelle consisterait sur un versant en une prescription, sur l'autre, dans la déploration de tout ce qui n'est pas conforme à la première. Et le moraliste serait d'autant plus voué à déplorer que ses maximes de conduite seraient moins instruites de la nécessité.

Mais le privilège accordé au singulier n'a pas pour corrélat la dénégation de la validité des résultats, leur attribution d'une valeur limitée et relative, ou le refus d'une objectivité de la psychologie. C'est cependant une objectivité qui doit se prémunir paradoxalement contre une appréhension objectivante, et mutilante en ce sens, de son objet. La singularité de ce non-objet qu'est la personne en tant que substrat de l'activité psychique qu'on étudie est atteinte dans l'objectivité des procédures expérimentales, de la cure, des dispositifs intellectuels, etc. Il faudrait, est-ce un paradoxe, que le psychologue s'objective indéfiniment lui-même pour garantir le respect de la subjectivité de son sujet d'étude. Mais aussi contrôlées et contrôlables que soient les techniques du psychologue, comment garantir la validité de ses énoncés, c'est-à-dire en définitive leur objectivité?

Il est possible toutefois de mettre entre parenthèses la question de la scientificité, ainsi que l'a fait pour son compte la psychanalyse, en se pensant comme une herméneutique. Le psychisme se lit à travers ses productions comme un texte dont plusieurs interprétations sont simultanément possibles. Ainsi, la vérité peut être pensée comme l'ensemble des lectures possibles (possible signifiant recevable à partir de critères prédéfinis) du donné psychologique. Et ainsi, une lecture peut être proposée à partir d'un appareil conceptuel ou l'engendrer. La fécondité du concept, ce qui rend intelligible d'une part, ce qui donne à penser d'autre part, se substituerait à la rigueur de la loi.

Cependant, les sciences, de même que les disciplines herméneutiques, supposent des critères de validation des énoncés, des principes permettant de les hiérarchiser et, par voie de conséquence, d'en exclure. Ainsi, les énoncés de l'historien peuvent être distingués de la fiction par l'exigence de non-contradiction ou cohérence logique, de conformité au réel (vraisemblance) à quoi s'ajoute le critère de l'étendue explicative. Or, on ne peut juger de la non-contradiction d'une thèse que s'il est possible de lui trouver un contraire (non un contre-exemple). Et, de la même façon, la non-conformité à l'expérience ou à la matière qu'on examine ne peut être déterminée que s'il est en droit possible de trouver des éléments invalidant l'hypothèse. L'introduction de l'erreur est donc la possibilité du vrai, ou selon la formule de Minkowski : « Pour qu'on puisse avoir raison, il faut qu'on puisse avoir tort ». L'argument ressemble à la thèse faillibiliste de Popper, selon laquelle une hypothèse irréfutable n'est pas une hypothèse scientifique.

Si une personne soumise à un test se défend contre l'investigation dont elle est l'objet, ce qui de son point de vue exprime sa « répugnance à être traité comme un insecte », est interprété par le psychologue comme une corroboration de son hypothèse. Le patient, quelle que soit son attitude, reconnaîtrait l'efficacité du test qu'il subit. La même conclusion eut pu être tirée de l'attitude rigoureusement contraire. Et ainsi, on se trouve devant un énoncé qui peut être corroboré mais non infirmé. Tout témoignage discordant pourra être soit éludé, soit lu à l'inverse de son sens manifeste. La distinction du sens manifeste et du sens latent, la duplicité de tout comportement examiné comme un texte offre une possibilité de ne jamais rien accepter qui puisse contredire ce que l'on cherche à démontrer. Si le sens manifeste d'un comportement corrobore l'hypothèse, il est accepté comme tel, dans le cas contraire, il est toujours possible de montrer qu'il confirme *a contrario* par ce qu'il fait effort pour contredire ou occulter. Il est clair qu'un savoir qui se soustrait à toute possibilité de contradiction est en passe de devenir autoritaire. Est-ce aussi cet excès d'autorité que l'analyste cherche à fuir dans le silence, s'assurant ainsi contre une parole incontrôlée ? Peut-on croire en effet que la seule alternative du discours psychopathologique soit la vérité ou l'inefficience, qu'une parole inadéquate ait si peu d'effet qu'elle puisse se penser comme délivrée de l'erreur ? De l'interprétation du psychologue, on juge parfois qu'elle n'a aucun pouvoir s'il est vrai qu'on ne saurait infléchir de l'extérieur le contenu de l'Inconscient, parfois qu'elle en a trop, suggérant plus qu'elle n'en rend compte ; peut-être devrait-on ajouter qu'elle est autoritaire en tant qu'elle est irréfutable et ne laisse d'autre place à la négation que celle d'une coopération.

La psychologie se soustrait à la négation d'une autre façon encore. Elle disqualifie le discours adverse ou critique en le psychologisant, c'est-à-dire en rapportant le contenu du discours à une causalité psychique. L'origine affective du discours (exemple : tel discours contre la psychologie est le discours de la peur) le rend irrecevable. Deleuze paraît avoir fait les frais de cette « stratégie » pour son *Anti-Œdipe* : « Les critiques de la psychologie sont à mettre au compte des dérèglements de la psyché ». La critique est invalidée par l'analyse de son origine affective. Il s'agit d'un argument psychologiste qui confond les conditions subjectives d'élocution avec l'objectivité de ce qui est dit. L'autre de la vérité n'est plus l'erreur mais l'affect. Cette technique de réfutation présuppose en effet la contradiction de l'affect et du rationnel, l'assimilation du rationnel au vrai. Si l'on admet contre le psychologisme que l'analyse des conditions subjectives d'énonciation n'épuise pas son contenu, et même dans une certaine mesure lui demeure en quelque sorte incommensurable, on peut être conduit à s'interroger sur la légitimité de la démarche biographique. Mais ce qui nous intéresse ici, c'est l'enjeu éthique du retournement psychologiste du discours, sa disqualification par l'affect, érigée en technique de réfutation.

A cette pratique discursive s'ajoute ce que l'on pourrait qualifier d'abus de causalité. Dans son analyse de l'expertise psychiatrique à laquelle nous nous référons à nouveau, Michel Foucault souligne que, cherchant à comprendre l'action du criminel, l'expert tente d'établir les antécédents du crime et reconstruit le personnage délinquant qui lui correspond. L'acte criminel est éclairé par la construction rétrospective d'une logique affective délictueuse : «L'individu ressemble à son crime». Aujourd'hui, des psychologues disent déterminer la causalité psychique d'un événement involontaire. Mais, à la différence de l'acte manqué et nombre d'autres événements et comportements qui révèlent le sujet à son insu, il s'agit de remonter d'un événement extérieur au sujet à son principe psychique. Soit la réalité tragique de la mort subite d'un nourrisson, ou le décès d'un bébé prématuré, on ne constate aucun acte criminel qui ait pu entraîner un tel effet, on l'impute néanmoins et par exemple au désir de mort inconscient de la mère. D'un côté, la psychopathologie postule l'ambivalence affective, le caractère principiel des pulsions de destruction, le désir de mort constitue alors en un sens un invariant du psychisme y compris maternel. Comment expliquer dans ce cas que des enfants lui survivent ? Et, de la même façon, comment rendre compte de ce que tant d'enfants non désirés viennent à la vie ? D'un autre côté, on impute au désir, au fantasme des effets dans la réalité. La démarche est compréhensible et sans doute positive s'il s'agit d'instruire les mères d'un pouvoir qu'elle posséderait sans le savoir : «Il faut amener les mères à penser que, si leur enfant est vivant, elles y sont pour quelque chose». Il faut que les mères s'engagent avec le sentiment de leur utilité, soit. Mais comment ne pas entendre la proposition réciproque : elles sont aussi pour quelque chose dans la mort de leur enfant. Le paradoxe de cette position consiste d'une part dans le fait que liant le fantasme à des effets réels, on rend en premier lieu le sujet responsable de l'involontaire. En second lieu, le désir inconscient est invoqué comme la cause d'un événement sans la médiation d'un acte qui en soit l'expression plus ou moins adéquate, l'adéquation n'étant au reste jamais mesurable. Et ainsi, on se trouve dans la position du névrosé qui croit à la puissance magique de ses pensées. Suffit-il de souhaiter très fort quelque chose pour qu'elle se produise ? Ceux des psychologues qui rapportent magiquement l'événement à une causalité purement psychique redouble le malheur d'une indignité. Au malheur de perdre son enfant s'ajoute le soupçon qu'on en serait la cause. Suivant la logique de la non-infirmation expliquée précédemment, le psychologue peut trouver corroboration de son hypothèse dans une lecture nécessairement rétrospective des événements. C'est en effet à partir de l'événement considéré comme un avènement que l'on procède à la recherche des éléments précurseurs. Or, ces signes sont d'autant plus décelables que les données réelles vérifieront toujours positivement ou contradictoirement l'hypothèse. Par chance, l'efficience du désir criminel est rien moins qu'inégale, par chance aussi la réalité quotidienne des soins prodigués semble prévaloir dans l'ensemble sur les fantasmes de destruction. On ne peut nier à l'inverse qu'il existe des parents pathogènes, mais s'ils le sont, c'est en vertu de paroles ou de comportements réels, susceptibles à ce titre de produire des effets. Il paraît donc essentiel à l'éthique de maintenir la distinction du fantasme et de la réalité, non sans concéder une réalité au fantasme, mais en le rapportant à cette partie de lui-même que le sujet méconnaît et dont on ne peut en conséquence lui demander de répondre.

Il existe donc une normativité « normale » de la psychologie, qu'il est possible de réfléchir mais non d'éradiquer. Et cependant, la soustraction de cette discipline au principe de contradiction qui règle tout discours, et les stratégies de réfutation qui en découlent, la portent à renouer avec une pensée magique. L'économie de la preuve, acceptable dans la mesure même où aucune science ne peut prétendre en apporter absolument, devient économie de la réalité elle-même. Certains énoncés psychologiques se trouvent donc simultanément manquer aux exigences éthiques et aux requisits scientifiques. On peut se demander s'il est possible de juger un énoncé scientifique non conforme à la moralité, d'une part parce que cela supposerait que celle-ci puisse être définie et fondée, d'autre part, parce que cela soumettrait la science à une sorte de censure. Mais dans le cas de la psychologie, c'est en tant qu'elle n'est pas vraie (parce que pas fausse) qu'elle n'est pas éthique, ou, si l'on veut jouer sur les mots, elle est injuste dans la mesure où elle n'est pas juste.

Ce qui est apparu comme une nécessité mais parfois aussi un danger un peu insidieux, l'hypertrophie de la préoccupation éthique, ainsi que la criminalisation du désir et les fins de non-recevoir la contradiction, peuvent être conjurés peut-être par la formation d'équipes éventuellement pluri-disciplinaires. Ainsi seraient réunies les conditions d'une objectivation des comportements du sujet connaissant, et réintroduites la discussion et la controverse. Le désaccord serait le promoteur d'une vérité évidemment provisoire et relative à la singularité du cas étudié. Tout ce qui semble perdu quant à la prévision que permet la loi serait regagné dans la diversification des modes d'intelligibilité du donné psychologique. Sans doute faudrait-il infléchir la formation des psychologues afin d'obtenir cet « esprit de finesse »[1] qui, chez le psychologue, serait la marque de la coïncidence entre un savoir et une règle éthique. Mais de l'incertitude de la psychologie doit-on conclure qu'elle relève des arts du génie? En un sens, il s'agit bien pour le psychologue de pratiquer une sorte d'art de l'incertain, possédant un savoir toujours en défaut, contraint par-là de tâtonner et demeurer «disponible à l'inconnu». Et cela ne serait possible qu'à passer par une sorte de négation de son propre savoir. Peut-être est-ce là le sens de la formule de Lacan, «Le psychanalyste doit ignorer ce qu'il sait». La psychologie, en ce sens, serait un savoir qui ne s'applique pas, s'il arrive en effet que la théorie s'interpose, non plus comme le prisme qui fait voir, mais véritablement comme l'écran qui occulte ce que l'on cherche à observer. Consentir à l'incertitude, reconnaître ce moment de refus et d'oubli comme nécessaire à son élaboration, seraient la condition paradoxale de la promotion de la psychologie en tant que savoir positif.

Scientifiquement, l'incertitude semble préférable à la positivité d'une conclusion mal établie; moralement, l'écoute doit empêcher l'humiliation de ceux qui se sentent toujours en défaut par rapport à un savoir devenu normatif à force d'être défaillant. Bachelard disait : «Tout lecteur nourrit un désir d'être écrivain». N'est-ce pas l'œuvre, seconde sans doute, du génie que de nous inviter à contempler en lui notre grandeur et notre possible? Et ainsi, l'on pourrait reconnaître le grand psychologue en ce qu'il offre à l'humanité un surcroît de liberté, et qu'à chacun, parfois malheureux, il glisse dans la rencontre une heureuse invitation à l'existence.

NOTE

[1] Pascal, *Pensées 21* : «On les voit à peine, on les sent plutôt qu'on les voit; on a des peines infinies à les faire sentir à ceux qui ne les sentent pas d'eux-mêmes : ce sont choses tellement délicates et si nombreuses qu'il faut un sens délicat et bien net pour les sentir...».

# L'éthique de la recherche fondamentale en psychologie

Benjamin Matalon

## 1. L'ÉTHIQUE DE LA COMMUNAUTÉ SCIENTIFIQUE

Interrogés à propos de l'éthique, la plupart des chercheurs en psychologie affirment ne rencontrer que rarement, voire pas du tout, de problèmes qui en relèveraient, ni d'ailleurs de la déontologie (ils ne font guère la différence), dans leur activité. La plupart du temps, ils pensent pouvoir rester sans difficulté en accord avec leur morale et, s'ils ont quelques doutes, ils estiment que l'objectif d'accroissement des connaissances désintéressées constitue une valeur en soi, qui peut justifier quelques entorses à des normes courantes, comme de tromper les sujets. Ils connaissent l'existence d'un code de déontologie, mais rarement son contenu, qu'ils estiment fait pour ceux qui pratiquent la psychologie appliquée. Ils savent que les lois sur la bio-éthique régissent l'expérimentation sur l'homme, mais trouvent que, conçues pour l'expérimentation médicale qui peut mettre en jeu la santé des sujets, elles sont inapplicables en psychologie. En cas de besoin, ils bricolent leur solution au coup par coup. Dans ce qui suit, je vais passer en revue quelques-uns des problèmes qui néanmoins peuvent se rencontrer, et les solutions en général adoptées. Certains de ces problèmes sont communs à tous les chercheurs, d'autres sont spécifiques à tous ceux qui prennent l'homme comme objet. Je les examinerai successivement.

Commençons par une évidence : la recherche fondamentale ne cherche pas à agir, mais à connaître. Les chercheurs n'ont donc pas à s'interroger sur les finalités de leur activité, la connaissance pour elle-même étant considérée comme un objectif légitime en soi. C'est même, pour certains, la seule valeur dont ils prétendent tenir compte, et à laquelle ils sont prêts à en sacrifier beaucoup d'autres. Reprocher à un chercheur d'être guidé par d'autres valeurs, de poursuivre d'autres buts, constitue une accusation grave, qui jette la suspicion sur toute son activité.

Le seul problème éthique qui se pose alors aux chercheurs est celui des *conséquences extra-scientifiques* de leur recherche, de l'utilisation qui peut être faite, par lui ou par d'autres, des connaissances qu'ils auront acquises ou de la diffusion de celles-ci dans la société, y compris les éventuels effets idéologiques de cette diffusion.

Mais ces problèmes éthiques ne se posent donc, en principe, qu'*après* la fin de la recherche, pas dans sa conception ou son déroulement[1]. Toutefois, le chercheur peut aussi anticiper ces conséquences, s'en sentir responsable, et par exemple renoncer à une recherche quand il redoute l'usage qui pourra être fait de ses découvertes. Mais lorsque la décision de traiter un certain problème est prise, ces questions ne devraient plus entrer en considération et affecter la conception-même de la recherche ou sa réalisation. Toutefois, si certains chercheurs sont, parfois douloureusement, conscients de ces problèmes et se veulent socialement responsables, pour d'autres, la recherche de connaissances pour elles-mêmes, «pour l'honneur de l'esprit humain»[2], ou pour la notoriété qu'elles peuvent apporter, justifie de les ignorer.

Cette recherche désintéressée de la vérité doit se concrétiser. Elle implique le respect d'un certain nombre de normes, de ce que Merton (1942) appelle la «structure normative de la science» qui régirait la communauté scientifique, et qui se traduit par quatre normes principales : *universalisme, mise en commun, désintéressement* et *scepticisme organisé*. Le respect de ces normes est, selon Merton, fonctionnel pour le bon fonctionnement de la communauté scientifique et pour la production de résultats valides. La généralité de ces normes a été contestée, et il n'est en effet pas difficile d'exhiber des exemples où elles n'ont pas été respectées, sans que cela ait entraîné des sanctions. Affirmer l'existence d'une norme n'implique pas qu'on la croie universellement respectée; elle peut être violée, même par ceux qui la reconnaissent comme norme.

Mais, en fait, d'autres normes, où l'éthique et le cognitif sont étroitement mêlés, jouent un rôle aussi important, et en particulier les méthodes, qui fonctionnent souvent comme des normes sociales, au-delà de leur justification technique. Unifiant les pratiques, elles permettent le consensus sur la validité des résultats avancés, ou au moins fournissent un cadre commun pour la discussion. Et elles «dépersonnalisent» les démarches, les rendent moins dépendantes des idiosyncrasies du chercheur, qui peut prétendre : «Ce que je dis ne dépend pas de mes préférences personnelles, c'est la méthode qui l'impose». Ce que certains critiquent, craignant une déresponsabilisation du chercheur, qui n'aurait plus vraiment à prendre personnellement en charge ses résultats.

Mais, en plus, les méthodes peuvent prendre une signification plus explicitement éthique : certains comités d'éthique qui doivent se prononcer sur des projets de recherche comprennent parmi leurs membres un méthodologue, souvent un statisticien, estimant qu'il n'est pas éthiquement acceptable d'entreprendre une recherche mal conçue, qui ne pourra pas apporter les résultats attendus, et d'y entraîner des sujets.

Dans les sciences «dures», les mieux constituées, où il y a un accord très fort sur certaines bases, sur ce que Kuhn appelait un «paradigme», se situer en contradiction avec celui-ci, ou même simplement en dehors de lui, fera qu'on ne sera même pas écouté ni réfuté, mais tout simplement ignoré. Le respect du paradigme, des connaissances partagées fonctionne aussi comme une norme[3].

Tout ceci s'applique à un chercheur idéal, maître de ses thèmes de recherches et de ses pratiques. En fait, de nombreux chercheurs sont soumis à d'autres contraintes, et surtout de la principale, la nécessité de trouver le financement nécessaire de ses travaux. D'où une frontière beaucoup moins étanche qu'on ne voudrait avec la recherche appliquée, qui certes vise toujours l'accroissement des connaissances, mais orientée par les besoins des commanditaires. Tous les problèmes qui se posent dès qu'on dépasse la recherche de connaissances pour elles-mêmes doivent se soulever. Mais je n'en parlerai pas ici, les valeurs en jeu sortant par définition du champ de la science. Mais, indépendamment du jugement éthique qu'on peut porter sur ces objectifs, et même si on les approuve, des conflits de normes peuvent apparaître. Que peut-on se permettre en vue d'un but en soi louable ? Le problème peut se poser tout aussi bien pour la recherche désintéressée, peut-être de façon plus aiguë lorsqu'il s'agit de sujets humains.

Tous ces aspects de l'«éthique de la recherche» s'appliquent à des degrés divers aux différentes disciplines scientifiques et aux communautés correspondantes. Qu'en est-il du psychologue ? La plupart des chercheurs en psychologie, et la quasi-totalité de ceux qui pratiquent l'expérimentation, prennent comme modèles les chercheurs des sciences «dures», ou souvent l'image idéalisée qu'ils s'en font. Ils tentent donc de respecter les mêmes règles. Mais la spécificité de leur domaine, l'«humain», pose des problèmes particuliers qui leur rappellent qu'ils ne sont pas des chercheurs tout à fait comme les autres.

Le psychologue chercheur, comme les chercheurs des autres disciplines, rencontre les problèmes d'aval posés par les conséquences possibles de ses résultats. Mais ils sont peut-être atténués : il faut le reconnaître, les connaissances produites par la recherche en psychologie sont loin d'avoir la même portée, les mêmes conséquences, que celles produites par ses collègues physiciens, chimistes ou biologistes. Comme il n'y a guère de retombées, il n'y a pas trop à en redouter de néfastes. D'autre part, il devrait se trouver dans une situation plus confortable que celle des psychologues «appliqués» qui, eux, tentent d'agir, comme par exemple les psychothérapeutes ou les ergonomes, et sont donc amenés à s'interroger sur le sens et les finalités de leur action. Ces raisons convergent pour que les préoccupations éthiques puissent sembler ne concerner le chercheur fondamental que marginalement. Et, en effet, ça a été le cas pendant longtemps. Mais, depuis une vingtaine d'années, on a pris conscience, même si cela reste encore peu répandu, de problèmes éthiques spécifiques à la recherche dans les sciences de l'homme, et qui découlent évidemment de ce que l'homme n'est pas un objet de recherche comme les autres.

## 2. FACE AU SUJET HUMAIN

Bien que l'objectif du chercheur ne soit donc pas d'agir, donc de modifier quoi que ce soit, il y est souvent contraint. Si certaines rares recherches sont de pure observation et donc en principe ne doivent affecter en rien leur objet, d'autres peuvent rendre nécessaire une intervention plus ou moins importante. Il nous faudra donc discuter séparément des différentes méthodes, en les distinguant selon leur degré d'action, voulue ou non, sur leur objet.

Par définition, toute expérimentation est action, intervention. Le chercheur, quelle que soit sa discipline, crée, en fonction des besoins de sa recherche, des situations qui, sans lui, ne se seraient pas produites, et il peut être amené à modifier ou même à détruire son objet. Néanmoins, personne ne se posera de problèmes de conscience sur le sort d'une particule élémentaire que des physiciens annihilent, ni à propos d'une substance transformée au cours d'une réaction chimique, ni même d'un gène qu'on décompose pour en connaître la composition.

Mais tout change lorsque l'objet est humain[4]. Il devient inacceptable de nuire de quelque façon que ce soit aux sujets, les «objets» de la recherche. Bien sûr; mais l'éthique de la recherche en psychologie peut-elle se limiter à cette interdiction? Et celle-ci est-elle aussi simple qu'il semble ? Peut-on définir sans équivoque ce qui nuit ? Tromper un sujet, ou lui poser une question sur sa vie privée, est-ce lui nuire ? Peut-être pas, et pourtant on peut s'interroger à ce propos. Quelles sont les limites de la responsabilité du chercheur ?

En posant des exigences maximales, on peut dire que le psychologue devrait prendre en considération *les effets directs ou indirects, voulus ou non voulus, à court ou à long terme, de sa recherche sur ses sujets*. Ainsi défini, le champ de l'éthique est vaste, et exiger, en son nom, de s'interroger sur tous ces aspects avant de commencer une recherche est probablement peu réaliste. Mais, en même temps, cette formulation ne recouvre pas tous les problèmes que le chercheur soucieux d'éthique pourrait se poser. Est-ce uniquement à cause d'éventuelles conséquences qu'il ne faudrait pas tromper les sujets ou toucher à leur intimité ? Certaines actions ne sont-elles pas répréhensibles en elles-mêmes, indépendamment de leurs conséquences ? Tous ces points sont problématiques et méritent réflexion.

Pour rendre la discussion plus concrète, je prendrai un exemple d'expérimentation qui a le double intérêt d'être largement connu, même des non-psychologues, et d'avoir donné lieu à des critiques déontologiques diverses, ce qui nous fournira l'occasion d'aborder plusieurs problèmes. Il s'agit de l'ensemble de recherches publiées par Milgram (1974) sous le titre «Soumission à l'autorité». Rappelons rapidement de quoi il s'agit.

Une petite annonce dans le journal local demande des sujets pour une expérience sur la mémoire, moyennant une petite rémunération. Arrivés au laboratoire, les volontaires trouvent un autre homme, présenté comme un autre sujet, recruté de la même façon, mais qui est en fait un compère de l'expérimentateur. On annonce que le moniteur chargé de réaliser l'expérience a été empêché, et demande si les sujets présents veulent bien le remplacer, ce que tous acceptent. Un tirage au sort, truqué, désigne le vrai sujet comme moniteur, et le compère comme «sujet». On explique le but de l'expérience : voir si punir les erreurs favorise la mémorisation. Le «sujet» est supposé devoir mémoriser des paires de mots associés, et le vrai sujet doit les lui faire répéter, en lui infligeant un choc électrique à chaque erreur, choc de plus en plus intense à mesure que les erreurs s'accumulent. Tout ceci est évidemment simulé ; le «sujet» est un acteur qui feint de souffrir de plus en plus, selon l'intensité des chocs, indiquée sur le curseur de l'appareil censé envoyer ces chocs. La principale variable dépendante est l'intensité à partir de laquelle on refuse de continuer. Les variables indépendantes sont nombreuses : insistance plus ou moins forte mise sur l'aspect scientifique de l'expérience, contact préalable avant l'expérience entre les deux protagonistes, présence physique du «professeur» ou contact avec lui par téléphone, etc.

Le but de l'expérience était de montrer que des comportements qu'on peut juger cruels peuvent être le fait de personnes quelconques, à condition qu'elles soient placées dans les conditions adéquates, ce qui est montré par les grandes différences de comportement selon les différentes conditions expérimentales mises en œuvre.

Cet ensemble d'expériences soulève un grand nombre de problèmes éthiques, dont certains ont donné lieu à des discussions vives[5]. Remarquons en premier lieu que la problématique de cette recherche est fondée sur un jugement éthique que personne n'a discuté, ni même vraiment explicité : il est inadmissible d'infliger des chocs électriques à un humain, quel que soit le but, application à un cas particulier du principe général vu plus haut : ne pas nuire. Mais faut-il vraiment le considérer comme un absolu ? La problématique, fictive dans l'expérience, comparer les effets des renforcements positifs ou négatifs sur l'apprentissage ou la mémorisation, est classique et a donné lieu à de nombreux travaux, bien réels. Pour cela, il a bien fallu mener des expériences où il arrivait quelque chose de désagréable aux sujets qui commettaient des erreurs. Certes, les chocs électriques ont été rarement utilisés[6], mais il a bien fallu trouver des moyens de sanctionner les erreurs, avec la contrainte qu'il faut que ce soit désagréable, mais pas trop. On peut donc discuter des limites à ne pas franchir. L'application concrète d'un principe évident peut ne pas être, elle, évidente. Nous reviendrons plus loin sur ce problème.

Si ce point, qui définit la problématique de la recherche, n'a donné lieu à aucune discussion, une de ses conséquences a suscité des critiques assez violentes. On a reproché à Milgram d'avoir incité ses sujets à avoir un comportement contraire à l'éthique, même si tout était simulé. Le chercheur serait donc responsable de la conduite de ses sujets, ce qui est cohérent avec les objectifs même de la recherche. En effet, celle-ci cherchait à montrer que ce qui détermine un comportement condamnable, par exemple celui d'un tortionnaire, c'est le contexte, les ordres reçus. C'est donc celui qui a créé le contexte et donné les ordres qui devrait en être tenu pour responsable. Donc, en l'occurrence, le chercheur... Mais, si on accepte ce type d'objection, faut-il en conclure qu'il faut renoncer à étudier expérimentalement ce problème ?

D'autres critiques ont concerné plus directement les effets sur les sujets. Les comptes rendus des expériences mentionnent que certains sujets ont trouvé la situation très angoissante, et ont donné des signes visibles de stress, ce qui a été reproché. La réponse de l'auteur est intéressante. Il rappelle que de nombreuses expériences ont porté sur les réactions au stress, et donc l'ont provoqué. Mais, surtout, il dit que ce n'était pas prévu au départ, et donc qu'on ne peut pas le lui reprocher. Il pose donc une limite à la liste donnée ci-dessus : le chercheur ne devrait pas être tenu pour responsable des effets non voulus de son dispositif expérimental. Ce qui n'était manifestement pas le point de vue de ses critiques.

Un autre point est plus délicat à cerner. Au cours de l'entretien post-expérimental, du «debriefing», on explique au sujet le but de l'expérience, et le rassure sur le sort du compère, qui en fait n'a subi aucun choc électrique. Le sujet peut donc être tranquille : il n'a fait de mal à personne. Mais, en même temps, l'exposé du but de l'expérience a pu avoir comme effet de lui faire réaliser que son comportement peut être jugé blâmable. C'est même parce qu'on peut le juger tel que l'expérience a été conçue. Le sujet se trouve donc renvoyé à une image de lui-même qu'il peut mal supporter et qu'il n'avait pas recherchée. Il s'est proposé comme sujet pour des raisons diverses : curiosité, désir d'apprendre quelque chose sur la mémoire en général ou la sienne en particulier, intérêt pour la recherche, ou pour la psychologie, attrait de la récompense..., et il se retrouve réalisant qu'il pourrait être un tortionnaire. Certes, il est peu probable que tous le prennent aussi au tragique, mais le risque existe que certains soient confrontés à une image d'eux-mêmes qu'ils n'avaient pas recherchée.

Cette recherche soulève encore un autre problème qui, lui, est très général : celui de la tromperie des sujets. La loi sur la bio-éthique, qui encadre l'expérimentation humaine, impose d'obtenir le «consentement éclairé» des sujets. Cette exigence ne semble pas poser de problèmes en médecine (et encore... on n'informe pas les sujets qu'ils peuvent n'avoir qu'un placebo). Mais il est évident que les expériences de Milgram, et beaucoup d'autres, perdraient tout leur sens si les sujets savaient qu'il s'agit d'une expérience, quel en est le but, et que ce sont eux qui sont observés. On ne peut donc ni demander leur consentement, ni leur donner les informations nécessaires pour les éclairer. Cette situation est fréquente, surtout en psychologie sociale : les sujets doivent croire que la situation dans laquelle ils se trouvent est réelle, qu'il y a de véritables enjeux.

On a proposé de tourner la difficulté en se contentant de décrire la situation aux sujets et en leur demandant ce qu'ils y feraient, ou en organisant un jeu de rôle. Mais l'expérience a montré que les réponses prévues par les sujets hors situation et leurs comportements réels ne coïncidaient pas toujours[7]. Tromper les sujets semble inévitable. Le chercheur calme en général sa conscience en révélant tout au cours de l'entretien post-expérimental. On peut certainement s'en contenter si la situation était suffisamment neutre. Mais si elle a suscité chez les sujets de l'angoisse, du stress, des frustrations, savoir après coup que tout cela n'était en fait pas réel peut ne pas être suffisant. Et certains sujets peuvent se sentir violés d'avoir été observés à leur insu.

Ce qui peut être jugé condamnable du point de vue déontologique, est-ce le fait même de tromper les sujets, ou seulement les conséquences de la tromperie ? S'interdire toute tromperie serait exagérément paralysant et, en pratique, de très nombreuses recherches y ont recours. L'exemple de Milgram, et c'est pourquoi je l'ai choisi, est extrême en ce que les sujets sont trompés à différents nouveaux : sur le fait qu'ils sont sujets, sur le rôle de compère, sur la réalité des chocs électriques, sur le but de l'expérience, etc. Mais, le plus souvent, la tromperie n'est que partielle : elle portera souvent sur le but de l'expérience, sur la présence de compères en psychologie sociale ou sur ce qui sera réellement observé.

On voit bien que pour certaines recherches, la tromperie est inévitable, sauf à renoncer à les traiter expérimentalement. On peut citer d'autres exemples : l'étude des réactions à un vol (Greenberg, Ruback, 1992), ou à une agression à laquelle on assiste (Latané, Darley, 1978). Dans tous ces exemples, il faut que le sujet croie à la réalité de la situation et, surtout dans le dernier cas, qu'il ignore qu'il est observé. Mais il est évident que dans d'autres domaines, ces précautions sont inutiles. C'est le cas par exemple en psychologie cognitive, où rien n'est caché aux sujets[8], bien qu'on puisse se demander si croire à des enjeux réels ne changerait pas la motivation, et donc peut-être le comportement.

Jusqu'à présent, la position des chercheurs a été unanime : on trompe les sujets quand c'est nécessaire, de préférence en leur expliquant, au cours de l'entretien post-expérimental, la réalité de la situation et le but poursuivi. C'est jugé d'autant plus acceptable qu'on ne voit pas en quoi le sujet est lésé par cette tromperie, et qu'on considère que la poursuite d'une connaissance désintéressée constitue une justification suffisante.

La situation peut toutefois être différente dans le cas de la recherche appliquée qui, si elle n'a pas pour objectif d'agir directement, vise à acquérir des connaissances utiles pour des actions. On peut alors supposer que certains sujets désapprouvent les actions envisagées, et donc refuseraient de particper à l'expérience si on les informait. C'est d'ailleurs plus vrai des enquêtes que de l'expérimentation. Nous verrons plus loin les problèmes propres à ce type de recherche.

Le chercheur ne doit donc pas intervenir dans la vie de ses sujets, tout au moins pas négativement. Cela entraîne que certains problèmes ne peuvent pas être abordés expérimentalement. Prenons comme exemple la recherche citée plus haut, sur les réactions à un vol. Les auteurs ont pris de nombreuses précautions pour ne pas traumatiser les sujets : le vol portait sur une somme faible, qui en plus était pour eux une aubaine, obtenue peu avant et à laquelle ils ne s'attendaient pas. Mais il est évident que les comportements observés dans ces conditions très particulières ont toutes les chances d'être très différents des réactions à un vol important, qui a précisément comme caractéristique d'être traumatisant. Il y a quelques années, le CNRS avait refusé de financer une recherche sur les réactions à une catastrophe, qui prévoyait de faire croire à des sujets qu'un événement très grave leur était arrivé.

Ces problématiques sont pourtant importantes ; néanmoins, pour des raisons éthiques, il semble exclu de les traiter, au moins expérimentalement. Probablement faut-il renoncer à étudier expérimentalement les traumatismes et leurs conséquences, malgré l'importance du sujet. Comme, d'autre part, il est le plus souvent difficile ou impossible, faute de moyens suffisants, d'intervenir positivement dans la vie des sujets, l'expérimentateur se trouve réduit à ne traiter que des thèmes de peu d'importance pour les sujets[9]. Stuart Mill disait que pour expérimenter sur l'homme, il faudrait être un «despote d'Orient». Heureusement, le psychologue n'en est pas un, mais il faut reconnaître que cela le limite.

Certains problèmes ne peuvent pas être traités expérimentalement, non pour des raisons déontologiques, mais parce qu'on ne sait pas les «mettre en expérience». On voit mal, par exemple, comment expérimenter sur l'amour, le deuil, l'ambition... Mais, plutôt que de reconnaître les limites de la méthode, certains expérimentateurs rigides diront que si on ne peut pas expérimenter, c'est que la question est mal posée. Il est vrai qu'il arrive que la réflexion en vue de la mise sur pied d'une expérience peut aider à y voir plus clair. Mais on peut aussi estimer qu'il est préférable que certains problèmes ne soient pas abordés par des méthodes trop calquées sur celles des sciences de la nature.

Toute expérience agit sur les sujets et/ou les amène à agir. Une bonne partie des problèmes que nous avons énumérés en découle. A l'opposé, d'autres méthodes, et en particulier l'observation, dans leur principe, ne supposent aucune influence, aucune interaction entre le chercheur et ses sujets. Le problème de l'action sur les sujets ne devrait donc pas se poser. Le seul problème éthique qui devrait subsister est : a-t-on le droit d'obtenir n'importe quelle information ?

Toutefois, si, en principe, des méthodes comme l'observation ou les différentes formes de questionnement, entretiens ou questionnaires ne cherchent pas à agir sur les sujets, il y a toujours le risque qu'elles le fassent. Un sujet qui se sait observé a toutes les chances d'en tenir compte et de modifier en conséquence. On se trouve alors devant un dilemme : soit on fait en sorte que le sujet ne sache pas qu'il est observé, et alors on le trompe, il peut estimer qu'on a violé sa vie privée, son intimité, soit on l'avertit, et il y a de fortes chances pour que son comportement soit modifié.

Le problème dans le cas des entretiens est différent. Les diverses formes de questionnement visent à obtenir des informations, pas à provoquer une quelconque modification. Toutefois, le processus qui se déroule aux cours d'un entretien non directif amène souvent le sujet à énoncer des idées auxquelles il n'avait jamais pensé avant. Ce peut être l'occasion d'une prise de conscience qui n'est pas toujours sans conséquences. J'ai eu l'occasion de voir des personnes, heureusement rares, fortement perturbées par ce dont elles avaient pris conscience ou à quoi elles avaient jusqu'alors pu éviter de penser.

Les questionnaires ne présentent en général pas ces risques, mais leur déroulement peut agir comme un processus d'influence. Les conséquences n'en sont le plus souvent pas importantes, mais ceux qui les pratiquent doivent être conscients de la possibilité que l'interaction ne se réduise pas au simple recueil d'information qu'on souhaite. L'interrogation, même sous la forme minimale des entretiens non directifs, est une interaction sociale, avec ses enjeux. Les problèmes éthiques qui peuvent se poser au chercheur qui y recourt ne sont en général pas dramatiques, mais pas aussi totalement absents qu'on le croit souvent.

## 3. QUE DIRE A QUI ?

Passons maintenant à des problèmes d'une autre nature : que faire des résultats ? Comment et à qui les communiquer ? Par définition, une recherche à visée fondamentale est faite pour que ses résultats soient publiés. La « mise en commun » est une des normes de la communauté scientifique, selon Merton, et elle n'est en principe pas contestée. Certes, il est fréquent que des chercheurs fassent de la rétention d'information pour conserver une avance. Mais le fait qu'une norme soit violée n'exclut pas qu'elle soit reconnue comme norme.

Une recherche scientifique met en jeu au moins cinq acteurs, ou catégories d'acteurs : le chercheur, les sujets, ceux qui ont autorisé ou facilité l'accès aux sujets, l'organisme qui fournit les moyens, et les lecteurs, scientifiques ou profanes. Leurs intérêts peuvent être divergents, ce qui peut être source de difficultés. Cela peut déjà se marquer dès la conception de la recherche, et de nouveau lorsqu'il s'agit d'en communiquer les conclusions.

En psychologie expérimentale fondamentale, le respect de la norme de mise en commun ne devrait pas poser de difficultés, et tout le système de la recherche y incite. Mais la publication dans une revue scientifique, peu accessible, suffit-elle ? On estime parfois correct de communiquer les résultats aux sujets eux-mêmes, en leur adressant un résumé des conclusions, mais on constate en général très peu d'intérêt de leur part. La majorité des sujets, quand ils posent des questions, cherchent plutôt à apprendre quelque chose sur eux-mêmes et sont très déçus par les conclusions générales qui ne correspondent pas à l'idée qu'ils se font de la psychologie.

Le problème inverse : que ne doit-on pas communiquer, et à qui, est plus délicat et pose de véritables questions déontologiques. Lorsqu'on étudie un groupe bien défini et identifiable, publier ses résultats, c'est communiquer aux lecteurs, et donc potentiellement à tout le monde, des renseignements sur ce groupe. Celui-ci, ou ses représentants, peuvent exiger un droit de regard sur ce qui est écrit et publié sur eux. C'est de plus en plus souvent le cas des peuples qu'étudient les ethnologues, qui veulent pouvoir éventuellement s'opposer à la diffusion d'une image d'eux-mêmes qui ne leur convient pas, ou d'autres informations à leur propos. C'est évidemment une limitation importante des possibilités de recherche : un chercheur n'aime pas que ses résultats restent confidentiels, et il a besoin de publier pour sa carrière. On retrouve ici des relations de pouvoir : au temps de la colonisation, ce n'est pas à ceux qu'ils étudiaient que les ethnologues demandaient l'autorisation d'entreprendre leur recherche et d'en publier les conclusions, mais à l'administration coloniale.

Sans être aussi formalisée, cette contrainte peut exister aussi à l'intérieur de notre société. Pour étudier certains groupes, par exemple une entreprise ou une association, il faut en avoir l'autorisation, et celle-ci peut être assortie de conditions plus ou moins contraignantes, comme de soumettre à une approbation préalable non seulement les conclusions, mais aussi, par exemple, le protocole de recherche ou la liste des personnes contactées. Dans ce cas, les exigences éthiques peuvent entrer en contradiction avec les exigences scientifiques, si on considère ces exigences du groupe, ou de ceux qui parlent en son nom, comme légitimes, au nom du droit qu'aurait chacun de contrôler l'image qu'on donne de lui, droit qui peut entrer en conflit avec la liberté d'expression. Mais il arrive que le chercheur se trouve confronté au dilemme : accepter ces exigences, ou se voir interdire tout accès au groupe, donc renoncer à sa recherche. Une autre contradiction peut apparaître si les personnes étudiées et ceux qui donnent l'autorisation, par exemple le personnel d'une entreprise et sa direction, ont des intérêts divergents.

Les désaccords entre le chercheur et le groupe qu'il étudie, ou avec ses représentants[10], peuvent être divers. On peut contester l'exactitude des conclusions, et parfois une discussion avec les intéressés peut éviter des erreurs. Mais, souvent, le chercheur en sciences sociales se donne comme objectif d'aller au-delà des représentations que les membres d'un groupe en ont, de mettre au jour des phénomènes non explicités. Le chercheur peut alors estimer avoir raison contre ses sujets[11]. Il arrive aussi que, sans contester l'exactitude de certaines informations ou interprétations, le groupe s'oppose à ce qu'elles soient diffusées, précisément parce qu'elles sont vraies. Ce sera le cas, par exemple, si on analyse des rapports internes ou des conflits, ou révèle des stratégies face à l'extérieur.

Ces problèmes concernent en premier lieu les chercheurs des différentes sciences sociales, y compris la psychologie sociale, mais les autres psychologues les rencontrent plus rarement. Il est très rare que leurs résultats puissent déranger qui que ce soit. Cherchant des mécanismes généraux, ils s'intéressent rarement à des groupes ou à des individus déterminés, et tirent le plus souvent leurs conclusions de données agrégées, statistiquement ou de façon plus informelle. Il n'y a donc pas en général de problème de confidentialité des données individuelles, qui pourrait néanmoins se poser lorsqu'on publie des études de cas ou des monographies. Mais il est en général possible d'une part d'obtenir l'accord du sujet et, d'autre part, de masquer tout ce qui pourrait permettre de l'identifier.

Il n'empêche que l'enseignant qui a autorisé un chercheur à expérimenter ou à enquêter dans sa classe, ou le directeur dans son entreprise, pourront vouloir connaître le résultat de chacun des sujets. C'est assez souvent la demande de ceux qui ont autorisé l'accès aux sujets, et qui ont en général des illusions sur l'utilité pour eux de telles informations. En principe, les données individuelles sont confidentielles, mais il n'est pas toujours facile de s'opposer à celui ou celle dont dépend l'accès aux sujets, et donc la possibilité pratique de la recherche; et on peut estimer qu'on ne révèle pas grand-chose en communiquant le comportement dans une situation très particulière, et qui n'a pas été conçue pour une interprétation individuelle.

Sur tous ces problèmes, les chercheurs, comme je l'ai dit, bricolent des solutions au coup par coup, en fonction de leurs système de valeurs personnel. Mais avec le développement des préoccupations éthiques dans notre société, la recherche d'une déontologie commune est en cours.

## BIBLIOGRAPHIE

GREENBERG, M.S.N, RUBACK, R.B. (1992). *After the Crime*, New York, Plenum Press.
LATANÉ, B., DARLEY, J. (1970). *The Unresponsive Bystander*, New York, Appelton Century Crofts.
MERTON, R.K. (1942). The normative structure of science. Repris dans *The Sociology of Science*, ch. 13. Chicago, Univ. of Chicago Press.
MILGRAM, S. (1974). *Obedience to Authority*, New York, Harper.

NOTES

[1] Une réserve cependant : on est devenu depuis quelque temps conscient des risques pour l'environnement de certaines expériences à grande échelle. Mais, même dans ce cas, ce qui peut être mis en cause, ce n'est pas l'expérience elle-même, mais des conséquences extérieures à elle. Néanmoins, cela peut amener à modifier le dispositif expérimental.
[2] L'expression est du mathématicien Jacobi. Elle a souvent été reprise pour justifier la recherche fondamentale.
[3] Le rejet immédiat par la majorité des scientifiques des affirmations sur la « mémoire de l'eau », bien qu'avancées par un chercheur reconnu, en constituent un bon exemple.
[4] Je n'aborderai pas ici les problèmes posés par l'expérimentation animale. Certains assimilent les animaux aux objets des sciences de la nature, d'autres aux êtres humains. Les mêmes problèmes se posent à propos de la recherche sur les embryons, mais qui, elle, ne concerne pas les psychologues. Cela mérite une discussion séparée.
[5] Milgram leur consacre tout un chapitre de son livre.
[6] Rarement avec des humains, mais très souvent avec des animaux.
[7] Il serait intéressant de voir quelles sont les situations où les sujets anticipent correctement leurs réactions, et celles où il y a différence. Le désaccord est probablement fort

lorsque des normes sont en jeu. Mais il y a aussi des «pressions de la situation» difficiles à imaginer en dehors de la situation elle-même. Mais, à ma connaissance, aucune recherche de ce type n'a été entreprise.

[8] Même dans ce domaine, il peut arriver que la tromperie soit nécessaire. C'est le cas, par exemple, dans les expériences sur l'«apprentissage incident» où on cherche à savoir ce que le sujet a appris du contexte tout en effectuant une tâche où ce contexte n'intervient pas.

[9] Cela ne veut pas dire que les problèmes qui lui restent accessibles sont de peu d'importance scientifique.

[10] Il reste le problème de savoir si ceux qui parlent au nom du groupe expriment bien l'opinion de ses membres. Nous retrouvons des problèmes de pouvoir.

[11] Le chercheur qui présente ses résultats à ceux qu'il a étudiés est souvent confronté à deux critiques contradictoires : «Tout ça, on le savait déjà, vous ne nous apprenez rien», ou «Ce n'est pas ça du tout, vous n'avez rien compris». Laquelle doit-il redouter le plus?

# L'enseignement mimétique en psychologie et la question éthique

Laurence Bessis

Le présent article a pour but de mettre en évidence un type d'enseignement dit *mimétique* qui est inhérent à toute situation pédagogique, dans toutes les disciplines de la pensée et du savoir-faire humain et ce le plus souvent à l'insu de ceux qui le dispensent comme de ceux qui le reçoivent. Cet enseignement ne modifie *en rien* la scientificité d'un domaine ni la qualité des savoirs en jeu. Il est repéré ici dans *toutes* les branches de la psychologie mais aussi en mathématique, physique, médecine, etc. Les questions éthiques qui lui sont nécessairement liées ne sont donc certes pas propres à la psychologie mais à tout domaine susceptible d'être enseigné même si nous nous restreignons ici aux questions psychologiques[1].

Le talent est la chose du monde la moins bien partagée : car chacun pense en être si peu pourvu que ceux même qui sont les plus faciles à contenter en toute autre chose ont coutume d'en désirer plus qu'ils n'en ont. En quoi il n'est pas vraisemblable que tous se trompent ; mais plutôt, cela témoigne que la *puissance individuelle* de bien faire, et de réussir plutôt que de rater, qui est proprement ce que l'on nomme le talent, est naturellement inégale et en défaut en tous les hommes ; et ainsi que la diversité de nos réalisations vient autant de ce que les uns sont plus talentueux que les autres que de ce que nous conduisons nos réalisations par diverses voies, et nous ne travaillons pas aux même choses. Car ce n'est pas assez d'avoir la matière et le savoir, le principal est d'appliquer bien l'un à l'autre. Les êtres les plus dotés — qui se signalent par leur grande facilité de réalisation — sont capables des plus grands ratages aussi bien que des plus grandes réussites ; et ceux qui ne travaillent que fort lentement et fort laborieusement peuvent avancer beaucoup davantage sur une droite voie de la réussite que ne font ceux qui courent, et qui s'en éloignent[2].

Je ne crois pas trahir l'opinion commune française en décrivant le talent qui sépare tous les hommes en antonyme de la raison cartésienne qui les rassemble. La raison est le propre de l'homme, le talent est le propre de l'individu. Si, comme dans la tradition philosophique, on reconnaît *Le discours de la méthode* comme le texte qui pose la frontière entre les activités scientifiques et les autres, alors l'un des critères de scientificité d'un domaine pourrait être la possibilité pour celui qui y exerce de renoncer au talent car *le savoir scientifique supplée au talent*. La science et la technique proclament leur universalité : tous les êtres humains qui ont en partage la raison peuvent produire des phénomènes ou des objets pourvu qu'ils appliquent strictement les lois scientifiques ou respectent les contraintes techniques. Que tout un chacun puisse reproduire comme à volonté les expériences scientifiques sous condition de bagage culturel suffisant, les objets techniques sous condition de savoir-faire suffisant, pourrait peut-être être accordé[3]. Que se passe-t-il pour les domaines dont les prétentions scientifiques sont jugées exagérées par le public et inconfortables par ses praticiens ?

Dans le cas qui nous occupe ici, il faut poser la question cruciale : un psychologue peut-il être dépourvu de talent et exercer avec compétence ? Est-il substituable à un autre psychologue ? L'institution a tranché depuis longtemps puisque le titre est décerné sans aucune référence au talent et pour cause : elle ne peut valider que l'enseignement qui a été reconnu comme dispensé.

On est conduit en toute naïveté à se demander si le talent s'enseigne, si l'université en est dispensatrice, si quelque modalité de transmission — autre que «ex cathedra» — existe et en quel lieu, et si — pour répondre à notre «désirer plus qu'on n'en a» — on peut augmenter sa part de talent à supposer la possibilité de la distinguer clairement de celle qui relève de la technicité ou du savoir ?

Tout aussi naturellement se posent les questions éthiques. Quel contrôle existe-t-il sur des enseignements qui ne sont pas reconnus et très souvent ignorés par leurs dispensateurs, quelle mesure pour leur évaluation, mais inversement, quels risques courent les patients des praticiens peu talentueux ?

## 1. DU TALENT

Pour explorer la question du talent, nous allons évoquer des pratiques réelles des sciences expérimentales, de la cuisine ou de la médecine, des modes de fonctionnement des orateurs politiques ou judiciaires, prédicateurs religieux ou sorciers, dans le but de les recouper avec celles du psychologue (ou même de les retrouver toutes entières). Mais, auparavant, il convient de faire trois remarques générales :

1re remarque : *le talent n'est pas le génie*; c'est une notion pratique individuelle de capacité de réalisation, mais qui est limitée dans le temps et l'espace ou bien qui ne fait pas retour sur elle-même. Je veux dire que le talent — comme le génie — est propre à l'individu, qu'il est parfaitement adapté à une situation ici et maintenant en remplissant pleinement les buts qu'il s'était fixés; mais que, *a contrario* du génie, il ne remplit plus ses buts en variant le lieu ou l'époque — il est démodable — ou bien qu'il n'ait pas repéré les conditions véritables de son exercice, ce qui le rend malencontreusement inopérant. A ce titre, le talent peut concerner tout un chacun et n'est en aucune manière réservé aux «géants qui nous élèvent de toute leur hauteur formidable»[4].

2e remarque : *les catégories du talent ne sont pas le vrai et le faux mais le réussi et le raté*; il ne s'agit en effet pas des catégories traditionnelles de la pensée scientifique mais bien plutôt celles du savoir-faire. Comme nous l'avons déjà vu dans l'introduction, les effets réels comptent et, dans certains cas, ils sont même les seuls à compter.

3e remarque : *les multiples talents du psychologue sont requis par ses multiples métiers*. Quand on essaie de définir le champ d'action du psychologue, on est frappé par son immense variété : un psychologue peut être expérimentateur, soignant, expert judiciaire, recruteur, pour ne citer que quatre métiers radicalement différents les uns des autres; et c'est pour cela que son talent n'a pas de caractère univoque et qu'il doit s'alimenter à tant de sources diverses, chacune des situations décrites dans les métiers précédents pouvant aussi se présenter successivement à un même psychologue en exercice.

## 1.1. Le talent en cuisine et dans les sciences expérimentales, appliqué à la psychologie

Pourquoi faut-il saler l'eau des pâtes italiennes mais non celle du riz asiatique? Voici deux aliments comparables dans leur composition nutritionnelle, cuits chacun à l'eau, mais les premières, en jetant le surplus aqueux, le second par absorption. Très rarement inscrit dans les recettes, le tour de main de la ménagère est celui qui donne son goût aux aliments. Pourtant, les pâtes rapportées par Marco Polo viennent de Chine et si elles ne sont pas assez salées pour les Italiens, pourquoi ne pas se contenter de les saler après la cuisson? La raison profonde n'a été connue que depuis que l'on applique à la nutrition les découvertes de la biologie cellulaire. La loi élémentaire qui veut que, quand deux milieux de salinité différente sont mis en contact, il y ait un flux du plus salé vers le moins salé jusqu'à ce que les salinités s'équilibrent, cette loi s'applique parfaitement aux pâtes italiennes : si l'eau n'est pas salée, les pâtes vont perdre tous leurs sels minéraux dans l'eau qui sera rejetée au point d'en être immangeables. Bien sûr, si l'on cuit par absorption, cette question ne se pose pas. Bien sûr aussi, depuis que cette raison est connue, tous les livres de cuisine mentionnent la salaison de l'eau, laquelle perd donc son caractère de «tour de main». Pourtant, avant cela, il a fallu une transmission de savoir-faire par bouche à oreille dans tous les foyers italiens.

Les expérimentations en physique ou en chimie ne sont pas à ce point éloignées de la cuisine quand il s'agit de les faire fonctionner. Tous les lycéens ont des souvenirs impérissables d'expérimentations effectuées sous leurs yeux par un professeur de physique ou de chimie et qui échouent lamentablement. Ces cas sont trop fréquents pour y voir le hasard ; au contraire, il faut reconnaître qu'il ne suffit pas de mettre ensemble tous les ingrédients d'une réaction chimique pour qu'elle se produise : elle peut avoir besoin d'un catalyseur, par exemple, ou plus largement encore, il faut à l'expérimentateur un savoir-faire qui n'est écrit nulle part dans les manuels. De même, de l'observation de la chute des corps dans le vide à ses débuts à la mécanique quantique d'aujourd'hui, l'expérimentation est si rarement réussie que la lecture d'un article de recherche qui détaille son fonctionnement ne garantit en rien qu'un physicien de niveau comparable à celui qui a produit l'expérience soit en mesure de la reproduire. Le plus souvent, il vaut mieux se rendre auprès de l'inventeur observer ce qu'il fait.

Que fait-il justement ? Une série de gestes dont seulement un tout petit nombre d'entre eux ont été déclaré — par lui — pertinents au regard de son expérimentation. Il a trié tous les gestes auxquels il a pensé. Que l'expérimentateur respire, regarde, se gratte la tête n'est sans doute pas reconnu comme faisant partie de l'expérience. Même s'il a pensé à tout cela, combien d'autres gestes inconscients s'y sont-ils mêlés ? Un observateur extérieur va sans doute essayer en premier lieu de repérer ce que l'inventeur fait au cours de l'expérience et qu'il ne décrit pas dans l'article de recherche, de manière à faire enfin fonctionner cette expérience récalcitrante. A supposer qu'il n'y réussisse pas, il lui reste deux voies possibles : la première et la moins fatigante est de déclarer l'autre comme charlatan, la seconde — beaucoup plus contraignante — de reparcourir toute l'expérience en mimant sans discrimination tous les gestes de l'inventeur qui, de ce fait, passe au statut de maître auquel on reconnaît alors du talent. Dans la réalité, on passe rarement d'une expérience avortée à une expérience réussie; il y aurait plutôt ceux qui la font marcher mal et ceux qui la font marcher de manière décisive, c'est-à-dire avec quand même des effets déclarés parasites. Il est donc acquis qu'une expérience scientifique, premièrement, ne marche pas toute seule sans l'aide de l'ordonnateur de l'expérience, et deuxièmement, n'offre jamais une lisibilité totale à cause de phénomènes décrétés parasites. Autrement dit, si le phénomène est un résultat de l'expérience, la mise en évidence du phénomène est le résultat du talent de celui qui la conduit.

En psychologie, l'expérimentation, pour qu'elle puisse au moins avoir lieu, doit prendre en compte une série de faits qui la distingue — parfois en apparence seulement — de la situation expérimentale sur les corps sans conscience.

1) le bon vouloir du sujet sur lequel porte l'expérimentation;

2) la réciprocité entre l'observateur et le sujet : si l'expérimentateur soumet un sujet à une expérience, il subit par réaction une contre-observation; or, le chercheur risque de confondre les résultats de sa recherche avec sa propre valeur de stimulus simplement parce qu'il ne la connaît pas et, qui plus est, « ne souhaite pas la connaître »[5]. Les tests projectifs montrent combien la déformation est importante « dès que le matériau observé est anxiogène »[6]. A ce titre, on retrouve — bien que sous une forme propre à la psychologie et aux sciences du comportement — le principe d'incertitude d'Heisenberg[7] : pour observer un sujet, on ne peut que provoquer une déformation de son rapport au monde.

3) Comme dans les autres sciences, il convient d'exprimer ce que l'on considère comme pertinent dans un contexte donné : c'est la théorie qui décide si un phénomène devient une donnée. Il convient donc d'élaborer une théorie qui explique le plus complètement tous les aspects d'un processus. Or, le risque majeur est que « la théorie explique adéquatement ceux d'entre les faits qui sont les moins anxiogènes, [...] et décourage l'enquête concernant l'autre groupe de faits : ceux qui sont les *plus* anxiogènes »[8]. Ce danger est partagé par les théories physiques ou biologiques et pour la raison strictement inverse. La non-réponse de la matière est également anxiogène; il suffit de voir la violence des réactions de l'Eglise à l'énoncé de l'héliocentrisme pour mesurer la charge d'angoisse associée.

4) Reconnaître que la mise en évidence d'un phénomène est une réaction à une perturbation provoquée par l'expérimentateur devient un acte

scientifique dès que le savant a clairement identifié ce à quoi réagit son sujet.

Ainsi, il faut revenir au talent propre du maître : il est celui qui peut prendre sur ses épaules la charge d'angoisse que génère l'expérimentation en général — celle sur les humains en particulier —, mais plus encore, cette expérimentation-ci qui a toutes les chances d'être en résonance avec son histoire personnelle, si ce n'est celle de l'humanité toute entière. Par prendre en charge, j'entends accepter de reconnaître et d'élaborer l'angoisse sans mettre en œuvre trop de processus de défense qui noieraient les résultats. Bien sûr, la vie de génies comme Copernic, Darwin ou Freud montre la charge émotionnelle qu'ils ont affrontée d'abord seuls pour élaborer la théorie puis dans l'opprobre d'une partie de leurs contemporains. Mais le savant talentueux qui se limite à la construction lente — et parfois terrifiante — de ses résultats est celui qui ne craint pas de donner à voir quelque chose de lui à ses collègues et étudiants puisqu'il est justement 1) le stimulus qui initie l'expérience, 2) l'appareil de mesure des résultats puisqu'il ne rend compte que de ses propres impressions par contre-transfert. On comprend alors en quoi cette partie, qui est propre à l'individu que je nomme talent et qui comporte une large part de courage, puisse plus facilement faire des adeptes dans un rapport triangulaire maître-étudiant-sujet que dans le simple rapport binaire car alors le maître décharge pour une part l'angoisse de l'étudiant.

### 1.2. Le talent du médecin et du sorcier, appliqué à la psychologie

La médecine de l'époque moderne (à partir du XVIe siècle), mais non la chirurgie[9], est fille de la sorcellerie et de l'érudition. C'est à la croisée du mage et du clerc que peuvent s'élaborer des remèdes, issus de simples cultivées en jardin ou recueillies sauvages, ou produits par des manipulations alchimiques, laquelle croisée prend assez souvent une figure féminine[10]. Toutefois, pour éviter le risque de se compromettre avec le démon, les patients ont plutôt recours aux moines (ou aux moniales) dont les garanties de sainteté, l'excellente connaissance des travaux des Grecs anciens et des Latins[11], et les jardins pleins d'herbes médicinales[12] offrent des soulagements immenses surtout s'ils sont doublés d'une écoute particulière liée aux pratiques du secret de la confession. L'époque moderne fermera le métier aux femmes et aux membres du cloître et ne recrutera plus ses médecins qu'à l'université[13]. Que reste-t-il de ces viles origines ? Au moins deux éléments :

1) Le secret médical : héritage clérical, il produit deux phénomènes antinomiques en interdisant la publication réelle des cas puisque l'anonymat doit être préservé. D'un coté, la médecine non psychiatrique[14] a conduit les médecins sur la voie de la manipulation du corps sans référence au patient lui-même et permit de rabibocher enfin la médecine et la chirurgie qui tire naturellement vers la plomberie. L'hypothèse jamais évoquée et pourtant toujours sous-entendue ici est un prétendu matérialisme scientifique[15] qui nous ferait croire que l'on peut manipuler un corps sans toucher à l'être. D'un autre coté, il suscite des confidences de la part du patient qui manifeste ainsi aussi bien son existence que peut-être un symptôme fort embarrassant pour le praticien soit parce qu'il ne sait qu'en faire, soit parce que justement il sait agir alors peut-être en lieu et place du psychologue, du prêtre, de l'assistante sociale...

2) l'effet placebo : héritage sorcier[16], il est la punition naturelle de la mauvaise qualité de l'hypothèse précédente et il demeure à ce jour inexplicable quant à ses causes. En effet, si certains mécanismes possibles ont été avancés — dont des mécanismes biologiques —, ils se cantonnent à une description réelle d'un effet. Ainsi, quand on reconnaît, par exemple, que le placebo (pilule composée d'eau et de sucre) induit chez le patient les effets d'un analgésique opiacé, on n'explique pas alors pourquoi toute prise d'eau sucrée ne produit pas les mêmes effets[17]. Pourtant, en dépit de cette «énigme» scientifique, «tous les médecins, je l'affirme, et tous les malades aussi, croient et s'adonnent, parfois, à d'étranges pratiques. Encore aujourd'hui, la médecine officielle chasse sans le dire sur le terrain de la magie. Que fait-il ce médecin drapé de solennité qui, à l'issue d'une cérémonie rituelle, parfois longue appelée consultation, rédige un document nommé ordonnance, mentionnant une drogue assez souvent inactive selon les canons de la pharmacologie, un comprimé inerte, une gélule de gélatine, qu'un acolyte patenté, le pharmacien, s'empresse de délivrer? [...] (Le placebo) se révèle capable de déplacer des montagnes pathologiques, de renverser des dogmes thérapeutiques, de décontenancer les plus cartésiens d'entre nous»[18]. C'est incontestablement un effet magique puisque sa cause ne réside pas dans le médicament lui-même mais... la relation du médecin au patient? La couleur et la forme du cachet? Quelque chose en rapport avec le sacré, ou avec la puissance des éléments naturels? Mystère que l'on contourne aussitôt puisque cet effet a le bon goût d'être mesurable et donc peut se plier en partie aux exigences scientifiques. Comment marche un placebo? Sans doute de la même façon que marche la magie, c'est-à-dire peut être pas aussi bien que la science mais beaucoup mieux que rien. Pourquoi de tels effets magiques ne sont-ils pas systématiquement activés? «Si tout acte thérapeutique peut être modifié par l'effet

placebo, dans des proportions parfois considérables, l'écart banal et fondamental qui sépare l'action prédictible d'un traitement et son effet réel est le plus souvent méprisé ou nié. Il n'est presque jamais cultivé consciemment en médecine officielle. Et c'est bien dommage.»[19]

On peut considérer l'émergence de la pensée scientifique comme l'effet d'une succession : pensée magique, pensée religieuse puis pensée scientifique. On peut également comprendre que la pensée magique et la pensée scientifique ont été — et sont toujours — simplement *concurrentes* et que l'une ou l'autre se manifestent selon le vouloir — pas du tout maîtrisé — du sujet, c'est-à-dire aussi bien celui du médecin que celui du patient. Dans la pensée scientifique, c'est le rapport formel[20] qui permet l'enchaînement des causes et des effets, dans la pensée magique, c'est le talent du sorcier qui explique l'effet. Cet effet magique, nous y sommes confrontés tous les jours, car, comme le remarque fort justement Jacques Lacan : «Un ordre est toujours magique». Si un enseignant dit «Sortez» à un étudiant et que celui-ci s'y soumet, on retrouve la magie *parce que l'on retrouve sa causalité* : l'étudiant ne serait pas sorti si un autre avait prononcé ces mots et, en même temps, on retrouve l'aléa de la magie qui réside entièrement dans la performance — catégorie du réussi et du raté — puisque l'étudiant peut aussi désobéir. Les deux procédés magiques qui structurent la pensée magique sont la similitude et la contiguïté, c'est-à-dire la figuration (la poupée) ou le mime d'un coté et la mèche de cheveux ou le vêtement d'un autre, ces deux procédés donc supposent toujours le *contact* avec la personne traitée. «L'association par contiguïté équivaut à un contact direct, l'association par similitude est un contact au sens figuré du mot. La possibilité de désigner par le même mot les deux variétés d'association prouve déjà que le même processus psychique préside à l'une et à l'autre.»[21] Ce contact, qui permet à la magie d'opérer, est également celui qui est à l'œuvre en médecine et qui montre combien le *soin médical doit passer par le fait de toucher le malade* pour des raisons d'efficacité thérapeutiques et de le toucher selon certaines règles. Le talent du médecin procède donc certainement de ses connaissances scientifiques et de son savoir-faire clinique mais aussi de sa capacité à toucher son malade dans tous les sens du terme, c'est-à-dire à provoquer en lui des émotions bénéfiques.

En matière de rapport thérapeutique, les psychologues sont bien sûr tenus au secret professionnel qui, comme en médecine, biaise la publication de cas. Mais, au-delà, ils ont également hérité du partage corps-psyché que la médecine a entériné et pour les mêmes raisons : intervenir sur l'esprit d'un patient sans toucher à son corps serait également ne pas toucher à son être. A nouveau, la distinction cartésienne apparaît à la fois comme fausse et pourtant le seul véritable rempart contre une pratique perverse.

Il apparaît, en effet, que peu de courants de la psychologie s'attardent sur le corps. Je veux parler ici *du corps dans son entièreté et non divisé en parties, vivant et non anatomique, sentant et non réduit à son image ou à ses fonctions*. La psychologie l'a souvent frôlé dans ses concepts mais toujours à distance du psychologue[22]. La psychanalyse freudienne a aussi beaucoup contribué à l'exclusion du corps dans la thérapie puisque l'exploration de l'inconscient se fait classiquement par la parole ; quant aux lacaniens qui affirment après le maître que « l'inconscient est structuré comme un langage », ils semblent rencontrer plus de matière dans les signes (les signifiants) que dans le corps de leurs patients. Le comportementalisme a peut-être validé des informations données par le corps du patient mais sous les conditions si restrictives de l'observation visuelle et à l'exclusion frappante des sensations ; et les autres thérapies cognitives, familiales, etc., y font peu référence. Mais la réintégration du corps dans les pratiques thérapeutiques impliquent de définir un cadre strict pour toucher le patient, ou bien d'associer à toute intervention psychologique une intervention corporelle effectuée par un autre professionnel car on ne peut pas admettre non plus de se séparer volontairement de traitements efficaces.

Les héritages sorciers, quant à eux, sont légion ; voici une liste non exhaustive de leurs signes en matière psychologique :

– le désir de respectabilité scientifique qui semble habiter les psychologues en recherchant l'objectivité ;

– le type de causalité à l'œuvre dans les effets — et bienfaits — que les psychologues produisent sur leurs patients : par exemple, l'effet cathartique ou bien le fait que selon la personnalité du psychologue consulté, le patient ne soit pas soulagé des mêmes souffrances ;

– toutes les pratiques thérapeutiques non théorisées que les psychologues se forgent individuellement et dont ils usent « parce que cela m a r c h e » et qui relèvent si clairement de la causalité de la magie qu'ils ne s'en vantent auprès d'aucun collègue.

## 1.3. Le talent dans les arts oratoires, appliqué à la psychologie

Du théâtre au prétoire, du sénat à l'église, les orateurs savent tous que la conviction s'emporte avec réticence — voire déplaisir — lorsque qu'elle est le fruit d'une pénible démonstration mais qu'au contraire, elle s'enracine d'autant plus fermement dans l'esprit des auditeurs qu'elle donne à sentir c'est-à-dire qu'elle suscite des émotions dans le public. L'éloquence n'est donc pas un flot verbeux qui noie de façon appropriée le poisson, mais un talent qui conquiert l'auditoire en s'appuyant sur ses facultés d'empathie ; elle est une manière de réussir dans des domaines non régis par les preuves scientifiques ; car une mauvaise manière défigure la justice et la raison. Dans l'article *éloquence* du dictionnaire philosophique, Voltaire fait remarquer : «L'éloquence est née avant les règles de la rhétorique, comme les langues se sont formées avant la grammaire. [...] L'envie naturelle de captiver les juges et les maîtres, le recueillement de l'âme profondément frappée, qui se prépare à déployer les sentiments qui la pressent, sont les premiers maîtres de l'art»[23]. Il faut cultiver son éloquence car elle a la capacité de toucher : «Cependant, à force d'élever la voix, on se fait entendre des oreilles les plus dures»[24]. Voltaire utilise les techniques aristotéliciennes concernant la rhétorique : «[Aristote] recommande les métaphores parce qu'elles sont justes et nobles»[25].

Pourtant, l'éloquence à elle seule ne suffit pas ; il faut recourir à un art partout pratiqué et partout laissé dans l'ombre : *l'économie de parole*. Elle inspire la méfiance, la suspicion et le dégoût aux néophytes et, pourtant, on ne saurait faire sans. Voltaire consacre un article entier du dictionnaire philosophique à l'économie de parole. Voici son analyse rigoureuse et appuyée d'exemples. «Parler par économie : c'est une expression consacrée aux pères de l'Église et même aux premiers instituteurs de notre Sainte Religion ; elle signifie parler selon les temps et les lieux [...] St Jérôme le développe admirablement dans sa lettre cinquante quatrième à Pentacle. Pesez ses paroles. Après avoir dit qu'il est des occasions où il faut présenter un pain ou jeter une pierre, voici comme il continue : [...] considérez avec quels artifices, avec quelle subtilité problématique, ils [les anciens] combattent l'esprit du diable ; *ils disent non ce qu'ils pensent mais ce qui est nécessaire* [...]. St Augustin écrit souvent par économie. Il se proportionne tellement aux temps et aux lieux que, dans une de ses épîtres, il avoue qu'il n'a expliqué la trinité que *parce qu'il fallait bien dire quelque chose*»[26]. Voltaire lui-même, comme tous ses contemporains, recours à l'économie de parole car c'est la seule manière de se faire entendre quand on est soumis à la censure[27].

Que le psychologue ait besoin de développer son éloquence pour convaincre son auditoire à l'occasion d'une expertise judiciaire ou bien dans son métier de recruteur, par exemple, on peut certainement me l'accorder, mais à titre de «plus» qui n'entraînerait pas directement un défaut de compétence chez lui. Pourtant, la qualité de l'expert ne peut pas être seulement de bien juger mais également de se faire entendre d'un tribunal et d'imposer sinon ses convictions du moins ses conclusions. *Mais aucun psychologue dans aucune branche ne peut nier que pour exercer correctement dans son métier même, il doit s'être forgé une économie de parole. Car, il ne saurait être question de dire ce qu'il pense mais ce qui est nécessaire.* De l'expérimentateur au soignant, du recruteur à l'expert et parce que le psychologue cherche à produire un effet ou obtenir des informations ou un résultat, il doit parler par économie. Aucun expérimentateur ne peut exposer clairement sa recherche aux sujets soumis à l'expérience sans biaiser tous les résultats; aucun thérapeute ne peut énoncer ce qu'il pense à ses patients sans compromettre irrémédiablement la cure; aucun expert, aucun recruteur n'énonce le contenu de ses pensées sans rater ce pourquoi on l'a engagé. *La raison commune à tous est que le rôle premier du psychologue est d'amener le sujet à se découvrir et pour cela piéger la censure*[28], quitte à orienter ensuite son travail dans une multiplicité de directions.

Une fois reconnue cette économie de parole, *il devient clair qu'aucun enseignement officiel ne la dispense*. Rien dans le cursus complet de l'étudiant jusqu'au diplôme ne permet de travailler cet art. Pourquoi? Parce que la psychologie cherche ses lettres de noblesse du côté de la science, que cette dernière ne tolère pas d'autres catégories que celles du vrai et du faux, et que l'économie de parole ressemble étrangement au mensonge. Voltaire décrit savoureusement les utilisations religieuses de l'économie de parole. «Tantôt, on dit que Jésus n'est mort que pour plusieurs, quand on étale le grand nombre de réprouvés; tantôt, on affirme qu'il est mort pour tous quand on veut manifester sa bonté universelle. Là, vous prenez le sens propre pour le sens figuré, selon que la prudence l'exige. Un tel usage n'est pas admis en justice. On punirait un témoin qui dirait le pour et le contre dans une affaire capitale.»[29] On ne punit pas un psychologue pour avoir une économie de parole solide, bien au contraire, on encense alors son talent et on juge qu'il a vraiment du métier. Une fois de plus, au cœur même de la pratique psychologique, on retrouve la concurrence entre la pensée magique et la pensée scientifique; et le paradoxe du psychologue est qu'il doit les tenir toutes les deux présentes dans sa pratique.

### 1.4. Comment un psychologue se forge-t-il du talent?

Nous avons repéré, dans les trois cas exposés plus haut, des facultés particulières qui sont jugées indispensables pour l'exercice correct de la fonction de psychologue. En voici donc la liste non exhaustive: la capacité à amorcer la relation, la mise en confiance, l'écoute, la mise en place du cadre, la capacité à provoquer des émotions bénéfiques, l'éloquence, l'économie de parole. Toutes ces compétences, que l'on décrit pudiquement sous le terme de «qualité de la relation entre le psychologue et le sujet», ne relèvent pas d'un enseignement scientifique ou technique et ne sont dispensées par aucune université pour la raison déjà évoquée qu'elles sont en concurrence avec la pensée scientifique. Comment donc un psychologue fraîchement engagé va-t-il acquérir ces facultés ? Ou bien doit-il avoir l'art infus ? Il peut bien sûr puiser dans ses talents personnels s'il en a, il peut travailler sur lui-même pour les acquérir, il peut aussi essayer de se trouver un maître — au sens du compagnonnage —, comme nous allons le voir.

## 2. DE LA TRANSMISSION DU TALENT : ENSEIGNEMENT DIDACTIQUE ET ENSEIGNEMENT MIMÉTIQUE

J'ai pleinement conscience que, pour un puriste de la langue française, le terme enseignement didactique constitue un pléonasme de taille ; pourtant, il a fallu que je qualifie au mieux l'enseignement qui est reconnu avoir été dispensé dans les écoles et sur les bancs de l'université, à partir duquel les examens sont bâtis et qui constitue la référence en matière de diplômes. Depuis qu'existe l'informatique familiale, les médias ont souvent fait des dossiers sur une remise en cause partielle ou totale du métier d'enseignant comme s'il pouvait être remplacé par une machine didactique qui aurait en plus une patience d'ange. Cette idée selon laquelle on peut se dispenser de l'enseignant n'est en rien nouvelle. Elle a même présidé à la Réforme protestante, où les fidèles se sont mis en tête de lire la bible par eux-mêmes. L'invention de l'imprimerie a donc naturellement provoqué ce que l'informatique pour tous provoque aujourd'hui : la croyance que l'on peut apprendre par soi-même sans le recours à l'autre. Les protestants n'ont pas tardé à ordonner à nouveau des prêtres pour leur lire la bible et les enseignants ont simplement inséré l'informatique dans leur panoplie pédagogique. Qu'est-ce donc que l'enseignant donne et qui ne peut pas être trouvé dans un livre ? Pas des références — le livre est souvent plus complet que le cours ; pas des explications plus claires — les livres sont souvent bien faits — et les enseignants peuvent être en défaut. Alors ? Justement, ce que l'enseignant délivre, qui n'appartient qu'à lui seul et qui diffère extraordinairement d'un autre enseignant, c'est un enseignement qui n'est pas repéré comme tel car il est sans contenu, sur lequel ne porte aucun examen, qui n'est évoqué par aucune instance institutionnelle, que l'on peut essayer de recouvrir du terme de talent et dont je vais tenter d'expliquer une partie au moins que j'appellerais «enseignement mimétique».

### 2.1. Qu'est ce que la mimétique?

René Girard, dans son livre «Shakespeare ou les feux de l'envie», redéfinit pour son lecteur la découverte décisive qu'il a déjà eu l'occasion d'exposer de manière moins ramassée dans ses livres précédents[30]. Voici ses termes : «Quand on réfléchit aux phénomènes où l'imitation risque de jouer un rôle, on songe aussitôt à l'habillement, aux manies, aux expressions du visage, à la façon de parler, au jeu d'un acteur de théâtre, à la création artistique, etc., mais jamais le désir n'est pris en compte. La conséquence est que l'imitation à l'œuvre dans la vie sociale paraît se réduire à la reproduction de masse d'un petit nombre de modèles, avec pour seul résultat le grégarisme et un conformisme insipide.

Si l'imitation est également présente dans le désir, si elle contamine notre envie d'acquérir et de posséder, alors cette façon de voir, sans être toujours fausse, loin de là, n'en passe pas moins à côté de l'essentiel. L'imitation ne se contente pas de rapprocher les gens; elle les sépare et le paradoxe est qu'elle peut faire ceci et cela simultanément. Si puissant est ce qui unit des êtres éprouvant les mêmes désirs que leur amitié demeure indéfectible aussi longtemps qu'ils peuvent partager ce qu'ils désirent ensemble. Elle se mue, par contre, en haine inexpiable dès l'instant où cela ne leur est plus possible.»[31]

Que ce désir mimétique existe et surtout qu'il soit partout opérant ne doit pas nous étonner puisque c'est à lui que nous devons tous les apprentissages fondamentaux de l'être humain; il est donc logique d'y faire appel. Le désir mimétique est un désir de la place de l'autre et une figure majeure en est Protée, le Dieu qui peut à volonté prendre l'image de l'autre et donc sa place[32]. Suffit-il de mimer quelqu'un pour posséder une partie de son talent? Contrairement à l'opinion généralement admise, on peut répondre affirmativement à cette question. Prenons par exemple l'apprentissage de la marche. Bien sûr, il existe un réflexe naturel qui doit être exploité; mais le bébé ne marche, au bout du compte, que parce qu'il a mimé avec profit ceux qui l'entourent et certainement pas parce qu'on lui a donné un professeur de marche : en dehors des médecins spécialistes, peu de gens savent quelque chose de la marche, alors que marcher est su de tous. Parlant du désir mimétique, Girard constate qu'il est redouté et réprimé par les cultures primitives au point qu'elles n'ont pas de terme pour l'exprimer et que nous disposons du terme d'«envie» que nous n'employons guère. «Il y a de nombreuses actions ou attitudes génératrices d'envie que nous ne prohibons plus, mais nous frappons d'ostracisme tout ce qui est susceptible de nous rappeler sa présence parmi nous.

L'importance des phénomènes psychiques est, dit-on, proportionnelle à la résistance qu'ils opposent à leur révélation. Si nous appliquons cette règle à l'envie aussi bien qu'à ce que la psychanalyse désigne sous le nom de refoulé, lequel, de l'envie ou de ce refoulé, peut légitimement prétendre au titre de secret le mieux protégé?[33] Pourquoi l'envie ou désir mimétique est-il à ce point frappé de déni? «[...] l'envie subordonne le quelque chose désiré au quelqu'un qui jouit avec cette chose d'une relation privilégiée. L'envie convoite cette supériorité d'être que ni le quelqu'un à lui seul, ni le quelque chose à lui seul, mais la conjonction des deux semble posséder. L'envie témoigne involontairement d'une carence d'être qui fait honte à l'envieux, surtout depuis l'avènement de l'orgueil métaphysique au temps de la Renaissance. C'est pourquoi l'envie est de tous les péchés le plus difficile à avouer, et le plus répandu.»[34]

On remarque alors que le talent semble justement recouvrir cette conjonction dont parle René Girard et que la plainte secrète que nous avons relevée dès le début de cet article concerne un défaut de talent; personne n'ira clamer haut et fort qu'il est peu talentueux, et pourtant, tout le monde accepterait avec joie un rab de talent: la manifestation de cette plainte secrète est proprement l'envie ou le désir mimétique. Quant à la Renaissance, que Girard remarque comme moment décisif, elle est aussi le moment où, dans la concurrence entre pensée magique et pensée scientifique, la prédominance va s'inverser au profit de la seconde. Ainsi, pour s'imposer, la science est obligée de refouler le talent et de promouvoir... le génie. Le talent est au service de la pensée magique, le génie est à la base de la pensée scientifique. Car le génie est un talent qui fait retour sur lui-même, qui découvre et livre donc à l'opinion publique le rapport *formel* qui le lie à la réussite de ses entreprises.

### 2.2. «Etre Chateaubriand ou rien»

Le désir mimétique frappe tout le monde sans discernement et les plus grands génies ne sont pas en reste, alors même qu'ils nous sembleraient les moins à plaindre. Ils ont dans le cœur des maîtres qu'ils veulent imiter et auprès desquels ils se reconnaissent souvent une dette[35]. L'exemple célèbre du tout jeune Victor Hugo s'exclamant «être Chateaubriand ou rien» montre combien le maître imprègne l'aspirant même si ce dernier se destine à être un plus grand encore. D'une certaine façon, il ne suffit pas d'être grand, encore faut-il savoir transmettre sa grandeur. Une telle transmission peut prendre des formes différentes et accepter ou non des écarts. Dans l'Histoire, on voit justement ceux qui inventent une école de pensée, ceux qui engendrent une filiation de pensée, et ceux qui cumulent les deux. L'exemple canonique du trio Socrate, maître de Platon, lui-même maître d'Aristote, montre les trois cas distinctement. Socrate n'a pas produit d'école de pensée mais un fils spirituel, Platon, lequel à son tour a donné une école de pensée — l'Académie — et un fils spirituel, Aristote, lequel enfin a créé une école de pensée, le Lycée, mais non une filiation[36]. L'aristotélisme n'est pas un néo-platonisme, c'est *une pensée nouvelle qui trahit ses origines* dans les deux sens du terme. Cette situation se retrouve dans toutes les matières, scientifiques ou non. Ainsi, par exemple, Carl Friedrich Gauss n'est pas seulement un mathématicien au nombre ahurissant de résultats et l'initiateur de champs nouveaux, mais également le maître d'un nombre tout aussi ahurissant de génies mathématiciens[37], eux-mêmes à l'origine d'autres domaines. Dans le passé récent, la psychologie offre ce genre d'exemple avec Jean Piaget.

### 2.3. Quand enseignement didactique et enseignement mimétique se confondent : Descartes et le *Discours de la méthode*

Quand Descartes écrit « Le discours de la méthode », il a pour objet d'emporter la conviction, non par des explications ni des preuves, mais par un témoignage qui est fondé sur l'empathie du lecteur — démarche on ne peut plus périlleuse pour un homme de science — et qui en souligne le caractère fortement individuel et même affabulateur. « Mais je ne craindrais pas de dire que je pense avoir beaucoup d'heur de m'être rencontré dès ma jeunesse en certains chemins qui m'ont conduit à des considérations et des maximes dont j'ai formé une méthode par laquelle il me semble que j'ai moyen d'augmenter par degrés ma connaissance, et de l'élever peu à peu au plus haut point auquel la médiocrité de mon esprit et la courte durée de ma vie lui pourront permettre d'atteindre. [...] *Ainsi, mon dessin ici n'est pas d'enseigner la méthode que chacun doit suivre pour bien conduire sa raison, mais seulement de faire voir en quelle sorte j'ai tâché de conduire la mienne.* [...] Mais ne proposant cet écrit que comme une histoire, ou si vous l'aimez mieux que comme une *fable*, en laquelle, parmi quelques exemples que l'on puisse *imiter*, on en trouvera peut être aussi plusieurs autres que l'on aura raison de ne pas suivre, j'espère qu'il sera utile à quelques-uns, sans être nuisible à personne, et que tous me seront gré de ma *franchise*. »[38]

Ce paragraphe, et tous ceux qui l'entourent mais que je n'ai pas cité, montre combien Descartes est conscient de la qualité de la méthode qu'il a inventée mais aussi à quel point il ne connaît pas la *relation formelle* entre ses processus de pensée et l'élaboration de cette méthode. Je ne veux surtout pas dire que Descartes ne fonde pas philosophiquement sa méthode; bien au contraire, mais il veut aussi témoigner des conditions exactes d'apparition dans son esprit de la dite méthode même si pour cela il doit évoquer des circonstances intimes car il ne sait pas exactement où s'arrête leur pertinence. C'est pourquoi il évoque la franchise non par opposition au mensonge, mais par opposition à l'économie de parole ou à la non-pertinence. Ce témoignage est donc fondé sur la seule chronologie en pauvre substitut de la causalité. Ce qui apparaît clairement alors, c'est la lumineuse conscience que Descartes a que l'adoption de sa méthode à lui quand elle est efficace ou bien l'élaboration d'une méthode propre à soi relève justement de l'enseignement mimétique : qu'on l'imite avec discernement et cette imitation-là se paye de franchise.

C'est pourquoi j'ai tenté dès le début de cet article de faire fonctionner le désir mimétique en construisant le texte sur le talent placé en introduction. Comment cela a-t-il été fait? Voici le premier paragraphe du *Discours de la méthode* : «Le bon sens est la chose du monde la mieux partagée : car chacun pense en être si bien pourvu que ceux même qui sont les plus faciles à contenter en toute autre chose n'ont point coutume d'en désirer plus qu'ils n'en ont. En quoi il n'est pas vraisemblable que tous se trompent ; mais plutôt, cela témoigne que la puissance de bien juger, et distinguer le vrai d'avec le faux, qui est proprement ce que l'on nomme bon sens, ou la raison, est naturellement égale en tous les hommes ; et ainsi que la diversité de nos opinions ne vient pas de ce que les uns sont plus raisonnables que les autres mais seulement de ce que nous conduisons nos pensées par diverses voies, et ne considérons pas les mêmes choses. Car ce n'est pas assez d'avoir l'esprit bon, mais le principal est d'appliquer bien. Les plus grandes âmes sont capables des plus grands vices aussi bien que des plus grandes vertus ; et ceux qui ne marchent que fort lentement peuvent avancer beaucoup davantage, s'ils suivent toujours le droit chemin, que ne font ceux qui courent, et qui s'en éloignent.»[39]

Faisant l'hypothèse que le talent est l'antonyme de la raison cartésienne, j'ai «réécrit» le texte en toute ingénuité comme si j'étais Descartes s'attaquant au talent, sûre par le simple truchement d'une hypothèse que je juge intéressante et la puissance de pensée cartésienne toujours à l'œuvre qu'une voie allait s'ouvrir comme par magie.

## 2.4. Quand enseignement didactique et enseignement mimétique se confondent (bis) : Georges Devereux et *De l'angoisse à la méthode dans les sciences du comportement*

La publication du discours de la méthode représente le moment où l'on s'accorde sur la naissance de la science moderne et de ses enjeux[40]. Depuis, l'ensemble des disciplines de l'esprit jette un regard envieux sur ce fameux statut scientifique, sur ses privilèges et ses résultats. La sacro-sainte objectivité «que nous n'atteindrons jamais en psychologie mais vers laquelle il faut tendre» semble incontournable. Pourtant, il faut la contourner... tout en conservant un caractère scientifique à l'activité menée; bref, il nous faut une méthode qui garantisse la qualité des résultats. C'est pourquoi, à trois cent ans de distance, Georges Devereux, l'ethnologue et psychanalyste, publie «De l'angoisse à la méthode dans les sciences du comportement». Incontestablement, ce dernier a construit son livre en produisant son discours de la méthode. Car lui aussi a :

1) formé une méthode dont les résultats lui semblent très riches ;

2) fait voir, en quelle sorte, il a tâché de conduire sa raison et non enseigné la méthode que chacun doit suivre ;

3) raconté des histoires que l'on peut imiter ;

4) avec une franchise dont on peut lui savoir gré (par opposition à l'économie de parole et non au mensonge) ;

5) affronté l'angoisse[41];

6) enfin, il a fait référence implicitement à Descartes par le titre de l'ouvrage et à Freud et Einstein explicitement : «Le point de départ de mon livre est l'une des propositions les plus fondamentales de Freud, modifiée à la lumière de la conception d'Einstein sur la source des données scientifiques »[42].

Devereux a voulu imiter avec discernement ses maîtres, et donc aussi témoigner de l'efficacité de cette imitation adéquate. Tout le livre est construit sur une série d'exemples qui le mettent en scène et qu'il fonde théoriquement par l'assertion suivante : «J'affirme que c'est le contre-transfert, plutôt que le transfert, qui constitue la donnée la plus cruciale de toute science du comportement, parce que l'information fournie par le transfert peut en général être obtenue par d'autres moyens, tandis que ce n'est pas le cas pour celle que livre le contre-transfert»[43]. Or, le contre-transfert diffère sensiblement d'un psychologue à l'autre : «Je pense que ce qui guérit nos patients, ce n'est pas ce que nous savons, mais ce que nous sommes, et que nous devons aimer nos patients»[44]. Que sommes-nous justement? Un homme ou une femme; un individu de la même culture, même religion, etc., que notre sujet ou non ; un individu de même corpulence, de même âge que notre sujet ou non ; etc. Toutes ces différences *peuvent être pertinentes ou non. C'est au savant d'en décider en interrogeant le contre-transfert, car il est le seul instrument de mesure valable du phénomène.* Ainsi, «l'objectif le plus immédiat en science du comportement doit donc être la réintroduction de l'affect dans la recherche»[45].

Ce n'est pas l'objet du présent article d'exposer la méthode de Devereux qui s'alimente à la pensée scientifique[46] et artistique. Mais rappeler ici ce qui fait de lui un homme de science me paraît indispensable. Il l'expose d'ailleurs dans une note qu'il me semble nécessaire de citer in extenso. «Moi-même, j'utilise systématiquement les outils conceptuels de la psychanalyse, mais je les traite comme des outils et non comme des dieux domestiques. Je les utilise parce que je ne connais pas de meilleurs outils et qu'ils m'ont bien servi. Qu'ils survivent ou non n'a aucun intérêt à mes yeux. Des outils doivent se défendre tout seuls ; ils doivent mériter leur droit à l'existence jour après jour, et on doit les mettre de côté sitôt qu'ils cessent d'être les meilleurs dont on dispose. Par contre, le scientifique doit donner des soins tout spéciaux à l'épistémologie et cela dans son propre intérêt de peur de cesser d'être un homme de science et de devenir un simple technicien ou, pis encore, un conservateur d'antiquités conceptuelles.»[47]

## 3. DE L'ENSEIGNEMENT MIMÉTIQUE EN PSYCHOLOGIE

Le désir mimétique est partout à l'œuvre à chaque fois qu'il s'agit d'acquérir un talent et donc aussi dans l'enseignement et d'autant plus manifeste que la matière enseignée est jeune ou apparemment éloignée de la pensée scientifique. La psychologie, considérée comme une matière récente[48], et qui a vocation d'être scientifique, laisse une large place au talent. Il est frappant de constater que tout enseignant en psychologie qui voit ses étudiants, le DESS en poche, obtenir un poste de psychologue a l'intime conviction que ces derniers ne savent que peu de choses eu égard à ce que l'exercice professionnel exige. En fait, le véritable apprentissage ne se fera pas — comme on le prétend souvent — une fois en face de son patient, ou de son sujet expérimental, mais bien dans une relation triangulaire entre le sujet, lui-même et un maître en psychologie. Pouvons-nous repérer formellement de telles situations ? Il semble, en effet, que la psychologie se nourrisse particulièrement de ces moments mythiques où l'on peut presque croire que la magie se substitue à la science.

## 3.1. La transmission physique : *Mise en scène du corps et transmission mimétique*

Les expériences du Dr Charcot à la Salpetrière sur les hystériques constitue un de ces moments extraordinaires d'enseignement mimétique. Dans un premier temps (long), avant l'utilisation de l'hypnose, Charcot essaie de faire se reproduire en public des symptômes hystériques ; ainsi, la dermographie : le fait qu'à l'aide d'un crayon usuel, par exemple, Charcot puisse inscrire sur le dos d'une patiente des mots ou sa signature car ce simple contact provoque une saillie rouge d'une proéminence telle qu'un aveugle pourrait la lire, la persistance de ces caractères tracés sur la peau pouvant durer de quelques heures à quelques jours. De la force mimétique exercée sur ses élèves, il n'y a pas de témoignage direct au-delà de leur déférence et la puissance de cet enseignement ne transparaît pas non plus dans leurs écrits cliniques car justement la tradition scientifique de l'époque interdit l'apparition du docteur en tant que tel : toutes les manipulations sur le corps et l'esprit de la patiente demeurent impersonnelles : par exemple, la patiente est décrite «sous influence d'inhalations d'éther» au lieu que l'on dise qui lui a fait inhaler l'éther et comment, Charcot mettant rarement la main à la pâte lui-même — si j'ose dire —, des infirmiers ou des élèves agissant pour lui. Pourtant, beaucoup se sentent obligés d'écrire et de faire revivre à un public ce qu'ils ont eux-même ressenti. Ainsi, «en 1881, le journaliste Jules Claretie fit publier *Les amours d'un interne*, roman situé à la Salpetrière, dans les services des maladies nerveuses dirigées par le Dr Charcot»[49], roman dont se servira le Dr Richet — collègue de Charcot — pour approfondir ses analyses cliniques[50]! Après avoir fréquenté la Salpetrière, Alfred Binet, «l'inventeur du test, tirera de ses souvenirs d'expérimentateur *Une leçon à la Salpetrière*, pièce de Grand-Guignol»[51]. Le théâtre de Grand-Guignol n'existe plus, mais il était l'équivalent de nos films d'horreur actuels car on y perpétrait meurtre et torture en tout genre et on y déversait force sang et membres sectionnés, provoquant la terreur d'un public fasciné et son ultime soulagement de voir saluer, au tomber du rideau, des acteurs entiers et intacts. Voilà donc un effet immédiat de l'enseignement mimétique par transmission physique : tout comme son maître Charcot, Binet met en scène les corps des hystériques orchestrant leurs réactions et symptômes devant un public ravi et tout comme lui, il tire les ficelles de ses personnages à la fois dans l'ombre du théâtre et dans la lumière comme auteur. Beaucoup plus tard, Freud se proposera — et obtiendra — de traduire en allemand les *leçons sur les maladies du système nerveux* de Charcot. Il fait transparaître plus clairement le désir d'imiter le maître dans les lettres qu'il écrit à Martha, sa fiancée : «Charcot, qui est un des plus grands médecins et dont le bon sens confine au génie, est tout simplement en train de saborder toutes mes intentions et toutes mes opinions. Je sors parfois de ses conférences comme si je sortais de Notre-Dame [...] aucun être humain ne m'a jamais fait une telle impression»[52]. Aborder la maladie mentale par le biais de l'hystérie et au moyen de l'hypnose, c'est exactement reproduire à l'identique la transmission du maître Charcot. Si Freud abandonne l'hypnose, ce n'est pas d'abord à cause d'une invalidation; c'est par incapacité : s'il avait été un bon hypnotiseur, il n'aurait pas été tenté de contester l'enseignement de Charcot sur ce point[53]. Pourtant, de l'enseignement de Charcot, Freud retient l'essentiel, *ce qui fait de lui un chercheur*, c'est-à-dire un créatif et non un idiot savant. «Le premier résultat du travail de Charcot fut que le problème [l'hystérie] trouva sa dignité. Peu à peu, les gens abandonnaient le sourire méprisant qu'à cette époque la malade pouvait être certaine d'affronter. Ce n'était plus nécessairement une simulatrice car Charcot avait mis tout le poids de son autorité du côté de l'authenticité et de la réalité objective des phénomènes hystériques.»[54] On constate alors que c'est bien un plus de talent que Freud va chercher chez Charcot. Freud imite alors avec discernement son maître, et donc aussi témoigne de l'efficacité de cette imitation adéquate.

Plus récemment, Françoise Dolto[55] est un autre exemple célèbre de ce «j'agis devant vous» comme contenu d'un enseignement. Nombreux sont ses élèves qui, au-delà de la vénération du maître, ont imité Dolto non en théorie mais en actes[56]. Il n'est pas indifférent de noter que ce mode de transmission est hérité directement de l'enseignement médical.

### 3.2. La transmission orale

La transmission orale ne doit surtout pas être confondue avec le cours magistral. Socrate est un célèbre exemple de ce type d'enseignement. Par un questionnement habile, dit *ironie socratique*, le philosophe prétend «accoucher les âmes». Il ne délivre pas un enseignement immédiatement accessible mais il espère que l'apprenti philosophe parviendra de lui-même à la vérité en répondant pas à pas aux multiples questions du maître. Dans ce cas précis, même si les progrès de l'élève sont soutenus par le désir de devenir à son tour un maître, l'apprentissage lui-même ne procède pas officiellement de l'enseignement mimétique proprement dit puisque Socrate a l'air de mettre en scène plutôt la parole de l'autre que la sienne : il s'agit là bien sûr d'une économie de parole ! Dans la réalité, le travail s'effectue toujours avec au moins trois acteurs précis : le maître (Socrate), l'élève (Menon, par exemple), le public. Bien entendu, le véritable enseignement de Socrate ne réside pas seulement dans la réponse finale apportée à un problème mais surtout dans la capacité de l'élève à produire par lui-même le questionnement socratique dans des domaines non abordés par le maître, c'est-à-dire mimer avec discernement.

Plus proche de nous, Jacques Lacan a construit un enseignement basé sur la transmission orale. Catherine Clément, dans son livre «Vies et légendes de Jacques Lacan», rapporte assez clairement ce qui se passait au fameux séminaire. «Parfois, on s'ennuyait pesamment. [...] Les meilleurs de ses auditeurs savaient reconnaître l'instant où allait fuser l'inspiration. C'était un prodigieux spectacle; *s'il ne devait rester qu'une seule dimension de Lacan, ce serait sans doute celle-là : son génie de la parole.* Les phrases se posaient comme des flèches sur une proie; [...] Lacan parlait comme planent les éperviers, tourbillonnant autour d'une idée, avant de s'en saisir, tombant comme la foudre sur les mots. Parfois aussi, il se taisait; semblait hésiter. *Il était manifeste qu'il pensait en public*; et le soin qu'il mettait à préparer son "cours" n'enlevait rien à l'improvisation de la langue.»[57] Lacan pensait en public, c'est-à-dire :

– il donnait à entendre comment s'élabore la pensée;

– il prenait le risque de se tromper publiquement;

– il donnait à entendre son talent, c'est-à-dire comment, à partir d'une situation énigmatique, nouvelle, qui fait vaciller le savant justement parce que son savoir est en défaut, il cherche progressivement des pistes, des appuis sur le fil du rasoir.

Une telle mise en jeu de soi est proprement le contenu de l'enseignement mimétique lacanien. Catherine Clément l'a bien senti puisqu'elle en fait *la* dimension de Lacan.

«Car on ne pense jamais seul, règle absolue. Penser avec Lacan — "penser Lacan" —, ce n'est pas pire que de penser Mao [...] C'était la même loi interne. [...] Ainsi se forme l'esprit, qui ne naît jamais de lui-même. Ce n'est pas plus grave que de croire, comme une idéologie illusoire tend à le penser aujourd'hui, qu'on peut se déterminer seul. Mais enseigner quoi? De cette question naïve, infiniment ressassée depuis Freud, les psychanalystes ne sont pas encore sortis. Que peut enseigner un psychanalyste à ses collègues? Rien.»[58] Curieusement, Catherine Clément, qui résume parfaitement ce que donnait Lacan — à savoir penser en public —, ne comprend que confusément qu'il s'agit là d'un enseignement mimétique exceptionnel, où le maître prend véritablement en charge une bonne partie de l'angoisse de ses auditeurs-collègues (d'où le langage tellement ésotérique) pour leur offrir justement un espace mental où ils pourront penser à moindre frais psychique.

## 3.3. La transmission écrite

Nous avons déjà longuement rencontré la transmission écrite à l'aide de Descartes et Devereux et je veux toutefois y ajouter deux exemples. Il faut rendre un hommage évident à St Augustin dont «Les confessions» sont un paradigme de transmission écrite. Comment un évêque de son niveau dans la hiérarchie trouve-t-il le courage d'exposer «la laideur de son âme» et de ses actes les plus condamnables? Son livre connut à l'époque une faveur immense auprès du public — non démentie à ce jour — car, en mettant en jeu la totalité de l'homme Augustin, non pour se mortifier, mais pour rendre compte de la nature humaine, c'est-à-dire *faire œuvre de science*, il rend leur humanité aux criminels, aux voleurs, aux «pécheurs»; St Augustin lui-même a été un débauché, un voleur, «sans que la misère ne l'y poussa», mais pour le plaisir pervers de détruire les possessions d'un autre pourtant plus pauvre que lui et qui ne l'avait jamais offensé : «J'ai aimé ma propre perte; j'ai aimé ma chute; non l'objet qui me faisait choir, mais ma chute même, je l'ai aimée»[59]. Il étudie donc sur plusieurs chapitres les raisons de ses actes, les sentiments que cela provoquait en lui au moment du délit («On a honte d'avoir honte»), ses sentiments actuels dans la confession («Quelle honte! Je ne veux plus y penser. Je ne veux plus la voir.»[60]); en même temps, il expose en toute *franchise* des sentiments et des situations qui pourraient lui coûter son honneur, statut et son moyen de subsistance. Entrelacée à son exposition de cas, Augustin témoigne aussi de sa «découverte»[61] et du chemin qu'il a parcouru avec toutes ses impasses. C'est aussi par économie de parole qu'il ponctue l'exposé minutieux de sa honte avec des louanges à Dieu; il piège ainsi la censure du lecteur et lui permet d'aller jusqu'au bout de la confession.

Les mêmes remarques s'appliquent tout naturellement à Freud. Tout lecteur reconnaît sans peine cette mise en jeu de soi dans quasiment tous ses ouvrages. Combien de fois Freud a-t-il décrypté ses propres rêves, a-t-il exposé des situations très embarrassantes pour lui, a-t-il raconté ses fautes en tant que praticien? Il y a donc dans la transmission écrite une *attitude obligée de l'auteur qui se dévoile à son lecteur car jamais il n'emporterait sa conviction sans cela*. Il n'est alors pas question de confondre la transmission écrite avec un cours savant dont l'auteur disparaît totalement derrière le propos; car elle procède toujours par *la mise en jeu du maître à l'extrême limite de son savoir en proposant en même temps des témoignages et une pensée qui s'élabore devant le lecteur sans qu'aucun trait de construction, erreur, fausse piste, impasse ou — plus grave — faute n'aient été effacés*. D'où la nécessaire franchise mais en tension avec l'économie de parole : de la même façon que le maître a piégé sa propre censure pour pouvoir faire ses découvertes, de la même façon, il doit soulager régulièrement son lecteur des attaques psychiques induites par ses écrits[62].

### 3.4. L'expérimentation sur soi et l'expérimentation sur autrui sous contrôle du maître

Dans toutes les catégories de transmission mimétique, nous aurions pu retrouver l'ombre de Freud; mais l'expérimentation sur soi et l'expérimentation sur autrui sous contrôle du maître restent des actes décisifs de la psychanalyse puisque constitutifs de la formation elle-même[63]. Cette pratique n'est pas étendue à toutes les formations du psychologue. On argumentera que les étudiants ont, au cours de leur cursus, participé à une foule d'expériences, tests en tout genre, dynamiques de groupes, etc., qui sont autant d'expérimentations sur soi; pourtant, ils n'ont pas la valeur cruciale de l'expérimentation sur soi ni de celle sous contrôle du maître pour deux raisons majeures. 1) Les expériences ne sont pas investies par les étudiants comme le ferait un sujet quelconque : il existe de nombreuses défenses psychiques qui sont spécifiquement mises en œuvre par l'apprenti psychologue. 2) Bien que certains enseignants — expérimentalistes en particulier — les conduisent ainsi, les expériences ne se font pas souvent sous contrôle du maître.

Faire une expérimentation ou conduire un traitement sur un (vrai) sujet sous le contrôle du maître, qui est une modalité pédagogique utilisée dans d'autres pays, est le plus souvent inexistant en France. Et c'est bien dommage car donner ensemble ce qui est enseigné là et ce qui est appris, donner un témoignage à deux voix sur le contenu mimétique des psychothérapies, des expérimentations classiques du psychologue, ou des pratiques institutionnelles, par exemple, ce serait mettre en évidence un phénomène constitutif de toute la formation[64].

## 4. LES RISQUES ÉTHIQUES LIÉS À LA TRANSMISSION MIMÉTIQUE

### 4.1. Le gourou ou docteur de la loi pervers

Le « docteur de la loi » vient toujours en contestation de l'ordre établi. Il élabore une théorie inédite : il établit une lecture entièrement nouvelle des rapports humains en déniant la réalité d'une organisation politique extérieure[65]. Il refuse toute institutionnalisation; à ce titre, un de ses charmes les plus puissants est sa capacité à surprendre son public, à le prendre régulièrement à revers et le reconquérir avec d'autant plus de force qu'il a été désarçonné. Il semble se nourrir aussi de l'admiration des foules et les foules se nourrissent aussi du partage de l'admiration commune des adeptes et de la réprobation commune des non-initiés[66]. Ses adeptes organisent pour lui des grandes manifestations où se produisent certaines fois des événements spectaculaires qu'un discours nouveau vient expliquer; mais le plus souvent, on y témoigne de phénomènes inédits ou étranges que le docteur de la loi «décrypte» dans un langage parfois fort ésotérique, parfois très simple. La ritualisation de ses manifestations est nécessaire car seul le discours du maître décide du juste et les adeptes ne peuvent se référer qu'à ses paroles, la loi n'étant jamais écrite. La performance orale est toujours déterminante au mépris parfois de la cohérence. L'enseignement est essentiellement mimétique : parler, s'habiller, agir comme le maître. Jésus Christ est un docteur de la loi assez caractéristique[67].

Quand la structure perverse est dominante chez le docteur de la loi, il devient un gourou en s'appropriant petit à petit la «volonté», les biens ou même la vie de ses sectateurs. Exposer ici les conséquences des mouvements sectaires est hors de propos; remarquons seulement que, dans ce cas, le gourou n'a, en dernière instance, d'autre référence que lui-même[68]. Il existe bien sûr de nombreuses gradations entre celui qui se donne entièrement à sa cause et celui qui se nourrit entièrement de sa cause. Quelque part entre les deux se situe Jacques Lacan dont l'exemple est choisi ici seulement parce qu'il a donné lieu aux témoignages les plus complets. Il n'a certainement pas joué pour tous le rôle d'un docteur pervers[69] puisqu'il le répétait à ses élèves : «Vous êtes peut-être lacaniens, mais moi je suis freudien». Pourtant, l'accusation a régulièrement été portée contre lui par des psychanalystes d'autres écoles ou contre ses élèves par d'autres de ses élèves au nombre desquels Catherine Clément. «Ce qu'un seul, pourvu qu'il soit poète, peut se permettre, les autres ne peuvent l'imiter qu'au risque du ridicule. Ils y sont tous tombés. Comme ils étaient tombés dans les nœuds, les cercles, les bouteilles et les bandes. [...] Le jeu de mot perdit son essence, comme les mathématiques perdirent la leur : il n'eut plus rien d'explosif, mais à la place, il devint une habitude sérieuse, monstrueuse. Car Lacan fabrique des monstres au sens propre du terme; des êtres détournés de leur fonction. [...] Souvent, les lacaniens sont des monstres. [...] Des automates animés par un souffle qui n'est pas le leur.»[70] Ces imitateurs-là n'ont pas été accouchés de leur propre souffle et cela témoigne des limites propres à la performance lacanienne[71]. Les risques éthiques liés au mimétisme vain d'un gourou sont bien connus; outre sa propre destruction, il en va de la destruction de tous ceux qui ont un lien à l'automate : les patients, les subordonnés, etc.

## 4.2. Le mandarin ou législateur pervers

Tous les cris poussés contre le gourou ne doivent jamais faire oublier que le risque à l'intérieur de l'institution est comparable à celui qui se développe à l'extérieur. La différence réside dans le fait que les collègues alertés censurent la violence de leurs critiques pour ne pas risquer une confrontation ouverte sur leur lieu de travail, confrontation où ils risquent d'avoir le dessous pour les raisons que nous énoncerons plus loin.

Les membres de l'institution sont d'abord des défenseurs de la loi qui la régit; sinon, ils n'auraient pas pris la peine de se soumettre à toutes les conditions drastiques pour obtenir un poste universitaire ou de chercheur; *surtout, ils n'y soumettraient pas leurs étudiants.* Ils n'agissent donc jamais en révocation de l'ordre établi, mais en réformateurs ou reproducteurs de l'institution; ils disent et *écrivent* la loi : ce sont des législateurs. Ces écrits qui vont fixer les limites de la pensée du domaine sont donc sujets à débat, interprétation, rencontre collégiale, etc., puisqu'ils sont consignés sous nom d'auteur. Quand la structure perverse est dominante chez le législateur, on aboutit au mandarinat. Souvent, la renommée et l'assise institutionnelle sont telles que ce dernier jouit de droits sans regard pour ses devoirs : il remplit son service universitaire à son bon vouloir, sans daigner prévenir ses étudiants de ses absences que sa tâche immense suffit à excuser[72]. L'entorse la plus grave à l'éthique consiste en ce que *ses écrits et publications dans la droite ligne des auteurs les plus intéressants ou éminents ne reflètent en rien la pratique quotidienne du mandarin, laquelle pratique ne lui est — du coup — pas opposable.* Il est inattaquable théoriquement et si des étudiants ou des collègues se révoltent ou exposent publiquement leur désaccord, il est simple d'y dénoncer une envie ou une jalousie à l'œuvre. Comme chez le gourou, la libre parole n'a plus sa place et le mandarin se nourrit de ses suiveurs : de leurs idées quand ils en ont, de leur admiration dans tous les cas. En plus du gourou, il ne se gêne pas pour prendre des sanctions institutionnelles contre les opposants.

## 4.3. Les risques liés au déni de la transmission mimétique

Les risques éthiques liés à la transmission mimétique sont consciemment perçus de manière démesurée à l'extérieur de l'institution et faible à l'intérieur; dans la réalité, leur gravité est certainement comparable. C'est en vertu de cette connaissance informulée et de crainte de tomber dans une pratique perverse que de nombreux universitaires s'en tiennent à un déni pur et simple de l'enseignement mimétique; c'est aussi parce que l'enseignement mimétique suppose une telle mise en jeu de soi à la frontière des connaissances établies qu'il leur paraît extérieur à leur fonction même. Ils pensent remplir leur devoir en délivrant un savoir, sanctionné du titre de scientifique. Ils ne veulent en rien favoriser le mimétisme ou alors secrètement et à leur corps défendant. Sans s'apercevoir qu'à élever des murailles contre les effets séducteurs de l'enseignement mimétique, ils peuvent favoriser des incompétences chez leurs étudiants; citons quelques exemples : l'impuissance, la non-identification des phénomènes, l'incapacité à faire face à des situations nouvelles, faire mal ou ne rien faire du tout, faire bien localement sans capacité d'extension à une autre situation, étendre abusivement à une autre situation, etc. La liste des incompétences possibles est très longue et les plaintes de ceux qui en souffrent fréquentes.

Il existe bien sûr un autre risque — proprement scientifique cette fois — à ne pas reconnaître la transmission mimétique : aucun de ces talents tellement recherchés ne sera conceptualisé, débattu et inséré dans une théorie et cela retarde l'accès de la psychologie au statut scientifique dans son entièreté.

## 5. CONCLUSION

Dans cet article, j'ai essayé de montrer que :

1) pour exercer correctement son métier, le psychologue doit développer des talents dont une liste non exhaustive est : la capacité à amorcer la relation, la mise en confiance, l'écoute, la mise en place du cadre, la capacité à provoquer des émotions bénéfiques, l'éloquence, l'économie de parole.

2) N'ayant pas l'art infus, l'étudiant en psychologie reçoit en même temps que l'enseignement officiel (didactique) un enseignement non reconnu (mimétique) qui le forme précisément aux talents énoncés dans le 1.

3) Il peut avoir accès à au moins quatre formes d'enseignement mimétique : la transmission physique, la transmission orale, la transmission écrite, l'expérimentation sur soi et l'expérimentation sur autrui sous contrôle du maître.

4) Quand il n'est pas cadré par une éthique rigoureuse, l'enseignement mimétique peut donner naissance à un gourou (hors institution) ou un mandarin (dans l'institution).

5) Quand il est dénié par son dispensateur, l'enseignement mimétique peut conduire à l'incompétence des futurs psychologues.

Que peut faire l'université au sujet de l'enseignement mimétique? D'abord, *reconnaître son existence* et, pour cela, faire intervenir dès le début des enseignements qui favorisent le savoir-faire proprement psychologique tel que nous l'avons décrit dans le 1; ensuite, laisser une plus grande part aux cadres réels de la pensée psychologique, c'est-à-dire la métapsychologie au sens exact du terme (et non pas freudien), c'est-à-dire les conditions de possibilité d'existence de la psychologie[73], laquelle justement doit théoriser ces talents[74].

Comment lutter contre les risques liés à l'enseignement mimétique? Ici, c'est à nouveau Voltaire qui nous donne la clé en s'interrogeant sur les effets dévastateurs d'une religion toute puissante. Faut-il l'interdire? Pas du tout. *Il faut la multiplier.* De la même façon, donner suffisamment de maîtres différents à imiter dans un même cursus universitaire, c'est contenir naturellement la force d'un gourou ou autre mandarin.

## BIBLIOGRAPHIE

AUGUSTIN saint (401). *Les confessions*, Paris, GF-Flammarion, 1964.

BEIZER Janet (1991). Femme-texte et roman hystérique, in *Revue internationale de psychopathologie*, 4, 351-359.

CLEMENT Catherine (1981). *Vies et légendes de Jacques Lacan*, Paris, figures Grasset.

CARROY Jacqueline (1991). Une femme, des récits et des foules, in *Revue internationale de psychopathologie*, 4, 323-332.

DESCARTES René (1637). *Le discours de la méthode*, Paris, Livre de Poche, 1973.

DEVEREUX Georges (1980). *De l'angoisse à la méthode dans les sciences du comportement*, Paris, Nouvelle Bibliothèque scientifique Flammarion.

FREUD Sigmund (1913). *Totem et tabou*, Paris, Petite Bibliothèque Payot, 1979.

GIRARD René (1982). *Le bouc émissaire*, Paris, Livre de Poche, biblio essais, Grasset.

GIRARD René (1990). *Shakespeare, les feux de l'envie*, Paris, Livre de Poche, biblio essais, Grasset.

HESIODE (VIIIe siècle avant J.C.). *Les travaux et les jours*, Paris, Arléa, 1998.

LEMOINE Patrick (1996). *Le mystère du placebo*, Paris, édition Odile Jacob.

PEARCE J.M.S. (1995). The placebo enigma, in *Quarterly Journal of Medicin*, 88, 215-220.

SULLOWAY Frank J. (1981). *Freud, biologiste de l'esprit*, Paris, Fayard.

VOLTAIRE (1764). *Le dictionnaire philosophique*, Paris, GF-Flammarion, 1964.

## NOTES

[1] Cet article a été lu par des universitaires de disciplines variées autre que la psychologie (droit, économie, informatique, mathématiques, sciences de gestion) qui ont confirmé l'existence — essentielle pour leur matière — d'enseignants-modèles dans la transmission des savoirs théoriques comme pratiques, et témoigné de celle d'épiphénomènes que sont les gourous ou les mandarins — au sens défini plus bas — et de la discrétion adoptée par chacune des disciplines quant à leurs agissements.

[2] Je pars du principe que le Français est cartésien, non par consanguinité mais par effet des institutions sur la formation de l'esprit de la nation, ainsi que l'ont expliqué en détail Montesquieu (*L'esprit des lois*) ou Voltaire (*Le dictionnaire philosophique*). L'explication technique de ce texte — qui est inspiré de Descartes — est rejetée au paragraphe 2.3.

[3] Bien qu'une telle affirmation ne soit pas la position que je défends, comme on le verra plus loin.

[4] Voir la citation dans son intégralité plus loin.

[5] Devereux, p. 56.

[6] Devereux, p. 77.

[7] Rappelons ce principe : la position et la vitesse d'un électron ne peuvent pas être connues en même temps car, pour déterminer la position d'un électron, il faut l'éclairer et cela suffit à modifier sa vitesse.

[8] Devereux, p. 141.

[9] La chirurgie ne rejoindra vraiment la médecine qu'au début de l'époque moderne où la dissection de cadavres, même clandestine, fait progresser les connaissances anatomiques. Elle a toujours eu un statut à part ; exercée et expérimentée avec fruit sur les champs de batailles, la chirurgie est un art plus viril et plus mécaniste que la médecine mais incomparablement plus vil puisqu'on était barbier-chirurgien.

[10] Le moyen-âge donne de nombreux exemples de femmes lettrées qui exercent la médecine en produisant elles-même leurs remèdes.

[11] Plusieurs siècles après, les médecins de Molière ne jurent encore que par Aristote et Hippocrate.

[12] Tradition qui perdure encore avec, parmi tant d'autres, «l'eau des carmes» ou «la jouvence de l'abbé Souris», pour ne pas évoquer toutes les bénédictines et autres eaux de vie.

[13] En fait, l'université possède une faculté de médecine depuis sa création, mais elle est loin d'être le seul lieu de formation avant le XVI$^e$ siècle, d'autant que l'on est médecin en vertu d'une charge et non d'un diplôme.

[14] La psychiatrie ne peut pas décemment s'en tenir au corps même si elle tient par le biais des neurosciences sa particule élémentaire : le neurone.

[15] Bien entendu, aucun philosophe matérialiste n'oserait imaginer que l'on peut séparer le corps et le psychisme ; Spinoza — pour prendre un des tous grands par exemple — considère que la pensée et le corps sont deux modes d'une seule et même nature qui se révèlent selon le type d'expérience que rencontre le sujet. En revanche, si l'on éprouve, comme Descartes — qui n'est sûrement pas matérialiste —, le besoin de fonder la science, il devient nécessaire de postuler un dualisme entre l'âme et le corps pour ne pas propulser tout scientifique dans le camp du pervers.

[16] L'anthropologue Frazer, cité par Freud dans *Totem et tabou*, appelle toute une catégorie d'actes magiques des actes homéopathiques car ils agissent par similitude.

[17] Pearce avance quatre hypothèses concernant les mécanismes possibles du placebo. Toutes décrivent et aucune n'explique, aussi reconnaît-il que «peu de phénomène sont autant mal compris que l'effet placebo». In J.M.S. Pearce, «The placebo enigma», p. 215, 217-218.

[18] Patrick Lemoine, *Le mystère du placebo*, p. 14.

[19] Patrick Lemoine, *Le mystère du placebo*, p. 16.

[20] Le rapport formel, c'est-à-dire la *loi* scientifique ou le théorème mathématique qui s'établit toujours sous la forme suivante : Si hypothèse(s) alors conclusion.
[21] Freud, «Totem et tabou», p. 100.
[22] L'ergonomie qui étudie les positions corporelles de l'homme au travail ne prend pas exactement en compte le corps tel qu'il est défini ici.
[23] Article «éloquence» du dictionnaire philosophique.
[24] Lettre à Audibert, académicien de Marseille, du 9 juillet 1762.
[25] Article «habile», in *Dictionnaire philosophique*.
[26] Article «économie de paroles», in *Dictionnaire philosophique*.
[27] Pour une étude plus détaillée de cette question, voir Laurence Bessis, «Parler pour se faire entendre selon Voltaire», à paraître.
[28] Celle du sujet ou bien celle du... psychologue.
[29] Article «économie de paroles», in *Dictionnaire philosophique*.
[30] Le bouc émissaire, par exemple.
[31] Girard, *Shakespeare ou les feux de l'envie*, p. 9. Cette nature double est esquissée par le poète grec Hésiode (VIIIe siècle avant J.C.) dans son œuvre «Les travaux et les jours» où il expose à son frère Persée l'existence de deux luttes nées de l'envie : une qui rassemble les hommes et une qui les sépare ; ces deux luttes — les deux faces du désir mimétique aurait dit Girard — sont toujours agissantes dans toute communauté humaine sans qu'elles soient le fait d'une personne en particulier ; on pourrait dire que ça lutte.
[32] Du moins en apparence justement.
[33] Girard, *Shakespeare ou les feux de l'envie*, p. 11 et 12.
[34] Girard, *Shakespeare ou les feux de l'envie*, p. 11.
[35] St Bernard dit à propos des auteurs grecs et latins : «Nous sommes des nains assis sur des géants, et si nous voyons plus haut et plus loin qu'eux, c'est parce qu'ils nous élèvent de toute leur hauteur formidable».
[36] L'aristotélisme au moyen-âge est le plus souvent scolaire et érudit.
[37] Bernhard Riemann ou Félix Klein, par exemple ; il a été le tout premier mathématicien auquel Sophie Germain a osé dévoiler qu'elle était une femme qui publiait ses théorèmes sous un nom d'homme.
[38] Descartes, *Le discours de la méthode*, p. 94.
[39] Descartes, *Le discours de la méthode*, p. 91.
[40] «Etre maître et possesseur de la nature», par exemple.
[41] Celle de l'expérimentation ne diffère pas en nature de celle du jugement des collègues ; c'est la même différée dans le temps. Cet affrontement avec l'angoisse est typique de toute découverte scientifique majeure même dans une matière qui ne postule pas par essence la réalité comme les mathématiques (voir L. Bessis, «Pourquoi calcule-t-on?», à paraître).
[42] Devereux, p. 15.
[43] *Ibidem*.
[44] Devereux, p. 49.
[45] Devereux, p. 223.
[46] On peut lire la magnifique utilisation par Devereux de l'expérience de Niels Bohr qui est chimiste page 383 et suivantes.
[47] Devereux, note 6, p. 403.
[48] A mon regret, les travaux antérieurs au XIXe siècle, parce qu'ils s'affichent sous le nom de morale et utilisent des concepts dénaturés par le discours contemporain, sont frappés d'ostracisme alors qu'ils sont fondamentaux pour certains.
[49] Janet Beizer, *Femme-texte et roman hystérique*, p. 352.
[50] *Ibidem*.
[51] Jacqueline Carroy, in *Femme, récits et foules*, p. 328.
[52] Cité par Frank J. Sulloway, *Freud, biologiste de l'esprit*, p. 26.
[53] C'est souvent le cas dans les domaines artistiques : par exemple, un peintre produit une œuvre intéressante aussi parce qu'il n'est pas capable d'imiter ceux qu'il admire et même

pour certains qu'il ne sait littéralement pas peindre autrement. C'est un cas tout aussi fréquent dans les matières scientifiques ou techniques — mais ô combien inavoué — où un inventeur produit une nouvelle façon de faire parce qu'il échoue à mettre en œuvre celle qui est connue ou bien un scientifique conçoit une nouvelle théorie parce qu'il n'arrive pas à comprendre celle qui existe.

54 Cité par Frank J. Sulloway, *Freud, biologiste de l'esprit*, p. 27.

55 Ou Bruno Bettelheim, par exemple.

56 Pas seulement ses élèves d'ailleurs : pour de nombreux psychanalystes, la pensée doltoïenne est faible, pourtant son art de clinicienne et son talent sont enviables.

57 C. Clément, p. 25.

58 *Ibid.*, p. 51.

59 *Les confessions*, p. 42.

60 *Ibid.*, p. 48.

61 Découverte de Dieu — c'est-à-dire non scientifique —, mais découverte thérapeutique et, à ses yeux, possible sinon accessible à tous.

62 Freud le fait en permanence; très souvent, il prête à son lecteur des indignations, des doutes, de l'incrédulité où le sentiment qu'il lit des inepties pour pouvoir accompagner et soutenir jusqu'au bout la lecture de son texte.

63 Après avoir été celle de la médecine du XIX$^e$ siècle : Pasteur expérimente *sur lui* la vaccination et contrôle lui-même les expérimentations conduites sur autrui par ses élèves. Cette mise en jeu de soi ne semble plus avoir d'égal aujourd'hui, sauf pour la recherche sur les maladies récentes comme le sida par exemple. En revanche, le contrôle de l'action de l'apprenti sous contrôle du maître reste le propre des actes chirurgicaux qui — on s'en doute — ne peuvent s'expérimenter sur soi et celui de tous les métiers qui sont des savoir-faire.

64 L'analyse de contrôle semble précisément une pratique qui mêle inextricablement le talent du maître et celui de l'apprenti psychanalyste et fond en une seule les deux formes d'expérimentation. Or, depuis plus de cent ans qu'existe la psychanalyse, les témoignages concernant ce travail-là sont rarissimes. Et quand ils sont publiés, c'est *bien après* la mort du maître; donc, jamais avec la possibilité d'avoir sa perception à lui de l'enseignement mimétique qu'il a délivré.

65 La politique ne l'intéresse pas.

66 Aussi car la doctrine est *a priori* la première nourriture.

67 Jésus n'a jamais rien écrit; ses apôtres nous ont rapporté ses paroles avec la jubilation des initiés devant la capacité du maître à les surprendre : l'histoire caractéristique de la femme adultère où tous attendaient une condamnation mais sans appel et où il prononce «Que celui qui n'a jamais péché lui lance la première pierre», l'histoire de l'ouvrier de la onzième heure, etc. Quant à l'imitation de Jésus Christ, c'est officiellement le programme spirituel de tous les chrétiens.

68 Bien sûr, nous remarquons immédiatement que la référence ultime du Christ est Dieu : si ses apôtres croient en Jésus, ce dernier croit en Dieu.

69 Au sens défini plus haut.

70 Clément, p. 47.

71 Si on suit Georges Devereux, tous ces automates sont ceux que Lacan n'a pas (assez) aimé.

72 Ce manque de considération pour ses étudiants sera bien entendu reproduit une génération plus tard.

73 Les systèmes d'axiomes qui fondent la psychologie pour l'expérimentation, la recherche fondamentale, la thérapie, etc.

74 Le temps estudiantin étant limité, il faut peut-être renoncer à des domaines actuellement enseignés et couper par exemple le rapport infantilisant avec la médecine.

# Table des matières

**Chapitre 1**
UNE INTELLIGENCE DE L'ACTION ........................................................... 9

1. Ethique ........................................................................................................ 9
1.1. Ethique et morale .................................................................................... 9
1.2. Normes et valeurs .................................................................................. 13
1.3. Une morale en situation ........................................................................ 17
1.4. Ambiguïtés ............................................................................................ 20

2. Psychologies ............................................................................................. 23
2.1. L'essor des sciences psychologiques et les psychologies ..................... 23
2.2. Les pratiques professionnelles ............................................................. 30
2.3. Les rapports entre théories et pratiques ............................................... 35

3. Ethique et psychologie ............................................................................. 40
3.1. La montée en puissance de l'éthique dans le monde occidental ......... 42
3.2. Réticences ............................................................................................. 48

**Chapitre 2**
LE SAVOIR PSYCHOLOGIQUE ET SES IMPLICATIONS ÉTHIQUES   55

1. La psychologie comme savoir ................................................................. 55
1.1. La place du sujet ................................................................................... 56
1.2. Une science du singulier ...................................................................... 57
1.3. La pertinence des énoncés psychologiques ......................................... 59

2. Savoirs et faux savoirs : leur élaboration ................................................. 59
2.1. Concepts ............................................................................................... 60
2.2. Théories ................................................................................................ 62
2.3. Faux savoirs .......................................................................................... 64

3. La recherche ............................................................................................. 70
3.1. Problèmes posés par l'application des principes éthiques .................. 70
3.2. Le chercheur ......................................................................................... 75
3.3. Le possible et l'impossible ................................................................... 79
3.3.1. La recherche expérimentale ............................................................. 80
3.3.2. L'observation en milieu naturel ....................................................... 83

4. Les implications éthiques de l'activité scientifique ................................ 85
4.1. Problèmes éthiques en amont ............................................................... 85
4.2. Problèmes éthiques en aval .................................................................. 87

Chapitre 3
**DES TECHNIQUES ALIÉNABLES** ............................................................. 93

1. La question des fins .......................................................................... 94
1.1. Contextes historiques, sociaux et économiques ........................... 94
1.2. Le niveau psychologique ............................................................. 100

2. La question des valeurs ..................................................................... 102
2.1. Les techniques d'évaluation psychologique ................................ 103
2.2. Les valeurs incorporées dans les instruments eux-mêmes .......... 106
2.3. Théories implicites et valeurs du psychologue ........................... 111
2.3.1. Les théories implicites ............................................................... 111
2.3.2. Objectivité et valeur .................................................................. 113
2.3.3. Le statut donné à autrui ............................................................ 115

Chapitre 4
**SAVOIR ET SAVOIR-FAIRE : FORMATION, TRANSMISSION** ........... 121

1. Savoir et savoir-faire ......................................................................... 122
1.1. Savoir et pratique ......................................................................... 122
1.2. Savoir, savoir-faire et éthique ...................................................... 127

2. La formation «clinique» des étudiants à l'université ....................... 128
2.1. Enseignements et enseignants ..................................................... 132
2.2. Stages et groupes de réflexion sur la pratique ............................ 135
2.3. Mœurs ........................................................................................... 137
2.4. Etudiants ....................................................................................... 140
2.5. Ethique et clinique ....................................................................... 144

3. Les exigences de la formation .......................................................... 145
3.1. Valeurs .......................................................................................... 145
3.2. La formation à la pratique ........................................................... 147

Chapitre 5
**ÉLÉMENTS POUR UNE ÉTHIQUE** ........................................................ 153

1. Conditions de l'éthique : respect, liberté, justice ............................ 154
1.1. Respect et liberté .......................................................................... 154
1.2. Justice ........................................................................................... 159

2. L'expérience éthique ......................................................................... 161
2.1. Travailler ensemble ...................................................................... 161
2.2. Travailler avec et pour autrui ...................................................... 166
2.2.1. Questions posées par l'intervention psychologique ................. 166
2.2.2. L'intervention psychologique .................................................... 171
      La présence et l'écoute .................................................................. 171
      «L'économie de parole» ................................................................ 174
      L'alliance de travail ....................................................................... 175
2.3. Le psychologue dans la société ................................................... 177

CONCLUSION .................................................................................................... 185

BIBLIOGRAPHIE .............................................................................................. 189

Ethique de la psychologie : enjeu éthique de la validation des énoncés
(Jeanne SZPIRGLAS) ....................................................................................... 199

L'éthique de la recherche fondamentale en psychologie
(Benjamin MATALON) ..................................................................................... 213

L'enseignement mimétique en psychologie et la question éthique
(Laurence BESSIS) ............................................................................................ 227

# CHEZ LE MÊME ÉDITEUR

## PSYCHOLOGIE ET SCIENCES HUMAINES
*collection publiée sous la direction de MARC RICHELLE*

   1 Dr Paul Chauchard : LA MAITRISE DE SOI. *9ᵉ éd.*
   7 Paul-A. Osterrieth : FAIRE DES ADULTES. *21ᵉ éd.*
   9 Daniel Widlöcher : L'INTERPRETATION DES DESSINS D'ENFANTS. *13ᵉ éd.*
  11 Berthe Reymond-Rivier : LE DEVELOPPEMENT SOCIAL DE L'ENFANT ET DE L'ADOLESCENT. *13ᵉ éd.*
  22 H.T. Klinkhamer-Steketée : PSYCHOTHERAPIE PAR LE JEU. *4ᵉ éd.*
  24 Marc Richelle : POURQUOI LES PSYCHOLOGUES? *6ᵉ éd.*
  25 Lucien Israel : LE MEDECIN FACE AU MALADE. *5ᵉ éd.*
  27 B.F. Skinner : LA REVOLUTION SCIENTIFIQUE DE L'ENSEIGNEMENT. *3ᵉ éd.*
  38 B.-F. Skinner : L'ANALYSE EXPERIMENTALE DU COMPORTEMENT. *2ᵉ éd.*
  40 R. Droz et M. Rahmy : LIRE PIAGET. *7ᵉ éd.*
  42 Denis Szabo, Denis Gagné, Alice Parizeau : L'ADOLESCENT ET LA SOCIETE. *2ᵉ éd.*
  43 Pierre Oléron : LANGAGE ET DEVELOPPEMENT MENTAL. *2ᵉ éd.*
  49 T. Ayllon et N. Azrin : TRAITEMENT COMPORTEMENTAL EN INSTITUTION PSYCHIATRIQUE
  59 Jacques Van Rillaer : L'AGRESSIVITE HUMAINE
  64 X. Seron, J.L. Lambert, M. Van der Linden : LA MODIFICATION DU COMPORTEMENT
  65 W. Huber : INTRODUCTION A LA PSYCHOLOGIE DE LA PERSONNALITE. *7ᵉ éd.*
  66 Emile Meurice : PSYCHIATRIE ET VIE SOCIALE
  68 P. Sifnéos : PSYCHOTHERAPIE BREVE ET CRISE EMOTIONNELLE
  69 Marc Richelle : B.F. SKINNER OU LE PERIL BEHAVIORISTE
  70 J.P. Bronckart : THEORIES DU LANGAGE
  71 Anika Lemaire : JACQUES LACAN. *8ᵉ éd. revue et augmentée.*
  72 J.L. Lambert : INTRODUCTION A L'ARRIERATION MENTALE
  73 T.G.R. Bower : DEVELOPPEMENT PSYCHOLOGIQUE DE LA PREMIERE ENFANCE. *4ᵉ éd.*
  74 J. Rondal : LANGAGE ET EDUCATION
  75 Sheila Kitzinger : PREPARER A L'ACCOUCHEMENT
  76 Ovide Fontaine : INTRODUCTION AUX THERAPIES COMPORTEMENTALES
  77 Jacques-Philippe Leyens : PSYCHOLOGIE SOCIALE. *nouvelle édition 1997*
  78 Jean Rondal : VOTRE ENFANT APPREND A PARLER *3ᵉ éd.*
  79 Michel Legrand : LE TEST DE SZONDI
  80 H.J. Eysenck : LA NEVROSE ET VOUS
  81 Albert Demaret : ETHOLOGIE ET PSYCHIATRIE
  82 Jean-Luc Lambert et Jean A. Rondal : LE MONGOLISME. *4ᵉ éd.*
  84 Xavier Seron : APHASIE ET NEUROPSYCHOLOGIE
  85 Roger Rondeau : LES GROUPES EN CRISE?
  86 J. Danset-Léger : L'ENFANT ET LES IMAGES DE LA LITTERATURE ENFANTINE
  87 Herbert S. Terrace : NIM. UN CHIMPANZE QUI A APPRIS LE LANGAGE GESTUEL
  88 Roger Gilbert : BON POUR ENSEIGNER?
  89 Wing, Cooper et Sartorius : GUIDE POUR UN EXAMEN PSYCHIATRIQUE
  90 Jean Costermans : PSYCHOLOGIE DU LANGAGE
  91 Françoise Macar : LE TEMPS, PERSPECTIVES PSYCHOPHYSIOLOGIQUES
  92 Jacques Van Rillaer : LES ILLUSIONS DE LA PSYCHANALYSE. *4ᵉ éd.*
  93 Alain Lieury : LES PROCEDES MNEMOTECHNIQUES
  94 Georges Thinès : PHENOMENOLOGIE ET SCIENCE DU COMPORTEMENT
  95 Rudolph Schaffer : COMPORTEMENT MATERNEL
  96 Daniel Stern : MERE ET ENFANT, LES PREMIERES RELATIONS. *3ᵉ éd.*
  98 Jean-Luc Lambert : ENSEIGNEMENT SPECIAL ET HANDICAP MENTAL
  99 Jean Morval : INTRODUCTION A LA PSYCHOLOGIE DE L'ENVIRONNEMENT

100 Pierre Oleron et al. : SAVOIRS ET SAVOIR-FAIRE PSYCHOLOGIQUES CHEZ L'ENFANT
101 Bernard I. Murstein : STYLES DE VIE INTIME
102 Rondal/Lambert/Chipman : PSYCHOLINGUISTIQUE ET HANDICAP MENTAL
103 Brédart/Rondal : L'ANALYSE DU LANGAGE CHEZ L'ENFANT. $2^e$ éd.
104 David Malan : PSYCHODYNAMIQUE ET PSYCHOTHERAPIE INDIVIDUELLE
105 Philippe Muller : WAGNER PAR SES REVES
106 John Eccles : LE MYSTERE HUMAIN
107 Xavier Seron : REEDUQUER LE CERVEAU
108 Moreau/Richelle : L'ACQUISITION DU LANGAGE. $5^e$ éd.
109 Georges Nizard : ANALYSE TRANSACTIONNELLE ET SOIN INFIRMIER
110 Howard Gardner : GRIBOUILLAGES ET DESSINS D'ENFANTS, LEUR SIGNIFICATION. $3^e$ éd.
111 Wilson/Otto : LA FEMME MODERNE ET L'ALCOOL
112 Edwards : DESSINER GRACE AU CERVEAU DROIT. $9^e$ éd.
114 Blancheteau : L'APPRENTISSAGE CHEZ L'ANIMAL
115 Boutin : FORMATION ET DEVELOPPEMENTS
116 Húsen : L'ECOLE EN QUESTION
117 Ferrero/Besse : L'ENFANT ET SES COMPLEXES
118 R. Bruyer : LE VISAGE ET L'EXPRESSION FACIALE
119 J.P. Leyens : SOMMES-NOUS TOUS DES PSYCHOLOGUES?
120 J. Château : L'INTELLIGENCE OU LES INTELLIGENCES?
121 M. Claes : L'EXPERIENCE ADOLESCENTE
122 J. Hayes et P. Nutman : COMPRENDRE LES CHOMEURS
123 S. Sturdivant : LES FEMMES ET LA PSYCHOTHERAPIE
124 A. Pomerleau et G. Malcuit : L'ENFANT ET SON ENVIRONNEMENT
125 A. Van Hout et X. Seron : L'APHASIE DE L'ENFANT
126 A. Vergote : RELIGION, FOI, INCROYANCE
127 Sivadon/Fernandez-Zoïla : TEMPS DE TRAVAIL, TEMPS DE VIVRE
129 Hamers/Blanc : BILINGUALITE ET BILINGUISME
130 Legrand : PSYCHANALYSE, SCIENCE, SOCIETE
131 Le Camus : PRATIQUES PSYCHOMOTRICES
132 Lars Fredén : ASPECTS PSYCHOSOCIAUX DE LA DEPRESSION
133 Mount : LA FAMILLE SUBVERSIVE
135 Dailly/Moscato : LATERALISATION ET LATERALITE CHEZ L'ENFANT
136 Bonnet/Tamine-Gardes : QUAND L'ENFANT PARLE DU LANGAGE
137 Bruyer : LES SCIENCES HUMAINES ET LES DROITS DE L'HOMME
138 Taulelle : L'ENFANT A LA RENCONTRE DU LANGAGE
139 de Boucaud : PSYCHOLOGIE DE L'ENFANT ASTHMATIQUE
140 Duruz : NARCISSE EN QUETE DE SOI
143 Debuyst : MODELE ETHOLOGIQUE ET CRIMINOLOGIE
144 Ashton/Stepney : FUMER
145 Winkel et al. : L'IMAGE DE LA FEMME DANS LES LIVRES SCOLAIRES
146 Bideau/Richelle : PSYCHOLOGIE DEVELOPPEMENTALE
147 Schmid-Kitsikis : THEORIE CLINIQUE ET FONCTIONNEMENT MENTAL
148 Guggenbühl/Craig : POUVOIR ET RELATION D'AIDE
149 Rondal : LANGAGE ET COMMUNICATION CHEZ LES HANDICAPES MENTAUX
150 Moscato et al. : FONCTIONNEMENT COGNITIF ET INDIVIDUALITE
151 Château : L'HUMANISATION OU LES PREMIERS PAS DES VALEURS HUMAINES
152 Avery/Litwack : NEE TROP TOT
154 Kellens : QU'AS-TU FAIT DE TON FRERE?
155 Rondal/Henrot : LE LANGAGE DES SIGNES. $2^e$ éd.
156 Lafontaine : LE PARTI PRIS DES MOTS
157 Bonnet/Hoc/Tiberghien : AUTOMATIQUE, INTELLIGENCE ARTIFICIELLE ET PSYCHOLOGIE
158 Giovannini et al. : PSYCHOLOGIE ET SANTE
159 Wilmotte et al. : LE SUICIDE
160 Giurgea : L'HERITAGE DE PAVLOV

161 Ionescu : MANUEL D'INTERVENTION EN DEFICIENCE MENTALE N° 1
162 Ionescu : MANUEL D'INTERVENTION EN DEFICIENCE MENTALE N° 2
163 Pieraut-Le Bonniec : CONNAITRE ET LE DIRE
164 Huber : PSYCHOLOGIE CLINIQUE AUJOURD'HUI
165 Rondal et al. : PROBLEMES DE PSYCHOLINGUISTIQUE
166 Slukin : LE LIEN MATERNEL
167 Baudour : L'AMOUR CONDAMNE
168 Wilwerth : VISAGES DE LA LITTERATURE FEMININE
169 Edwards : VISION, DESSIN, CREATIVITE. 3ᵉ éd.
170 Lutte : LIBERER L'ADOLESCENCE
171 Defays : L'ESPRIT EN FRICHE
172 Broome Walace : PSYCHOLOGIE ET PROBLEMES GYNECOLOGIQUES
173 Aimard : LES BEBES DE L'HUMOUR
174 Perruchet : LES AUTOMATISMES COGNITIFS
175 Bawin-Legros : FAMILLES, MARIAGE, DIVORCE
176 Pourtois/Desmet : EPISTEMOLOGIE ET INSTRUMENTATION EN SCIENCES HUMAINES. 2ᵉ éd.
177 Sloboda : L'ESPRIT MUSICIEN
178 Fraisse : POUR LA PSYCHOLOGIE SCIENTIFIQUE
179 Ruffiot : PSYCHOLOGIE DU SIDA
180 McAdams/Deliège : LA MUSIQUE ET LES SCIENCES COGNITIVES
181 Argentin : QUAND FAIRE C'EST DIRE...
182 Van der Linden : LES TROUBLES DE LA MEMOIRE
183 Lecuyer : BEBES ASTRONOMES, BEBES PSYCHOLOGUES : L'INTELLIGENCE DE LA 1ʳᵉ ANNEE
184 Immelmann : DICTIONNAIRE DE L'ETHOLOGIE
186 Fontana : GERER LE STRESS
187 Bouchard : DE LA PHENOMENOLOGIE A LA PSYCHANALYSE
188 Chanceaulme : MOURIR, ULTIME TENDRESSE
189 Rivière : LA PSYCHOLOGIE DE VYGOTSKY
190 Lecoq : APPRENTISSAGE DE LA LECTURE ET DYSLEXIE
191 de Montmolin/Amalberti/Theureau : MODELES DE L'ANALYSE DU TRAVAIL
193 Grégoire : EVALUER L'INTELLIGENCE DE L'ENFANT
194 Gommers/van den Bosch/de Aguilar : POUR UNE VIEILLESSE AUTONOME
195 Van Rillaer : LA GESTION DE SOI
196 Lecas : L'ATTENTION VISUELLE
197 Macquet : TOXICOMANIES ET FORMES DE LA VIE QUOTIDIENNE
198 Giurgea : LE VIEILLISSEMENT CEREBRAL
199 Pillon : LA MEMOIRE DES MOTS
200 Pouthas/Jouen : LES COMPORTEMENTS DU BEBE : EXPRESSION DE SON SAVOIR ?
201 Montangero/Maurice-Naville : PIAGET OU L'INTELLIGENCE EN MARCHE
202 Colin A. Epsie : LE TRAITEMENT PSYCHOLOGIQUE DE L'INSOMNIE
203 Samalin-Amboise : VIVRE A DEUX
204 Bourhis/Leyens : STEREOTYPES, DISCRIMINATION ET RELATIONS INTERGROUPES
205 Feltz/Lambert : ENTRE LE CORPS ET L'ESPRIT
206 Francès : MOTIVATION ET EFFICIENCE AU TRAVAIL
207 Houziaux : EDUCATION DU PATIENT ET ORDINATEUR
208 Roques : SORTIR DU CHOMAGE
209 Bléandonu : L'ANALYSE DES REVES ET LE REGARD MENTAL
210 Born/Delville/Mercier/Snad/Beeckmans : LES ABUS SEXUELS D'ENFANTS
211 Siguan : L'EUROPE DES LANGUES
212 de Bonis : CONNAITRE LES EMOTIONS HUMAINES
213 Retschitzki/Gurtner : L'ENFANT ET L'ORDINATEUR
214 Leyens/Yzerbyt/Schadron : STEREOTYPES ET COGNITION SOCIALE
215 Tiberghien : LA MEMOIRE OUBLIEE
216 Wynants : L'ORTHOGRAPHE, UNE NORME SOCIALE
217 Rondal : L'EVALUATION DU LANGAGE
218 Moreau : SOCIOLINGUISTIQUE, CONCEPTS DE BASE

219 Rouquette : LA CHASSE À L'IMMIGRÉ
220 Grubar/Duyme/Cote et al. : LA PRÉCOCITÉ INTELLECTUELLE DE LA MYTHOLOGIE À LA GÉNÉTIQUE. 2ᵉ éd.
221 Pomini et al. : THÉRAPIE PSYCHOLOGIQUE DES SCHIZOPHRÉNIES
222 Houdé et al. : DESCARTES ET SON ŒUVRE AUJOURD'HUI
223 Richelle : DÉFENSE DES SCIENCES HUMAINES
224 Leclercq : POUR UNE PÉDAGOGIE UNIVERSITAIRE DE QUALITÉ
225 Gillis : L'AUTISME ATTRAPÉ PAR LE CORPS
226 Pithon : LES TENDANCES ACTUELLES DE L'INTERVENTION PRÉCOCE EN EUROPE
227 Montangero : RÊVE ET COGNITION
228 Stern : LA FICTION PSYCHANALYTIQUE
229 Grégoire : L'ÉVALUATION CLINIQUE DE L'INTELLIGENCE DE L'ENFANT
230 Otte : LES ORIGINES DE LA PENSÉE
231 Rondal : LE LANGAGE : DE L'ANIMAL AUX ORIGINES DU LANGAGE HUMAIN
232 Gauthier : POUVOIR ET LIBERTÉ EN POLITIQUE - ACTUALITÉ DE SPINOZA
233 Zazzo : UNE MÉMOIRE POUR DEUX
234 Rondal : APPRENDRE LES LANGUES
235 Keller : PERCEVOIR : MONDE ET LANGAGE
236 Richard : PSYCHIATRIE GÉRIATRIQUE
237 Roussiau/Bonardi : LES REPRÉSENTATIONS SOCIALES
238 Liénard : L'INSERTION : DÉFI POUR L'ANALYSE, ENJEU POUR L'ACTION
239 Santiago-Delefosse : PSYCHOLOGIE DE LA SANTÉ
240 Grosjean : VICTIMISATION ET SOINS DE SANTÉ
241 Edwards : DESSINER GRÂCE AU CERVEAU DROIT
242 Borillo/Goulette : COGNITION ET CRÉATION
243 Ranwet : VICTIMES D'AMOUR
244 Bénesteau : MENSONGES FREUDIENS
245 Jacob : LA CURIOSITÉ
246 Mantz-Le Corroller : QUAND L'ENFANT DE SIX ANS DESSINE SA FAMILLE
247 Bourguignon : QUESTIONS ÉTHIQUES EN PSYCHOLOGIE


*Manuels et Traités*

Droz-Richelle : MANUEL DE PSYCHOLOGIE. 5ᵉ éd.
Rondal-Esperet : MANUEL DE PSYCHOLOGIE DE L'ENFANT. Nlle éd.
Rondal-Seron : LES TROUBLES DU LANGAGE. Nlle éd.
Fontaine-Cottraux-Ladouceur : CLINIQUES DE THERAPIE COMPORTEMENTALE. 2ᵉ éd.
Godefroid : LES CHEMINS DE LA PSYCHOLOGIE. 2ᵉ éd.
Seron-Jeannerod : NEUROPSYCHOLOGIE HUMAINE. 2ᵉ éd.